KB051814

DIGITAL POWER 2023

디지털 혁신이 이끄는 미래 사회

HadA

디지털 파워 2023

디지털 혁신이 이끄는 미래 사회

2022년 10월 28일 초판 1쇄

지은이 박헌제, 김상배, 이승주, 신원규, 조영임, 조은교, 강하연, 최석웅, 김태균, 박강민, 조재홍, 김숙경, 김성옥, 이명호, 김상규, 이승환, 권세화, 홍길표, 최민영, 김준연, 유재흥, 김주희, 김현경
펴낸곳 HadA
펴낸이 전미정
책임편집 최효준
디자인 윤종욱, 김혜지
교정·교열 황진아
출판등록 2009년 12월 3일, 제301-2009-230호
주소 서울 중구 퇴계로 243 평광빌딩 10층
전화 070-7090-1177
팩스 02-2275-5327
이메일 go5326@naver.com
홈페이지 www.hadabooks.com
ISBN 978-89-97170-71-5(03330)

정가 18,500원

DIGITAL POWER 2023

디지털 혁신이 이끄는 미래 사회

프롤로그

개인의 경쟁력, 국가의 성장동력을 위한 거스를 수 없는 흐름, 디지털 파워

박현제 소프트웨어정책연구소 소장

Web 3.0, 새로운 인터넷의 발아

인터넷 혁명 이후 항상 "차세대 인터넷이라는 것은 무엇인가?"라는 질문을 접하게 되고, 한때는 블록체인, 또 작년에는 메타버스가 차세대 인터넷 혁명의 후보로 등장하곤 했다. 개방과 공유의 정신으로 모든 컴퓨터가 동등한 자격으로 연결되는 인터넷이 등장하고, 웹(Web)이 접목되면서 사용자가 직접 정보를 생산하여 쌍방향으로 소통하는 구글, 페이스북, 아마존, 마이크로소프트 등의 플랫폼들이 등장하며 혁신을 이끌어 나가기 시작하였다. 미국과 중국의 플랫폼들이 글로벌 디지털 시장 총액의 90%를 차지한다는 보고가 있듯이 글로벌 플랫폼의 확장과 경제의 디지털화가 진행될수록 플랫폼의 집중과 독점력이 심화할 것으로 예상된다. 가치 창출의 혜택이 특정 국가 또는 특정 플랫폼에게만 돌아가는 새로운 경쟁의 패러다임에서 우리의 좌표는 과연 어디인가?

사용자 정보와 콘텐츠, 데이터 등이 특정 플랫폼에 집중되고 가치를 독점하면서 오히려 플랫폼이 혁신을 방해한다는 비판도 등장했다. "왜 중앙화된 플랫폼이 모든 가치를 독점하는가?" 하는 이슈는 초기 인터넷의 핵심 가치였던 개방과 공유의 정신으로 되돌아가려 시도하게 하는 출발점이다. 웹3.0은 읽기와 쓰기를 넘어 '소유'의 개념이 더해진 지능화, 개인화된 웹을 일컫는다. 중앙화된 거대 디지털 플랫폼의 독점과 불공정을 타파하고, 신뢰를 기반으로 탈중앙화하여 데이터를 생산하고 소비하는 이용자에게 소유권과 이익을 공유할 수 있는 시스템으로 그 바탕에는 블록체인 기술과 NFT를 배경으로 하고 있다. 메타버스에서 주로 활용되는 P2E(Pay to Earn, 즐기면서 돈을 버는 것)가 대표적이다.

웹3.0이 제기하는 새로운 화두는 단연 블록체인 기술과 접목한 탈중앙화 패러다임, 즉 분산금융(Defi, Decentralised Finance), 탈중앙화 자율조직(DAO, Decentralized Organization), 대체 불가능 토큰(NFT, Non-fungible token) 등일 것이고, 역으로 기존 거대 플랫폼이 웹3.0의 기술과 응용 분야에 대한 포용과 포섭을 계속 시도하면서 독점화된 중앙집중형 플랫폼과 새롭게 등장한 탈중앙화된 인터넷 생태계 간의 치열한 경쟁이 우리를 경험하지 못한 생태계로 안내할 것이다.

디지털 인프라와 디지털 데믹

디지털화를 통해 데이터나 원거리 서비스 기반의 연계가 강화되고, 플랫폼은 단순히 수요와 공급을 연결하는 매개체 역할을 넘어 다양한 산업의 융합과 혁신을 창발한다는 점에서, 또 기존의 개발과 생산, 판매, 유통의 선형적 가치사슬 구조에서 비선형적으로 생태계를 창출한다는 점에서 국가 경제 발전에 지대한 영향을 미치고 있다.

전 세계 시가총액 기준 상위 10대 기업 가운데 7개가 디지털 플랫폼 기업이며, 10억 달러 이상인 디지털 플랫폼이 200여 개나 되는 세상이다. 세계경제포럼(WEF)은 향후 10년간 디지털 경제에서 창출될 새로운 가치의 60~70%도 데이터 기반의 디지털 네트워크와 플랫폼에서 발생할 것으로 전망했다. 시가총액 기준 상위 10위권에 한국 기업인 네이버와 카카오가 들어가고, 젊은 SW인재들이 가장 선호하는 직장은 소위 '네카라쿠배당토'라고 불리는 플랫폼 기업들이다. 한마디로 전통적 경제 패러다임이 플랫폼으로 전환된 플랫폼 경제시대인 것이다.

지금까지는 모든 컴퓨터를 상호연결하고, 이를 통해 정보와 사람을 상호 연결해주는 인터넷과 5G, 방송 등이 기존 시대의 주요 정보인프라로 간주되었지만, 이제는 디지털 플랫폼이 기업의 재화와 서비스가 최종 수요자에게 가치를 창출, 전달해줄 수 있을 뿐만 아니라 산업과 사회를 지탱하는 새로운 인프라 스트럭처로 기능하고 있다.

대개 자연의 재난·재해는 국지적으로 혹은 국가적인 범위에 국한되는 경우가 많으나, 글로벌 디지털 플랫폼의 확산으로 소프트웨어의 안전성의 위협이 국가 혹은 전 세계를 순식간에 마비시킬 수 있다. 2018년 11월 미국의 아마존 웹서비스(AWS)에 서버 장애가 발생했을 때 AWS 서비스를 받고 있는 국내 업체 쿠팡, KBS, 배달의 민족이 먹통이 된 사례가 대표적이다. 인터넷을 통한 각종 해킹, 시스템 공격, 사용자 정보 유출, 피싱, 스미싱 등 사기성 정보를 통한 정보 탈취, 악성코드를 심어 시스템을 마비시키고 금전적 대가를 요구하는 랜섬웨어에 이르기까지 문제의 규모도 날로 커지며 우리의 일상을 위협하고 있다.

지난 5월 벌어진 테라와 루나 사태는 소프트웨어가 근간이 된 블록체인의 안전성에 의문을 표시한 사건이다. 불과 5개월 사이에 약 50조원이 사라진 사건으로 암호화폐 및 블록체인에 대한 신뢰가 크게 하락

했으며, 블록체인 알고리즘의 안전성과 공정성에 대한 검증이 요구되고 있다. 인공지능에서도 잘못된 알고리즘으로 편향성이 노출되고 잘못된 판단 결정을 하는 등의 뉴스도 등장하고 있으며, 메타버스에서의 성범죄에 대한 우려, 디지털 플랫폼 알고리즘의 공정성에 대해서도 의심받는 사건이 생기고 있다.

디지털화된 우리 사회는 디지털의 편익보다 디지털이 제공하는 불편이 더 커지고 가공할 위협으로 다가오는 디지털 데믹의 세상도 경험하고 있다. 2022년 10월 16일 SK데이터센터 화재로 인한 카카오 서비스 '먹통 사태'는 디지털 불편 그 자체였다. 디지털 블랙아웃 혹은 디지털 데믹으로 인한 사고는 2022년에 이어 2023년에도 증가될 것이고 이에 대해 사회적인 대응이 점차 중요한 이슈가 될 것이다.

디지털 패권과 지정학적 중요성

핵심 기술을 둘러싼 강대국 간 경쟁은 어제오늘의 일이 아니다. 인공지능, 빅데이터, 블록체인과 같은 소프트웨어 기술의 보편화는 미국과 중국의 패권 경쟁을 가속화시켰고, 경쟁의 범위를 산업과 무역뿐만 아니라 외교와 동맹 및 군사·안보 영역에까지 확장시키고 있다. 인공지능 표준 논의에 있어서도 자국의 경쟁력이 높은 분야를 중심으로 표준을 우선 추진하며 경쟁하고 있으며, 자국에 보다 더 유리한 조건을 반영하도록 기업 차원의 다양한 로비도 활발하게 진행되고 있다. 구글, 메타, 애플 등 플랫폼 기업의 1년 로비 자금이 8천억 달러에 달한다는 기사는 표준에 대한 경쟁이 얼마나 치열하게 전개되는지 가늠하게 한다.

미국의 신자유주의적인 세계 질서와 이를 반영한 디지털 플랫폼 확산 전략, 중국의 디지털 권위주의 모델, EU의 권역 중심의 규제프레임워크 등 세계 질서는 자신만의 규범과 가치가 반영된 디지털 플랫폼 거버넌스로 재구성되는 시대로 접어들고 있다. 글로벌 경제 질서의 재편을 가속화할 핵심 요인으로 등장한 디지털 기술로 인해 디지털 기술은 경제 발전의 주요 수단이자 경제력 그 자체이며, 디지털 기술이 곧 국가안보 그 자체로 연결되는 디지털 지정학이 새롭게 주목받을 것으로 전망된다.

무엇을 할 것인가?

첫째, 디지털 역량의 함양이 중요하다. 즉, 우선적으로 해야 할 것은 디지털 역량을 갖춘 인재의 양성인 것이다. IBM의 글로벌 AI 도입지수에서도 미국, 중국 및 유럽의 선진국 등에서는 기업의 3분의 1이 실제 비즈니스에서 인공지능 기술을 활용하고 있다고 응답했다. 그에 비해 한국의 도입률은 22% 수준에 불과하며, 그 이유로 이를 추진할 인재의 부족이 가장 큰 원인으로 지적됐다. 정부는 2022년 8월 '디지털 인재 종합 양성 방안'을 발표하며 2026년까지 100만 디지털 인재 양성을 공식화하였다. 2026년이 되면 산업 각 분야에 종사하는 소프트웨어 인재의 종사자가 100만을 돌파하게 될 것이고 이들이 간 산업에서 디지털 전환을 이끌 것이다. 다만 문제는 이 정책이 차질 없이 진행되도록 관리하고 보완하는 일이다.

초·중등학교의 교육시수를 현재의 2배 이상으로 확대하여 젊은 세대가 미래 디지털 사회에 잘 적응할 수 있는 기초 소양을 갖추도록 한다는 포부는 시작도 전에 난관에 봉착한 듯하다. 9월 이후 검토되는 교육부 계획에서 교육 시수 2배 이상의 확대는 의무가 아니라 권장사항으로 변경되어 시작부터 많은 논란이 생기고 있다. 전 세계가 부족한 소프트웨어 인재를 한 명이라도 확보하기 위해 총성 없는 전쟁을 치르고 있다는 사실을 우리 모두가 공감하고 산업과 국가 경쟁력을 확보하기 위해서도 인재 교육에 전력을 다해야 할 것이다.

둘째, 디지털 플랫폼에 대해 독점과 규제라는 기존 시각을 넘어서 생태계의 참여자 간 동반 혁신을 장려하고 공공 인프라로서의 사회적 기여를 강화할 수 있도록 유도하는 것이 필요하다. 정부가 표방하는 디지털 플랫폼 정부는 그간의 부처 및 서비스 간 벽을 허물어 데이터를 통합하고 민관이 공동으로 서비스를 제공한다는 점에서 진일보한 시도이다. 디지털 플랫폼 정부를 통해서 민간 플랫폼과 공공 플랫폼이 상생하고, 더 나아가 토종 플랫폼의 혁신을 유발하여 사회적 인프라로서 기능하도록 장려하고, 안전성 확보를 위한 적절한 관리체계를 마련하는 것이 필요하다. 물론 디지털 플랫폼에 대한 정부의 개입이 또 다른 기울어진 운동장으로 연결되어서는 안 되고 글로벌 플랫폼과 당당히 경쟁할 수 있도록 토종 플랫폼의 경쟁력을 키울 수 있는 지속성 있는 정책이어야 하겠다.

셋째, 디지털 전환을 가속화해야 한다. 즉 인공지능, 클라우드, 블록체인, 빅데이터 등 새로운 소프트웨어 기술을 우리 삶과 산업에 적극적으로 활용해야 한다. 인공지능 기술을 비즈니스에 활용하고 있는 기업이 인공지능을 도입하지 않은 기업보다 더 높은 매출액 상승을 가지는 것으로 나타났으며, 특히 더욱 전사적으로 활용하는 기업에게서 매출액 증대가 두드러지는 것으로 분석됐다. 나아가 데이터베이스와 클라우드 컴퓨팅과 같은 인공지능 기술의 보완 기술을 도입하거나 내부적인 연구개발 전략을 추진해왔던 기업에게서 매출액 상승이 나타나는 것이 드러났다.

인공지능 등 새로운 소프트웨어 기술을 어떻게 활용하는가는 산업의 경쟁력과 디지털 전환의 성공을 결정짓는 요소임에 자명하다. 정부의 정책과 기업의 전략에도 단순 연구개발과 상용화를 넘어서는 새로운 소프트웨어 기술의 접목으로 새로운 서비스 및 비즈니스 전략을 고민해야 할 때이다. 다만 인공지능을 받아들이는 사회적 관심, 나이 등에 따라 인공지능 활용에 따른 결과적 차이가 존재한다. 기업도 규모와 기존 인력의 역량 차이에 의한 격차가 크다. 인공지능을 통한 성과의 향상이 비약적이라는 점을 고려해 볼 때, 그에 따른 불평등의 경제적 결과 역시 크다고 예상할 수 있다. 인공지능의 혜택을 보지 못하는 계층이 점차 늘어남에 따라 이 격차를 줄이는 데에 제도적, 정책적 지원을 강구해야 한다.

디지털, 거스를 수 없는 흐름

우리가 디지털 파워에 열광하고 디지털 전환을 먼저 성공적으로 달성하기 위해 노력하는 것은 우리의 경쟁력을 높이고 국가적으로는 성장동력을 확보하기 위해 피할 수 없는 길이기 때문이다. 또한 디지털 기술은 잘 활용될 경우 경제적인 효과뿐만 아니라 우리 사회와 문화를 더욱 풍요롭게 하고, 민주주의를 향상시키는 데 도움이 될 것이다. 한편으로는 디지털 기술과 정보 접근, 활용의 차이가 발생하여 결국 경제, 사회, 문화적 불평등으로 이어지고, 교육과 직업의 기회에 대한 차별이 양극화의 확대로 진행될 우려를 갖는다. 하지만 우리는 디지털 기술의 발전 흐름에 올라타 개인과 기업, 지역의 역량을 함양하며 우리 사회 모두가 혜택을 같이 누릴 수 있는 방향과 전략으로 국가적 역량을 집결해 연구개발, 교육체제, 기업 생태계의 제도를 정비해 나가야 할 것이다. 이는 거스를 수 없는 기술 진보의 도도한 흐름이기 때문이다.

CONTENTS

3 PART 메타버스와 NFT가 그리는 생태계 혁신

4 PART 디지털 패러다임과 사회 변화

DIGITAL POWER 2023

Part. 1

급변하는 글로벌 디지털 환경과 대응

1 DIGITAL POWER 2023

디지털 복합 지정학과 '플랫폼의 플랫폼' 경쟁

김상배 서울대학교 교수

최근 미·중 두 강대국의 기술경쟁이 다양한 분야에서 벌어지고 있다. 그중에서도 핵심은 4차 산업혁명 분야의 첨단기술 경쟁이라고 할 수 있다. 오늘날 미·중이 벌이는 첨단 부문의 기술경쟁은 민간 부문에서 기업들이 벌이는 경쟁의 차원을 넘어선다. 양국 정부, 경우에 따라서는 양국 국민까지도 참여하는 다차원적인 국력경쟁이 전개되고 있다. 이러한 시각에서 보면 좁은 의미의 기술과 산업을 넘어서 무역과 금융, 정책과 제도, 외교와 규범 등을 포괄하는 복합경쟁이 펼쳐지고 있는 것으로 이해해야 한다. 최근 미·중 양국의 기술경쟁이 좀 더 넓은 의미에서 본 디지털 패권경쟁을 방불케 하는 이유는 바로 이러한 맥락이다.

미·중 기술경쟁의 안보화

미·중 기술경쟁의 외연이 넓어지고 내용이 다양해지는 가운데, 최근 두드러지게 나타나는 현상은 기술변수와 안보문제의 만남이다. 첨단 기술 분야의 주도권을 놓고 벌이는 양국의 경쟁이 국가안보라는 구도에서 이해되고 있다. 4차 산업혁명으로 대변되는 신흥기술(Emerging Technology)의 변수가 미래 국력경쟁에서 차지하는 비중이 커지는 것만큼 기술 경쟁력이라는 변수가 안보문제라는 프레임에 투영되어 해석되고 있다. 실제로 최근의 미·중 경쟁을 보면 기술변수가 경제와 산업의 경계를 넘어서 안보와 외교의 문제로서 자리매김하고 있으며, 이러한 과정에서 기술안보는 국가 및 국제안보를 좌지우지하고 '지정학적 위기'를 야기하는 요인으로 부각되는 양상을 보이고 있다.

최근 기술변수가 안보문제와 만나 새로운 국가안보의 이슈를 제기한 대표적인 사례는 사이버 안보였다. 2010년대 들어 해킹 공격과 이에 대한 방어의 문제는 단순한 기술과 공학의 문제를 넘어서 급속히 군사와 외교, 그리고 국가안보의 쟁점이 되었다. 완벽한 방어가 어려울 뿐만 아니라 공격자를 밝히기조차 쉽지 않은 특성상 사이버 안보는 일찌감치 국가안보 이슈로 '안보화(Securitization)'되었다. 이러한 연속선상에서 2010년대 후반을 장식한 것은 중국 기업 화웨이가 제공하는 5G 인프라의 신뢰성 문제였다. 화웨이 5G 장비에 심긴 백도어를 통해 국가안보를 위협할 데이터와 정보가 빠져나갈지도 모른다는 것이었다. 이러한 와중에서 반도체와 같은 첨단기술의 공급망 안보와 디지털 경제의 활성화를 배경으로 한 데이터 안보도 문제시되었다. 우주경쟁과 인공지능(AI)을 장착한 자율무기체계 경쟁도 기술안보의 이슈로 가세했다. 더 나아가 기술발달은 군사혁신을 촉진할 뿐만 아니라 미래 전쟁의 승패를 가를 변수로 자리매김해 가고 있다.

신흥기술의 변수가 야기하는 안보문제는 해킹 공격이나 인프라 및 공급망 보안, 우주의 군사화, 드론 작전, 킬러로봇의 도입 등과 같은 좁은 의미의 군사안보에 머물지 않고 좀 더 포괄적인 의미를 지닌다. 이 글은 이렇게 넓은 의미에서 새롭게 부상하고 있는 기술안보의 문제를 신흥안보(Emerging Security)의 시각에서 이해하고자 한다. 첨단기술과 관련된 신흥안보의 세계정치를 극명하게 보여주는 사례들이 최근 미·중 경쟁 과정에서 늘어나고 있다. 신흥기술의 신흥안보 쟁점들이 양적으로 늘어나고 있을 뿐만 아니라 여타 다양한 이슈와도 연계되고 있다. 최근 미·중 경쟁의 불꽃이 무역을 넘어 관세, 환율, 자원 그리고 군사안보와 동맹외교, 국제규범 등이 관련된 분야로 번져가고 있다. 이러한 과정에서 미·중 경쟁은 일부 분야에 국한된 이해 갈등이 아니라, 양국의 사활을 건 외교안보의 의제로 진화하고 있는 모습이다.

디지털 패권의 복합 지정학

2019년 1월 세계경제포럼(WEF)은 4차 산업혁명으로 인한 기술발달 문제를 '지정학적 위기'의 관점에서 볼 것을 제안한 바 있다. 오늘날 기술발달이 불균등 성장과 사회적 불평등을 심화시키고, 더 나아가 정치적 갈등과 지정학적 위기를 증폭시킬 수 있다는 문제 제기였다. 실제로 4차 산업혁명 분야에서 벌어지는 강대국들의 경쟁은 이러한 불평등과 갈등 및 위기를 더욱 조장하는 방향으로 치닫고 있다. 특히 최근 벌어지고 있는 미·중 신흥기술 경쟁의 양상은 지정학적 위기를 낳을 조짐을 여실히 보여주고 있다.

이러한 양상은 '디지털 기술을 둘러싼 지정학적 경쟁'이라는 의미로

‘디지털 지정학(Digital Geopolitics)’이라고 부를 수 있다. 디지털 지정학의 초기 쟁점이 사이버 안보였다면, 이러한 안보위협이 양적으로 늘어나고 있을 뿐만 아니라 여타 다양한 안보문제와도 연계되고 있다. 최근 미·중 기술경쟁의 불꽃이 기술·산업 분야를 넘어서 무역·경제 분야로 연계되고, 더 나아가 군사안보와 동맹외교, 국제규범 등의 관련 분야로 번져가고 있다. 이러한 과정에서 미·중 기술경쟁은 양국의 사활을 건 글로벌 패권경쟁으로 진화하고 있는 모습이다.

디지털 기술안보가 지정학적 문제가 되었다지만, 이것이 단순히 전통적인 고전 지정학의 시각으로 회귀하여 문제를 보자는 것은 아니다. 오늘날의 기술안보는 기본적으로 사이버 공간을 매개로 이루어지는 탈(脫)지리적 공간의 안보문제라는 속성을 지닌다. 게다가 글로벌 시장을 배경으로 하여 영토국가의 경계를 넘나드는 초국적 자본의 비(非)지정학적 활동이 저변에 깔려 있다. 디지털 기술안보의 진화 과정에서는 객관적으로 실재하는 위협의 존재만큼이나 그 위협을 주관적으로 구성해 내는 담론정치의 과정도 매우 중요한 부분을 차지한다.

기술-안보-권력의 복합 지정학

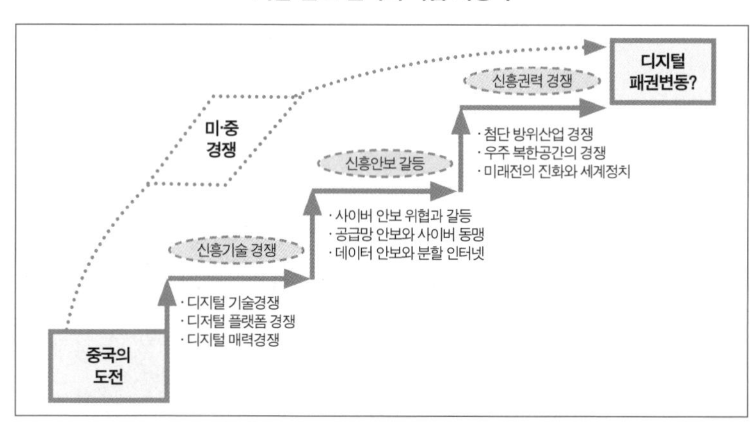

따라서 디지털 패권경쟁을 제대로 이해하기 위해서는 전통 지정학의 협소한 시각에만 머물지 말고 최근의 변화를 반영하기 위해서 개발된 다양한 이론적 논의를 엮어내는 새로운 지정학의 시각, 이른바 '복합 지정학'의 시각을 원용해야 한다. '디지털 패권의 복합 지정학'으로 본 미·중 경쟁은 좁은 의미에서 본 기술경쟁의 차원을 넘어서 디지털 안보 분야의 기술과 표준 및 규범을 장악하기 위한 경쟁으로 진화하고 있다. 여기서 더 나아가 최근 다양한 군사적 함의를 갖는 방위산업 이슈와 우주 및 미래전 이슈들이 연계되면서 기술-안보-권력의 복합 지정학의 모습을 드러내고 있다.

동맹·외교와 규범·가치의 플랫폼 경쟁

최근 미·중 디지털 패권경쟁에서 주목할 부분은 '동맹과 외교의 플랫폼 경쟁'이 부상하는 현상이다. 2020년 8월 폼페이오 미 국무장관은 중국으로부터 중요한 데이터와 네트워크를 수호하기 위한 클린 네트워크(Clean Network) 구상을 발표했다. 클린 네트워크 프로그램은 이동 통신사와 모바일 앱, 클라우드 서버를 넘어서 해저케이블에 이르기까지 중국의 모든 IT 제품을 사실상 전면 금지하는 내용을 담고 있다. 미국 국민의 개인정보 보호 등을 위해 사실상 전 세계 인터넷 비즈니스와 글로벌 통신업계에서 중국 기업들을 몰아내겠다는 뜻이다.

이에 대해 중국은 '글로벌 데이터 안보 이니셔티브'로 맞대응했다. 2020년 9월 왕이 중국 외교부장은 다자주의, 안전과 발전, 공정과 정의를 3대 원칙으로 강조했다. 데이터 안보에 대한 위협에 맞서 각국이 참여하고 이익을 존중하는 글로벌 규칙을 만들어야 한다는 것이었다. 이 구상은 데이터 안보와 관련해서 다자주의를 견지하면서 각국의 이익을 존중하는 글로벌 데이터 보안 규칙이 각국의 참여로 이뤄져야 한다는 주장이다. 아울러 일부 국가가 일방주의와 안전을 핑계로 선두기업을 공격하는 것은 노골적인 횡포로 반대해야 한다며 미국을 겨냥했다.

이러한 과정에서 미국은 '클린(Clean)'이라는 말에 담긴 것처럼 '배제의 논리'로 중국을 고립시키는 프레임을 짜려 하고, 중국은 새로운 국제규범을 통해 동조 세력을 규합해 미국 일방주의의 덫에서 벗어나려 하고 있다. 이러한 과정을 좀 더 넓게 보면, 미국의 인도·태평양 전략과 중국의 일대일로 구상의 연장선에서 이해할 수 있다. 미·중 양국이 벌이는 동맹과 외교의 플랫폼 경쟁에서 어느 측이 이길 것이냐의 여부는, 미·중 양국이 제시한 어젠다에 얼마나 많은 국가들이 동조하느냐에 달려 있다.

미국이 적극적으로 나서고 있지만, 일대일로 구상을 앞세운 중국의 행보도 만만치 않다. 중국은 이른바 '디지털 실크로드'를 따라서 미래 디지털 세계에 중국의 구미에 맞는 국제규범을 전파하려 한다. 다시 말해, 중국은 디지털 실크로드를 통해 전 세계에 '디지털 권위주의 모델'을 수출하여 정치적으로 비(非)자유주의에 입각한 세계질서를 구축하려 한다. 이렇게 보면, 미·중이 벌이는 플랫폼 경쟁은 외교 분야의 '내 편 모으기' 경쟁일 뿐만 아니라 좀 더 근본적인 의미에서 '규범과 가치의 플랫폼'을 놓고 벌이는 경쟁이다. 20세기 후반 구축된 미국 주도의 규범과 가치의 신자유주의적 세계질서와 이를 반영한 디지털 플랫폼이 작동했다. 이제는 중국의 규범과 가치가 도전한다. 실제로 중국은 자신만의 규범과 가치가 적용된 디지털 플랫폼 구축에 박차를 가하고 있다.

반대편에 미국을 중심으로 또 다른 거대 플랫폼 블록이 있다. 트럼프 행정부의 클린 네트워크 구상도 그러한 경향을 담았지만, 바이든 행정부에서도 그러한 가치 지향이 더 커지고 있다. 기술보다 가치를 강조하고 안보보다 규범을 강조하는 경향이 역력하다. 인권과 민주주의를 명분으로 동맹 전선을 고도화하여 국제적 역할과 리더의 지위를 회복하고 다자주의를 강조한다. 개인정보를 보호하고 국가 기반시설 수호를 위해 다른 국가와 협력을 표명하며, '하이테크 권위주의'에 대한 대응의 차원에서 '사이버 민주주의 동맹'을 추진하고 있다. 이러한 미국의 공세에 대응하여 중국도 보편성과 신뢰성, 인권규범의 문턱을 넘어서야 할 것이다. 보편 규범과 가치의 플랫폼 경쟁이 본격적으로 벌어지게 되는 것이다.

'플랫폼의 플랫폼' 경쟁

미·중이 벌이는 동맹·외교 및 규범·가치의 플랫폼 경쟁은 '플랫폼의 플랫폼(Platform of Platforms)' 경쟁으로 개념화할 수 있다. 어느 한 부문의 플랫폼을 놓고 벌이는 경쟁이라기보다는 여러 플랫폼을 아우른다는 의미다. 다른 말로 '종합 플랫폼' 또는 '메타 플랫폼'의 경쟁이라고도 부를 수 있다. 사실 국제정치학에서 말하는 '글로벌 패권경쟁'이라는 개념도 바로 이러한 '플랫폼의 플랫폼' 경쟁과 크게 다르지 않다. 다양한 분야를 아우르는 복합적인 권력질서를 구축하는 것이기 때문이다. 이러한 '플랫폼의 플랫폼' 경쟁의 결과는 어느 일방의 승리로 귀결될 수 있다. 국제정치학에서 말하는 '세력전이'가 바로 그것이다. 그러나 '플랫폼의 플랫폼' 경쟁은 두 개의 플랫폼이 호환되지 않는 상태로 분할되는 결과를 낳을 수도 있다.

최근 미국과 중국이 벌이고 있는 '플랫폼의 플랫폼' 경쟁은 전자보다는 후자의 전망을 더 강하게 갖게 한다. 다시 말해, 최근의 추세는 미국과 중국이 디지털 패권경쟁을 벌이면서 전 세계를 연결하던 인터넷도 둘로 쪼개질 수 있다는 우려가 제기되고 있다. 중국의 성장과 미·중 무역전쟁, 공급망 디커플링, 탈지구화, 민족주의, 코로나19 등으로 대변되는 세계의 변화 속에서 '둘로 쪼개진 인터넷'은 쉽게 예견되는 사안이다. 미국을 추종하는 국가들은 미국 주도의 반쪽 인터넷을 이용하고, 중국에 가까운 국가들은 중국 주도의 나머지 반쪽 인터넷을 이용할 것이라고 보는 시각에 일단 힘이 실린다. 한국처럼 미·중 양국에 대한 안보 또는 경제 의존도가 높은 국가는 둘로 쪼개진 인터넷 가운데 어느 하나를 선택해야 할 상황을 맞을 수도 있다.

사실 중국은 오래전부터 자신만의 인터넷 세상을 구축하려는 시도를 해왔다. 중국 내에서는 유튜브, 구글 검색, 페이스북, 인스타그램, 넷플릭스 같은 서비스는 물론 해외의 유명 언론매체도 차단되고 있다. 만리방화벽에 빗댈 정도로 강력한 인터넷 통제 시스템을 통해 중국은 자국 체제를 반대하는 정보가 유입되지 못하도록 막고, 중국 국민들이 외국 인터넷 플랫폼에 접속할 수 없도록 차단했다. 그 결과 중국인들은 구글과 페이스북, 트위터 대신 바이두나 위챗, 웨이보 등을 사용하게 됐다. 중국은 이러한 만리방화벽 안에서 자국 기술회사들도 정치적으로 민감한 콘텐츠를 검열받도록 통제하고 있다.

이러한 사태의 진전은 '쪼개진다(Splinter)'와 '인터넷(Internet)'의 합성어인 '반쪽 인터넷(Splinternet)'이라는 용어로 담겼다. 2018년 에릭 슈밋 전 구글 회장은 이러한 반쪽 인터넷의 등장 가능성을 언급한 바 있는데, 그는 인터넷 세계가 미국 주도의 인터넷과 중국 주도의 인터넷으로 쪼개질지도 모른다고 예견했다. 이러한 분할의 비전은 반도체 공급망의 분할과 재편, 데이터 국지화, 전자상거래와 핀테크 시스템의 분할, 콘텐츠 검열과 감시 제도의 차이 등으로 입증되는 듯하다. 여태까지의 인터넷이 국경이나 종교, 이념 등과 관계없이 '모두'를 위한 자유롭고 개방된 형태의 WWW(World Wide Web)이었다면, 앞으로 출현할 분할인터넷은 지리적으로 영역을 구분하여 지역별로 구축된 RWW(Region Wide Web)가 될 가능성이 있다.

이러한 복잡한 변화가 중견국 한국의 미래전략에 새로운 기회와 도전을 제기하고 있음을 놓치지 말아야 한다. 실제로 지난 2018년 발생하여 2019~2020년에 정점에 이르렀던, 이른바 화웨이 사태는 한국에게도 5G 통신장비 도입 문제가 단순한 기술·경제적 사안이 아니라 외교·안보적 선택이 될 수도 있음을 보여준 사건이었다. 미래 국력을 좌우할 첨단기술 분야의 미·중 갈등은 바이든 행정부에서도 지속되고 있다. 실제로 최근 미국의 인도·태평양 전략과 사이버 동맹외교가 구체적인 모습을 드러내고 있으며, 중국의 일대일로 구상과 디지털 실크로드 전략도 이에 맞서는 양상을 보이는 가운데 한국의 외교전략적 고민은 깊어가고 있다. 이러한 맥락에서 화웨이 사태와 같은 도전이 다시 한번 제기된다면 한국은 어떠한 전략을 모색해야 할지 좀 더 면밀한 탐구가 필요하다.

디지털 세계질서와 산업정책의 재조명

이승주 중앙대학교 교수

디지털 경쟁: 미·중 전략경쟁과 코로나19

무역 전쟁으로 촉발된 미·중 전략경쟁의 무대는 기술 영역으로 빠르게 이동하고 있다. 화웨이의 5G 장비 채택을 둘러싸고 첨단기술 경쟁에 돌입한 미국과 중국은 반도체, 배터리, 인공지능(AI), 양자 등으로 전선을 넓히고 있다. 디지털 분야의 각축은 미·중 기술 패권경쟁의 핵으로 등장하고 있다. 코로나19는 미·중 전략경쟁과 더불어 세계 경제의 불확실성을 획기적으로 높여 놓았다. 코로나19의 확산은 효율성에 초점을 맞추어 설계·운영되던 기존 패러다임의 한계와 문제점을 적나라하게 보여주었다. 전 세계에 산재되어 있는 공급자들이 유기적으로 연계되어 효율성을 극대화하는 최적의 수단이었던 공급망이 코로나19와 같은 팬데믹 앞에서는 무력함을 드러냈다. 공급망 내 한 국가 또는 한 지점에서 병목 현상이 발생할 경우, 전체 공급망이 교란되는 결과가 초래되었다. 코로나19로 인한 비대면 경제의 확산과 공급망의 취약성을 완화하는 수단으로서 디지털 전환을 서두르게 되었다. 코로나19가 세계로 확산되는 가운데 디지털 전환(Digital Transformation)이 가속화된 배경이다.

디지털 경쟁과 산업정책의 확산

디지털 전환 과정에서 우위를 잡기 위한 주요국들의 디지털 경쟁은 무역에서 실행되었던 자국 우선주의의 디지털 버전이다. 세계 경제질서의 불확실성이 획기적으로 증대됨에 따라, 자국 우선주의의 유혹이 더 커진 것은 사실이다. 주요국 정부들은 디지털 산업 패러다임과 자국 테크기업의 경쟁력 등을 고려하여 디지털 산업정책의 추진에 나섰다. 첫째, 디지털 전환이 급속도로 진행되는 과정에서 다양한 이슈들이 동시다발적으로 제기되었다. 망중립성, 데이터 초국적 이동, 데이터 국지화, 프라이버시, 경쟁 환경 등은 디지털 전환 과정에서 표면화된 대표적인 이슈들이다. 이 이슈들은 디지털 전환과 관련해 개별적으로도 중요성이 크지만, 전체적으로 한 국가의 디지털 정책 패러다임을 구성하는 역할을 한다. 둘째, 주요국 정부들은 디지털 전환의 핵심 행위자인 자국 테크기업의 경쟁력을 반영하여 차별화된 접근을 한다. 이처럼 주요국 정부들은 정책 패러다임과 경쟁력을 통합적으로 포괄하는 디지털 산업정책을 추구하게 된다. 디지털 산업정책의 다양성이 나타나는 이유는 여기에 있다.

미국: 디지털 경쟁력과 생태계의 활력 유지를 위한 전략 추구

미국 정부는 자국 빅테크의 경쟁 우위를 최대한 활용하는 한편, 데이터의 초국적 이동 등 디지털 기업의 자유를 최대한 확보하는 데 초점을 맞춘 산업정책을 추진한다. 미국 정부는 이를 위해 상대국들의 디지털 무역 장벽을 낮추는 데 정책의 우선순위를 부여한다. 미국 정부는 디지털 산업정책의 효과적인 수행을 위해 통상정책과 결합을 시도한다. 자국 디지털 기업의 혁신 역량을 강화하기 위한 정부의 직접적인 개입을 증대하기보다는 상대국의 디지털 무역 장벽을 완화함으로써 미국 빅테크들이 해외시장으로 확대하기에 좋은 환경을 제공하는 것을 가장 효과적인 산업정책으로 인식하고 있다. 미국 빅테크들이 세계 시장에서 영향력을 확대하도록 지원하는 것이 미국이 디지털 리더십을 확보할 수 있는 첩경이라는 것이다(Fefer, 2018).

미국 정부는 EU, 중국, 인도, 브라질을 포함한 다수의 국가들이 고율의 관세, 지적재산권 침해, 콘텐츠 필터링, 전자결제 규제, 데이터 국지화 등 다양한 디지털 무역 장벽을 동원하는 디지털 보호주의를 실행하는 것으로 파악하고 있다. 미국 정부는 이 가운데 중국의 디지털 무역 장벽을 가장 심각한 수준으로 판단한다. 중국은 데이터 주권을 내세우며 자국 시장을 보호하는 가운데 자국 디지털 기업들이 해외 진출을 용이하게 하는 경쟁의 판도를 바꾸는 데 주력한다. 웹 필터링과 같은 인터넷 장벽을 통해 인터넷의 개방성을 심각하게 저해하고, 외국인 투자에 대한 직간접적 제한을 통해 외국기업의 중국 국내 시장에 대한 접근성을 제약하며, 데이터 국지화를 의무화하는 등 강력한 디지털 보호주의를 시행하고 있다는 것이다.

미국은 대외적으로 상대국의 디지털 무역 장벽을 낮추는 것과 국내적 차원에서 디지털 혁신 생태계의 건강성을 유지하는 노력을 병행한다. 바이든 행정부는 디지털 생태계의 건강성을 유지하는 것이 중장기적으로 미국 빅테크 또는 플랫폼 기업의 경쟁력을 유지하는 데 도움이 될 것으로 판단하고 있다. 플랫폼 기업의 독점 또는 과점이 심화·확대될 경우, 디지털 생태계 자체를 위협하는 반경쟁적 상황이 초래될 수 있기 때문이다(Khan, 2017). 미국 정부는 디지털 산업정책과 규제정책 사이의 조화를 통해 미국 디지털 산업의 경쟁력과 생태계의 활력을 유지하는 전략을 추구한다.

EU: 디지털 단일 시장 형성을 위해 노력

미·중 기술경쟁이 미치는 파급력은 전 지구적이다. 미국과 중국은 물론 주요국들이 디지털 경쟁력을 강화하기 위한 조치를 강화하고 있다. EU가 2015년 디지털 단일 시장((DSM, Digital Single Market) 전략을 발표하며 디지털 관련 산업을 육성하기 위한 본격적인 움직임을 가동했다. 유럽은 2015년 5월 디지털 단일 시장 전략을 채택했다. 디지털 단일 시장 전략은 ① 디지털 상품과 서비스에 대한 접근성 개선, ② 디지털 네트워크와 서비스가 발전할 수 있는 환경 조성, ③ 성장 동력으로서 디지털 등 세 가지 축으로 구성되었다(European Council, 2020). 디지털 단일 시장은 EU 회원국 간 디지털 장벽을 완화함으로써 디지털 전환을 촉진하고, 거대한 단일 시장을 창출함으로써 스타트업들이 스케일업(Scale-Up)할 수 있는 환경을 조성하겠다는 산업정책 목표가 내재되어 있다. 2020년 3월 '유럽을 위한 새로운 산업전략(A New Industrial Strategy for Europe)'에서 EU는 단일 시장의 통합을 외국 빅테크에 대응하는 지렛대로 활용할 필요가 있다는 점을 공식화하였다.

디지털 단일 시장을 실현하기 위한 유럽집행위원회의 시도는 2020년 2월 발표된 디지털 전략(Digital Strategy)으로 구체화되었다. EU는 디지털 경제의 새로운 모델을 제시하고 유럽의 디지털 표준을 세계표준으로 확산시키겠다는 목표를 공식화하였다(European Commission, 2020). EU가 디지털 단일 시장의 형성에 많은 노력을 기울이는 것은 유럽 내 디지털 기업에게 더 많은 사업 기회를 제공하여 경쟁력 향상의 계기로 삼도록 해야 한다는 목표와 함께 미·중 기술 경쟁과 같은 불확실성이 높아지는 대외 환경에 효과적으로 대응할 수 있는 지렛대를 확보해야 한다는 현실적 인식에 따른 것이다.

2021년 3월 유럽집행위원회(European Commission)는 디지털 콤파스(Digital Compass)를 제안했다. 이 계획의 핵심은 디지털 분야의 고급 인력 양성과 안전하고 지속가능한 디지털 인프라의 구축을 통해 기업의 디지털 전환과 공공 서비스의 디지털화를 촉진하는 데 있다. 유럽집행위원회는 구체적으로 디지털 전환의 취약 지대인 중소기업의 80% 이상이 2030년까지 최소한 기본적이 디지털화 수준에 도달하고, EU 회원국들의 유니콘 기업의 수의 2배 증가를 골자로 한 구체적인 목표를 수립하였다.

EU는 단일 시장 전략을 토대로 디지털 중소기업의 스케일업과 유럽의 가치와 규범을 통합한 산업정책을 추구한다. 중장기적으로 미국의 빅테크가 주도하는 디지털 산업에서 경쟁력을 제고하기 위해서는 스타트업이 지속적으로 디지털 산업 생태계에 유입되는 환경을 조성하는 것 못지않게, 이들의 규모를 지속적으로 키우는 스케일업이 필수적이라는 것이다. '스케일업-스케일러(Scaler)-슈퍼스케일러(Super Scaler)' 등 디지털 스타트업이 유니콘 기업으로 성장할 수 있는 경로를 제공함으로써 유럽 기업들이 경쟁력을 향상시킬 수 있도록 지원한다(Startup Europe, 2018).

일본: 디지털 산업, 일본의 근본적 변화 촉진할 신기축

디지털 경쟁에 한발 뒤늦은 것으로 평가되었던 일본도 미·중 전략 경쟁과 코로나19의 확산을 계기로 디지털 산업정책을 강화하고 있다. 2020년 일본 정부는 코로나19로 인한 산업구조의 변화가 불가피한 것으로 판단하고, 디지털을 그린 및 복원력과 함께 세 가지 변화 가운데 한 추세로 제시했다. 이 과정에서 일본은 위드코로나(with COVID-19) 시대의 새로운 일상과 이를 위한 산업정책의 본질에 대한 검토를 수행했다. 이는 전통적인 산업정책에서 탈피해, 새로운 환경 변화를 반영한 새로운 산업정책의 필요성이 점증하고 있다는 정책적 판단에 근거한 것이다. 일본 정부는 특히 주요 선진국들이 코로나19에 대응하는 과정에서 재정정책뿐 아니라 사회경제적 도전을 해결하는 데 적극적인 대응을 모색하고 있는 점과 좁은 의미의 산업정책을 넘어서는 사회적 이슈를 포용하는 산업정책에 대한 수요가 증대하는 현실에 주목했다. 기존의 경제 이슈들이 전통적인 경계 내에 머무르지 않고 다양한 사회 이슈들과 결합되는 '경제 × ○○' 현상이 대두됨에 따라, 이러한 변화에 대응하는 산업정책의 '신기축(新機軸)'이 요구된다는 것이다(経済産業省, 2021a). 2021년 이후 일본 정부는 과거 회귀형이 아닌 새로운 차원의 산업정책을 시도하고 있다.

일본 정부는 코로나19 이후 본격화되고 있는 디지털 전환을 산업정책 차원에서 접근하고 있다. 디지털 산업이 일본 성장 모델의 근본적인 변화를 촉진할 신기축이라는 것이다(経済産業省, 2021b). 경제와 환경이 서로 부정적 영향을 미친다고 가정한 전통적 접근방식에서 탈피하여, 신기축은 양자 사이의 선순환 관계를 형성할 녹색성장전략을 수립하는 차별적 접근을 시도한다. 이를 위해 성장전략을 위한 에너지 기본 계획과 탈탄소화와 에너지의 안정적 공급을 양립 가능하게 하는 에너지 인프라 정비를 추진하는 것을 주 내용으로 하고 있다. 또한 이러한 정책 목표를 달성하는 데 필수적인 민간 투자 확대를 촉진하기 위해 정부가 동원 가능한 모든 정책을 총동원할 것을 제시하고 있다(経済産業省, 2021a).

21세기 디지털 산업정책과 한국

지금까지 미·중 전략경쟁과 코로나19의 세계적 확산으로 촉발된 산업정책의 귀환을 살펴보았다. 특히 미국과 중국을 포함한 주요국들은 디지털 산업의 경쟁력 강화를 위한 산업정책을 적극적으로 동원하고 있다. 이처럼 디지털 산업정책이 확산되는 상황에 한국은 어떻게 대처해야 할까? 첫째, 디지털 산업정책의 국제적 맥락에 대한 정확한 이해가 선행되어야 한다. 미·중 전략경쟁과 코로나19의 확산 이전의 산업정책은 매우 논쟁적인 이슈였다. 산업정책은 일부 동아시아 국가들의 경제성장에 기여한 것으로 평가되기도 하지만, 부정적 효과가 오히려 더 클 수 있다는 반론도 제기되었다. 특히 국경을 넘나드는 서비스를 제공하는 디지털 분야에서 자국 산업의 경쟁력을 우선 강화하는 데 초점을 맞춘 산업정책의 적실성이 떨어진다는 견해가 지배적이었다. 그러나 미·중 전략경쟁과 코로나19는 산업정책의 귀환을 촉진했다. 전략경쟁에 돌입한 미국과 중국은 디지털 산업을 포함한 주요 산업의 경쟁력을 선제적으로 확보하는 것을 절체절명의 과제로 설정하였다. 물론, 미국과 중국은 산업 패러다임과 경쟁 우위에 따라 상이한 산업정책을 추진하였으나, 산업정책의 필요성이 증가한 것은 부인하기 어렵다. 한국 역시 디지털 산업의 패러다임과의 연속성을 유지하는 가운데, 디지털 산업의 경쟁력을 제고하는 산업정책을 추구할 필요가 있다.

둘째, 코로나19를 계기로 효율성 중심의 세계 경제의 취약성이 드러남에 따라, 산업정책은 새로운 문제해결 방식으로 등장했다. 심층 통합을 추구한 세계화의 문제점을 해소할 행위자로서 국가의 역할에 주목하게 된 것이다. 다만 디지털 전환은 다양한 기술과 서비스를 결합하는 특징을 갖기 때문에 과거와 차별화된 새로운 산업정책이 대두되었다. 디지털 기술을 새로운 사업과 산업의 발굴뿐 아니라, 사회적 도전 과제를 해결하는 수단으로 활용하는 산업정책이 그것이다. 이처럼 새로운 산업정책이 대두되는 상황에서 한국 역시 개별 기술개발 또는 개별 산업의 육성에 초점을 맞추었던 과거의 산업정책과 달리, 다양한 기술과 산업의 경계를 동태적으로 변화시키는 한편, 사회적 도전 과제를 적극적으로 포함시키는 '포용적 산업정책'을 추진할 필요가 있다. 이와 동시에 디지털 전환 과정에서 수반될 수밖에 없는 경제적 이익과 사회적 부작용 사이의 충돌 문제를 해결하는 것도 정부의 몫이다.

셋째, 한국 디지털 산업의 특수성을 감안한 산업정책을 모색할 필요가 있다. 디지털 산업정책을 둘러싼 국제적 지형은 빅테크의 경쟁력을 기반으로 자유주의적 패러다임을 추구하는 미국, 디지털 주권을 표방하는 중국, 디지털 식민주의에 반대하며 수익의 공평한 배분을 요구하는 인도 및 브라질 등 개도국의 구도로 형성되어 있다. 여기에 개인정보와 프라이버시의 보호를 강조하며, 단일 시장의 창출을 통해 세력권을 형성하려는 유럽이 한 축을 형성하고 있다. 주요국들이 디지털 산업정책을 경쟁적으로 추구한 결과 지구적 차원의 디지털 질서가 스플린터넷(Splinternet) 또는 파편화의 가능성을 배제할 수 없게 되었다(Nye, 2016). 토착 디지털 기업이 성공적으로 성장하여 해외시장 진출을 확대하는 독특한 위치를 갖고 있는 한국의 입장에서 이러한 현상의 전개는 결코 우호적 환경은 아니다. 한국은 가치와 규범을 공유하는 국가들과의 협력을 강화하고, 이를 바탕으로 디지털 세계 질서의 파편화를 방지하는 데 리더십을 발휘할 필요가 있다.

[참고 문헌]

European Commission(2020), "Factsheet: Shaping Europe's Digital Future"

European Commission(2021), "Europe's Digital Decade: Commission sets the course towards a digitally empowered Europe by 2030" https://ec.europa.eu/commission/presscorner/detail/en/ip_21_983

European Council(2020), "Digital single market for Europe" https://www.consilium.europa.eu/en/policies/digital-single-market/

Fefer, Rachel F.(2018), "The Need for U.S. Leadership on Digital Trade", Congressional Research Service 7-5700

Nye, Joseph, Jr.(2016), "Internet or Splinternet?", Projectr Syndicate. https://www.projectsyndicate.org/commentary/internet-governance-new-approach-by-joseph-s—nye-2016-08

Startup Europe(2018), "Tech Scaleup Europe: 2018 Report"

Wong, Michaela.(2021), "The U.S. Must Prioritize Digital Trade in the Indo-Pacific" https://www.itic.org/news-events/techwonk-blog/the-us-must-prioritize-digital-trade-in-the-indopacific

経済産業省(2021a), "ウィズコロナ以降の今後の経済産業政策の在り方について"

経済産業省(2021b), "経済産業政策の新機軸 ~新たな産業政策への挑戦~"

러·우 전쟁으로 인한 다자통상체제 종식과 디지털(ICT) 산업의 GVC 재편

신원규 숭실대학교 연구교수

러·우 전쟁: 다자통상질서의 종식과 신냉전시대의 서막

최근 몇 년간 국제 경제질서에 있어 가장 큰 사건을 꼽으라면 단연 러시아와 우크라이나의 전쟁이다. 러·우 전쟁이라는 지역적 군사안보 전쟁이 국제통상 환경에 주는 여파는 가히 충격적이다. 러·우 전쟁은 그간 지속되었던 '미·중 간의 통상무역 분쟁'을 자유와 인권이라는 가치관을 공유하는 민주주의 연대와 권위주의 국가 간의 대립이라는 '글로벌 통상안보 전쟁'으로 격화시키며, 그간 다자주의 협력 하에 구분되어 운용되었던 안보와 비안보적 영역의 경계를 무너뜨렸다. 러·우 전쟁은 효율성을 추구하던 지구촌 세계화 종식을 선언하는 계기가 되었고, 글로벌 공급망(GVC, Global Value Chain)의 붕괴는 더 이상 피할 수 없는 현실이 되었다. 러·우 전쟁이 발발한 지 반년 이상이 흐른 이 시점에서 러시아에 대한 미국과 서유럽의 경제제재, 자본과 투자의 이탈은 비단 러시아만의 문제가 아니다.

2008년 미국(선진국)발 전 세계 금융위기 이후 미국, EU, 일본 등 선진국 정부의 무절제한 경기부양과 자국 중심의 산업정책으로 다자주의 협력체제 내에서는 이미 균열의 조짐이 있었다. 하지만 무엇보다 2022년 러·우 전쟁과 이에 따른 미국 주도의 경제제재가 다자통상체제 붕괴에 결정타를 안겨 주었다. 서방에 대한 러시아의 에너지 무기화를 통한 반격과 글로벌 공급망 파괴로 인한 고물가 상황은 전 세계를 경기침체의 늪으로 몰아가고 있다. 또한 미국 연방준비제도의 긴축재정과 바이든 정부의 자국 중심의 공급망 재편은 초국경적 협력이 필요한 ICT 디지털 기업의 성장 생태계에게 악영향을 미치고 있다.

현 글로벌 다자주의 통상협력 리더십의 부재로 인해 결국, 차선책의 지역주의 현상과 탈중국 글로벌 공급망 연합 등 각자도생과 합종연횡의 자국우선주의가 국제 경제질서의 새로운 생존방식으로 자리 잡게 되었다.[1] 그간 다자통상체제의 혜택을 누리던 빅테크 및 다국적 기업의 GVC 재편이 급속히 진행되는 와중에 미·중 시장과 안보, 둘 중 하나라도 쉽게 포기하기 어려운 한국 경제의 현실과 이에 대한 해법이 쉽지 않다.

규칙기반 다자통상체제의 성과: From 상품서비스 To 디지털 통상

70여 년간의 다자경제질서 아래 전 세계 자원의 효율적 생산의 무역과 글로벌 공급망의 성과는 성공적이었다. GATT 다자체제 50년과 1995년에 출범한 세계무역기구(WTO)는 관세 및 비관세 인하, 자본 및 인적 물적 교류가 동반되는 서비스와 투자자유화를 통해 세계화의 활황기를 맞이하는데 주도적인 역할을 했다([그림 1]). 특히 2001년 중국의 WTO 가입은 다자주의 통상의 정점을 찍는 전기를 마련해주었다. 2008년 글로벌 금융위기 때 잠시 성장 증가세가 둔화되는 양상이 있기는 하였지만, 전통적인 상품과 서비스 무역의 총량은 최근까지도 지속적인 상승세를 이어갔다. 하지만 2018년 이후로 점차 격화되는 미·중 분쟁과 2019년 코로나19 팬데믹으로 인한 자국우선주의가 강화되면서, 그 성장률이 감소하였다. 여기에 러·우 전쟁과 함께 신냉전이 본격화되면서 반등의 불씨에 물을 끼얹었다.

[그림 1] 규칙기반의 다자통상체제의 성과와 현황

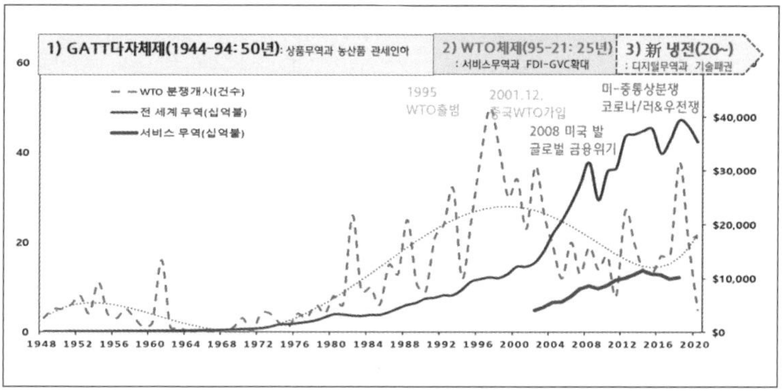

출처: GATT/WTO 데이터 활용 저자 작성

한편 다자주의 경제질서 아래에서 디지털 통상(E-Commerce)[2]의 규모도 크게 증가하였다. 2022년 UN무역개발회의(UNCTAD)의 통계에 따르면, 전 세계 디지털 통상의 무역규모는 코로나19 이전에 벌써 3조 달러 수준에 이르렀고, 매출기준으로는 무역의 8배에 육박하는 등 서비스 무역에 절반이 넘는 수준(60%)을 기록하게 되었다. 한국의 경우는 전자상거래 매출이 전체 비즈니스 매출의 25% 정도를 차지하는데, 한국의 무역규모 수준인 1조 달러를 넘는 수준이다. 그만큼 코로나19 전후로 이미 한국에서도 국경 간 전자상거래의 중요성이 커졌고, 그 성장세가 가파르게 증가하였다. 단일 국가의 디지털 통상 판매량 규모는 미국 (9.5조), 일본(3.4조), 중국(2.6조), 한국(1.3조)와 EU 국가들(영국 0.89, 프랑스 0.79, 독일 0.52, 이탈리아 0.43)순으로 EU 회원국 전체와 미국의 매출금액이 비슷하다.

신냉전의 부상: 기술-안보-가치 연계(Tech-Security-Value Nexus)의 진영 간 경쟁시대

이번 러·우 전쟁은 안보가 경제를 압도하는 현실을 명확하게 보여줬다. 미국은 우크라이나 지원의 목적이 전 세계의 민주주의와 인권에 대한 가치수호임을 천명하였고, 제2의 러·우 사태 발생에 대한 방지라는 안보적 당위성을 강조했다. 이러한 미국의 입장은 미·중 간 대립도 단순한 통상문제가 아닌 기술-안보의 패권전쟁이며, 안보적 사안에서 경제문제가 예외가 될 수 없음을 명확히 하는 것이다. 예컨대 러·우 전쟁으로 경제재제가 발동되자 미국 자본시장의 상징이던 맥도날드, 스타벅스, 나이키와 같은 라이센싱을 통한 소비재 생산기업을 시작으로, 러시아와의 산업 간 교역으로 긴밀한 경제관계를 유지하였던 유럽국가의 제조기업까지 줄줄이 러시아 시장을 포기하였다. 무엇보다 그간 양 러시아와 유럽의 통상관계를 이어주던 수십만의 다국적 IT기업 및 기술벤처의 종사자와 전문인력들의 러시아 탈출 러시는 공급망의 실질적인 해체를 의미한다.

미·중 통상분쟁이 기술과 안보가 연계된 기술-안보의 공급망 재편을 불러왔다면, 러·우 안보전쟁은 안보와 가치(민주주의, 시장경제, 인권, 환경 및 노동과 같은 사회적 가치)의 문제를 연계하여 공급망 재편 범위의 확대를 가져오며, 세계화를 두 개의 진영으로 구획하고 있다. 이상적인 지구촌 협력 시대에는 드러내지 않았던 기술과 안보의 관계가 각자도생의 불신 시대를 맞아 전면에 등장하였다. 첨단기술 확보가 국가의 존립과 군사안보적 우위와 직결되는 핵심적이고 필수 조건임을 고려할 때, 기술-안보 전쟁의 편을 가르는 잣대는 첨단기술(특히 아직 미지의 영역이라 할 수 있는 4차 산업 기술 분야 및 디지털 사이버 영역)을 같이 신뢰하며 발전시킬 수 있느냐의 가치이다. 따라서 이제는 이러한 가치공유 가능 여부가 다자주의 세계화 시대의 '효율성'을 대신하는 핵심적인 매개(또는 주축) 변수이다.

신냉전 아래 디지털 통상규범과 GVC 재편 전망

현재 다자주의 디지털 통상규범은 교착상태이다. 1998년 WTO 2차 각료회의에서 논의된 '디지털 상품에 대한 국경세(디지털세)'를 유보하는 입장(Moratorium on electronic transmissions)에서 실질적으로 진전된 내용이 없다. 단 2021년 G7회의에서 EU가 빅테크기업만 한정시키려던 디지털세를 미국 바이든 정부의 제안으로 해외에서 매출과 이익이 큰 다국적 기업에 대한 법인세로 확장, 최저세율을 15%로 하는 글로벌 최저법인세를 추진하였다. 코로나19로 인한 각국의 재정 확보 차원에서도 탄력을 받은 동 법안은 다자차원의 글로벌 규범으로서 2023년 시행목표를 추진하던 중이었다. 하지만 러·우 전쟁 통에 미국의 경우는 국내 입법과정에서 공화당의 반대로, EU의 경우는 러·우 전쟁에 직간접으로 영향이 있는 기업을 다수 포함한 회원국의 반대로 우선순위에서 밀리게 되었다. 러·우 전쟁 발발 이후 다자협력과 규범을 논하는 G7, G20 등 정상회의에서 우리가 목도할 수 있는 것은 미국의 대러시아 경제제재에 동참하지 않는 그룹과 동참한 국가 간의 갈등이었다.

향후 미국 대 중국, 서유럽 대 러시아 간 대립이 더 심화되는 형국에서는 디지털 통상에 대한 다자적 논의는 개별 디지털세 형태로 회귀하여 양자 및 복수 간 협정으로 추진될 공산이 크다.[3] 예컨대 신냉전 아래에서 논의 중에 있는 디지털 통상규범은 다자적으로 적용될 수 있는 통일된 규칙보다는 역내 국가 간 배타적 경제 유인을 통해 기술주도 국가의 패권 확보의 도구적 규범으로 활용되기 쉽다. 대외적으로는 개방적 플랫폼이라고 공언하고 있는 인도-태평양 경제프레임워크(IPEF, Indian-Pacific Economic Framework)가 대표적인 경우이다. IPEF에서는 첨단기술 공급망의 재편과 디지털 경제 및 기술표준에 대한 규범을 다루고 있는데, 미국은 IPEF라는 제도화된 정책 플랫폼 내에서 자국 중심의 하드웨어적인 기술산업의 공급망을 구축하고 이를 원활화시키기 위한 소프트웨어적 디지털 규범과 기술표준을 정비하고자 한다.

미국식 디지털 경제규범은 회원국 간의 개방적 데이터 사용과 데이터센터의 지리적 제한 금지를 강조하는 등 시장의 자율성을 보장하되 소비자의 데이터 주권과 개인정보를 중요시 여긴다. 반면 중국이 주도하는 디지털 규범의 형태는 국가주도의 성장을 위한 국가차원의 데이터 활용 및 공공성을 우선시하는 권위국가식 규범으로, 시장(기업)과 개인의 자율성보다는 국가 전체의 결정과 권한을 강조한다. 여기서 우리는 양국의 디지털 규범이 기술발전 방식과 시장을 바라보는 관점에서 근본적으로 조화를 이루기가 쉽지 않다는 것을 알 수 있다. 기존 지정학적 개념을 뛰어넘는 새로운 판 위에 전개될 미·중의 디지털 규범 경쟁은 기술-안보-가치로 진영화된 디지털 통상규범은 오히려 다자적 디지털 통상의 확대를 제한하거나 이에 따른 GVC 재편과 함께 신냉전 구도를 심화하는 제도적 장치로 활용될 공산이 크다.

신냉전시대에는 GVC 재편도 안보 리스크와 위기(질병, 재난, 외교, 보호주의, 경제재제) 관리의 수월성이 우선적 고려사항이다. GVC 산업의 전략(협력, 경쟁, 대체관계 등)과 시장적 요인을 중심으로 GVC 재편의 변화 동인과 조정 용이성에 따라 그 수준(필수, 주요, 수정)과 속도가 결정될 수 있다. 가령 미·중 무역분쟁, 코로나19 사태의 잠재적 위기를 현실화한 러·우 전쟁은 GVC 재편에 대한 안보 리스크와 전략적 변화 동기를 크게 증폭시켰다. 정부는 코로나19 팬데믹을 거치면서 제2의 코로나 유사사태를 대비하는 차원의 바이오의약품과 의료기기에 대한 GVC 재편을 필수적으로 고려하겠지만, ICT 다국적 기업들은 이제 중국과 러시아 등 권위적인 국가[4]와의 GVC 구축에 있어 안보 리스크, 경제제재와 같은 또 다른 만약의 사태(Just-in-Case)를 더욱 심각히 고민할지 모른다. 예컨대 반도체 및 소재, 장비 데이터센터와 같은 4차 산업의 기술-안보로 부각된 핵심 기술산업의 재편은 안보, 전략, 시장요인에서 모두 중요한 산업으로 전면적인 재편(Major Change)이 요구된다(그룹 B). 안보적 사안과 관련성이 떨어지는 비(非)안보산업의 경우(그룹 C)는 부분적 수정(Minor Change)만으로도 가능한 영역이지만, 전략과 시장에 영향을 주는 경제제재가 발생 시 수정 폭이 확대될 수 있다([그림 2]).

[그림 2] 신냉전 아래 산업의 변화 동기와 조정 용이성에 따른 GVC 재편 구도

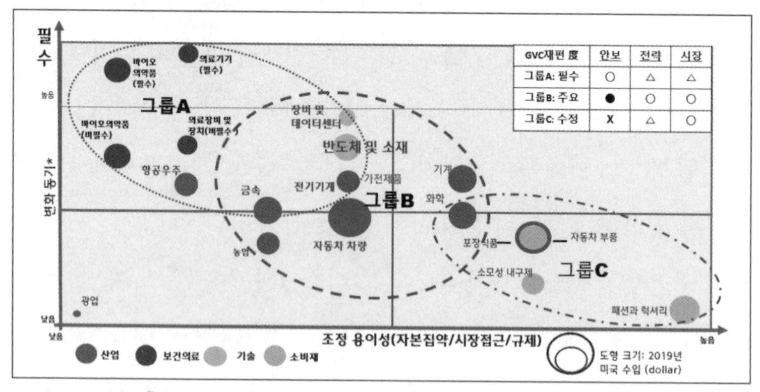

출처: Aylor et al.(2020)[5]을 바탕으로 저자 작성

그룹 A(의료, 바이오 필수, 장비, 항공우주) 내에서는 이번 러·우 전쟁에서 부각된 에너지와 천연가스, 반도체 및 전기차 배터리 생산에 필요한 희소 자원도 재편 동기가 높은 산업으로 포함될 수 있다. 그룹 B(반도체, 데이터센터, 장비, 전기, 수소/배터리/AI나 디지털 장치가 포함되는 자동차 분야 등) 분야는 기술-안보-가치 동맹을 중심으로 주요 재편(Major reform) 분야로 기술-안보-가치의 세 연결고리를 강화하기 위해 역내 공급망의 전략적 제도화를 추진 중이다. 즉 진영 내 참여하는 국가의 다국적 기업에게 안정적인 공급처와 소비시장을 제공하여 클럽재(배제성은 있으나 역내 비경쟁)의 성격을 강화하는 영역이다. 보통 진영을 주도하는 국가의 정치·경제적 리더십, 참여 국가의 기업 간의 상호신뢰, 정부 간 외교정책 및 기술의 전방위적 협력이 필요한 영역이다. 예컨대 미국의 인플레이션감축법(IRA, Inflation

Reduction Act)과 반도체과학법(CHIPS and Science Act) 같은 대규모 정책적 유인이 미국의 자국중심 공급망 참여자(기업) 모두에게 골고루 혜택이 분배되는 역내 비차별성이 보장되지 않는다면 기술-안보-가치의 연결고리가 약화될 수 있다.

그룹 C(소비재 및 소모성 상품)의 대상이 되는 소모성 내구제, 가공식품, 의류 등 소비재 산업군의 재편은 각 기업의 전략 및 소비시장에 대한 상황을 기업이 주도적으로 판단하되, 필요시 정부의 정책 및 제도적 지원이 이뤄진다면 충분한 영역이다. 단 그룹 C의 친환경 또는 러·우 사태 장기화에 따른 식자재, 사료 및 농식품 등의 산업은 각국의 환경 및 가격 상승에 따른 규제가 강화되고, 기존 코로나19 시대보다 변화 동기가 증가되어 GVC에 제약이 가해질 수 있다. 예컨대 환경오염 물질 배출을 줄이기 위해 중간재 아웃소싱 교역을 줄이고 자국시장이 충분할 경우 자국 중심의 공급망 체제로도 전환될 수 있다.

여기서 우리가 주목할 영역은 기술-안보-가치 연계로 진영화되어 역내 전략적 제휴가 일어나는 영역이다. 주요 재편이 요구되는 A와 B산업군, 특히 러·우 전쟁으로 변화동기가 더 커지고 있는 A산업과 B산업의 교차영역은 GVC 리쇼어링 내지는 프랜드쇼어링(Friend-shoring)이 급속히 추진 중이다. 기술주권이 강조되고 있는 영역으로, 이번 러·우 사태로 인해 실제 위기 사태가 발생하면서 재편이 더 가속화되고 있다. 한국은 현재 미국의 자국중심 공급망 합종전략에 편승할 수밖에 없는 상황이나, 변화 동기가 상대적으로 약한 B산업군과 C그룹군(3과 4사분면)에서 중국 시장을 선택하여 공략(니어쇼어링)하는 연횡전략도 구사할 수 있다.

정리하면, 안보와 관련된 부분은 GVC 재편의 필수적 고려사항이 될 것으로, 이에 대한 정확한 판단을 위해 정부의 지침과 기업의 신중한 전략이 필요하다. 이러한 산업은 기업과 정부가 적극적으로 정책, 투자, 재원 등 전방위로 협력해야 하는 영역이다. 요컨대 미국이 직접적으로 안보와 직결되었다고 선언한 핵심기술인 반도체, 배터리, 필수광물, 첨단 소재 등의 4차 산업기술과 관련되어서는 미국 생산자와 동등한 혜택을 받을 수 있는 시장 선점과 공급망 기술협력 전략을 추진할 수 있을 것이며, 안보 연관성이 떨어지는 비안보 상품은 소비시장을 중심으로 생산과 유통 관련 GVC를 중국 시장에 유지하거나 권역별로 니어쇼어링하는 등의 전략을 추진할 수 있을 것이다.

디지털 통상 패권 시대에 한국의 대응과 협력의 제도화 전략

코로나19라는 전 세계적 위기 상황을 겪으며 재정 건전성의 위기와 보호주의가 세계경제를 위태하게 하는 와중에 러·우 전쟁이 발생하였다. 이 과정에서 글로벌 공급망은 다국적 기업의 효율적 생산수단 보다는 기술-안보-가치가 연계된 진영 간 경쟁과 패권전쟁의 수단으로 변모하였다. 이러한 신냉전 체제 아래 공급망의 재편은 효율성과 경제적 비용보다는 안정성과 안보적 가치가 우선시 된다. 각국 정부는 각자도생의 생존전략과 현실을 타개하려는 방안으로 첨단 기술 확보와 발전만이 국가의 안위와 생존을 보장하는 길임을 강조하며, 관련 산업에 대한 보조금 정책을 지속적으로 확대해나가는 중이다.

미국은 4차 산업 관련 기술과 디지털 산업의 새로운 국제통상 질서를 구축하는 과정에서 중국과 같은 제3의 길을 표방하는 권위국가의 관련 기술 발전과 그 과정을 미국과 서방에 안보적 위협으로 받아들이며 매우 우려하고 있다. 그도 그럴 것이 권위국가의 경우 인류의 안위보다는 국가의 안위와 체제유지를 위한 빅데이터, 인공지능 등 첨단기술의 남용 가능성과 그 불가지 위험성이 투명성과 개방성의 가치를 공유하는 민주주의 국가보다 크기 십상이다. 미국의 경제는 물론이고 나아가 미국과 서방 국가의 근간이 되는 민주주의 가치와 인권 등 사회전반과 서방사회 가치관 근간에 위해가 될 수 있는 잠재적 위험성을 내포하고 있는 첨단기술과 디지털 및 사이버 영역은 핵심적 경쟁영역이고 진영 간에 첨예하게 맞설 충돌영역이다.

미국 중심의 진영화된 디지털 규범 및 공급망 경쟁과 함께 수정주의를 표방하는 중국식 시장접근과 성장방식은 미국과 EU로부터 비시장경제로 규명되어 지속적으로 압박받을 것으로 예상된다. 중국이 수용적인 자세를 취할 수도 있으나 정책결정에 대한 부분이나 국영기업 및 은행에 대한 영향력, 금융개혁과 투명성에 대한 영역 변화가 쉽지 않다. 중국이나 러시아와 같은 '권위주의 비시장경제' 국가의 구조개혁은 정치 거버넌스로 인해 지속적인 한계에 부딪칠 공산이 크다. 즉, 삼권분립과 언론과 표현의 자유 등 사회주의적 이념과 장기집권 등에 반하는 변화 요구에 있어서는 권위국가체제 존립의 문제로 타협이 불가능하기에 미·중 간 신냉전의 끝은 요원하다. 따라서 이번 러·우 사태가 중국과의 GVC 협력에 시사하는 바는 그 어느 때 보다 크다. 꼭 군사충돌이 아니더라도 중국의 일대일로와 같은 대외정책, 소수민족 인권 문제 등 미·중이 대립할 수 있는 모든 영역을 통해 러·우 전쟁으로 인한 공급망 붕괴 사태가 언제든 중국에서도 발생 가능하다.

미국 주도의 기술-가치-안보 진영 내에서 한국은 동맹국과 기술 공조를 제도화하는 대응 방안을 적극 모색해야 한다. 특히 미국-EU 정부와 국제기술협력 체계(보조금과 특혜를 공식적으로 허용하는 최혜국대우: Most Favored Nation 면제) 내에서 한국의 첨단 산업을 체계적으로 지원하는 지혜가 필요하다.[6] 자유무역협정이나 양자협의 아래 규범으로 보조금에 대한 협력과 문제해결을 하는 방식은 현 WTO 체계에서도 허용하는 방법으로 한국 정부의 다자통상체제 지지 입장에 대한 일관성도 유지 가능하다.

한편 한국은 규칙과 제도로(Ruled-Based) 담보된 통상환경을 기업에게 제공하고자 지역 및 양자협정을 추진할 때 이하 몇 가지 사항을 유념할 필요가 있다. 첫째, 기체결국과의 협력을 심화할 경우에는 그 협정내용을 포괄적이면서 상호주의 원칙이 적용되도록 하는 것 중요하다. 둘째, 기존의 협정과 새로운 협정이 충돌되거나 거래비용이 증가할 수 있는 규범 간 스파게티보울 효과를 최소화하고, 진영 간 복잡한 협정을 단순화할 수 있는 규범적 플랫폼을 구축하고자 노력한다. 셋째, 국내 추진 중인 산업통상 정책과 진영화된 공급망에 참여하는 기업이나 산업에 대한 정책이 어긋나지 않도록 정책적 일관성을 추구한다. 마지막으로 우후죽순으로 생겨날 수 있는 각종 양자 및 복수협정에 모두 참여하는 것은 한계가 있다는 것을 고려하여 관여의 경중을 결정해야 한다. 가령 주축이 될 수 있는 글로벌 디지털 규범에 대한 참여를 위해서는 지금이라도 범부처 차원 및 각 부처별 담당조직과의 긴밀한 협조를 통해 산업 전반과 국가차원에서 통합적으로 준비해야 한다. 또한 지역 또는 진영 내 기회비용이 큰 규범이 만들어질 것으로 예상되는 논의는 한국 산업의 연관성을 기준으로 우선순위로 접근하는 것이 국력 낭비를 최소화할 수 있는 방안이다. 우리가 주도할 수 있는 규범과 논의에 참여하는 것만으로도 무임승차 효과를 누릴 수 있는 영역을 구분하는 지혜가 필요하다.

국익을 생각해본다면 중국이 주도하는 협력 논의에도 참여할 수 있는 개방적 통상외교 전략이 필요하다. 민주주의나 인권 침해 등 앞서 이야기한 잠재적 위험성에 대한 사안을 사전 파악하는 치밀함을 동해 기술-안보-가치 연계 연결고리가 없거나 제한된 분야에서 규범 자체를 논의하고 의견을 피력하는 실사구시 외교 말이다. 러·우 전쟁이 장기화되면서 국내 경제상황 악화(기초 소비재 가격상승 압박)로 인해 미국 내에서도 전면적 대립과 협력 금지 보다는 비안보 vs 안보 영역을 구분하여 협력을 재개하는 정책조정 단계가 생각보다 빨리 올 수 있다. 이와 같은 변화의 흐름을 읽고 우리 통상외교 정책이 선제적으로 GVC 재편에 대한 대응을 할 수 있어야 한다.

끝으로 첨언하면 미국 GVC 공급망 내 진출 기업의 혜택을 극대화하기 위해서라도 미국이 내세운 안보와 가치공유의 논리를 앞세워 한국 정부도 포괄적 상호호혜주의를 요구하는 적극적 통상외교 전략을 구사해야 한다. 즉 1980년 냉전 때 미국이 우방국에 제공했던 핵안보의 개념과 같이 2020년대 신냉전 아래 통상안보 우산을 과감하게 요청할 수 있는 역발상과 통상외교 역량이 필요하다. 중국 소비시장 자체를 포기하지 않으면서도, 미·중 간 분쟁으로 인해 중국이 필요한 기술산업 수요에 따른 한국 산업의 기회요인이 무엇인가를 꼼꼼하게 살펴보고 이러한 기회를 잘 포착하도록 정책화할 수 있는 산업통상과 기술의 종합적 역량과 민관의 긴밀한 협력이 어느 때보다 필요한 시기이다.

4 DIGITAL POWER 2023

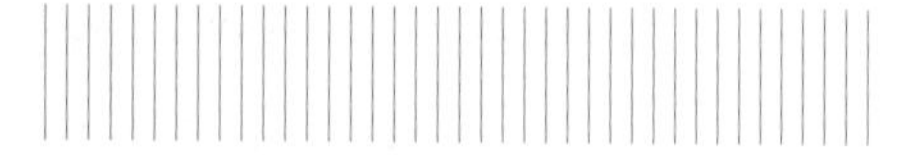

인공지능 표준과 R&D, 국가 간 패권전쟁

조영임 가천대학교 교수

인공지능에서 표준의 필요성

인공지능은 인간을 모델링한 기술로 매우 창의적이며, 다양성을 내포하고 있다. 그런 인공지능에서의 표준은 왜 필요하며 어떤 의미를 갖는 것인가? 결론부터 이야기하면 인공지능에 표준을 적용한다면 인공지능 R&D 및 융합·상호연관성에 있어서 중심적인 역할을 하게 될 것이다.

먼저 인공지능 R&D의 제품화 실현으로 경쟁력 강화에 긍정적 영향을 미칠 것이다. 국내의 기술적 우위에 있는 인공지능 기술들이 산업화의 전 단계를 통해 제품화되고 인증되어 경쟁력을 가질 수 있도록 하는 데 표준화 활동 및 지원이 큰 역할을 수행할 수 있다. 즉, 국내 우수 인공지능 제품의 해외 수출에 기여하며 산학연 보유 기술의 국제 표준화를 통해 국내 기술의 홍보 및 확산하는 데 비용이 절감될 것이다.

둘째, 상호운용성 확보로 확산 및 개발비용이 절감될 것이다. 인공지능 시스템 간 상호운용성을 확보함으로써 해외 수출에서는 물론 산업 내에서도 인공지능 활용 확산 및 개발비용이 절감될 것이다. 인공지능 데이터의 수집·교환을 위해 개별적으로 수집하는 대신, 인공지능 데이터 구조 및 산업 분야별 인공지능 참조모델 등 표준화를 통해 상호운용성을 확보한다면, 기업이나 연구자들의 데이터 확보 및 활용에 편리성을 제공하게 될 것이며 이들의 연구활동에 큰 도움이 될 것이기 때문이다.

한 예를 들면, 최근 1년 동안 처리해야 할 파라미터 수는 자연어 처리인 경우 56배 증가하였는데(출처 NVDIA) 만약 상호운용성이 미흡할 경우 API, 인공지능 알고리즘에 필요한 데이터 처리량이 기하급수적으로 증가하게 되어 인공지능 개발비용이 수직 상승하게 될 것이다. 따라서 이때 상호운용성이 보장된다면 이러한 개발비용 대신 알고리즘이나 데이터 공유 등을 수행할 수 있어서 전체적으로 인공지능 개발비용의 절감 효과를 가져올 수 있을 것이다.

셋째, 인공지능 산업생태계의 활성화로 가치를 창출하게 될 것이다. 플랫폼을 보유한 글로벌 기업뿐 아니라 혁신적 국내 신생기업들도 창의적 가치를 창출할 수 있는 선순환적인 생태계 조성에 표준기술이 핵심적인 역할을 수행할 것이다. 국내 산업계에 인공지능의 사업화를 선도하는 표준화 이슈들을 선제적으로 공유하게 되면 관련 기술의 표준기술화 및 경쟁력 강화를 촉진하게 될 것이다.

넷째, 안전한 신뢰사회 조성을 통한 인간 삶의 질이 향상될 것이다. 인공지능 시스템의 객관적 평가체계 마련을 통해 국내외 시장 내 인공지능 기술의 확산을 선도하면, 사회적 이슈 및 인공지능의 역기능과 부작용이 자연스레 해소될 것이며, 이를 통한 인간 삶의 질 향상을 기대할 수 있다. 즉, 인공지능 시스템 개발 시 가장 우선적으로 고려해야 할 사항들에 대해 정보를 제공하고 객관적인 평가체계를 마련함으로써 인간에게 해를 끼치지 않는 인공지능 시스템 개발을 통한 신뢰사회 기반 조성에 표준활동이 큰 역할을 수행할 것이다. EU의 AI 규제안(AI Act)에서 바라보는 인공지능의 가장 큰 덕목은 '인간에게 해를 끼치지 않는 인공지능'이라고 하니, 인공지능이 앞으로 전개할 파급효과에 대해 인간이 막연하게 갖고 있는 불안감을 해소해 주는 것이 필요한 일일 것이다.

해외 인공지능 표준화 현황

해외 주요국의 인공지능 표준 추진 현황을 보면, 몇 가지 특징을 찾아볼 수 있다. 먼저 미국은 기업 중심(구글, IBM, 마이크로소프트 등)으로 기술산업 분야에 인공지능 전략을 집중해 표준화 개발을 하는 중이다. 미국은 신경망 표현 포맷(NNR) 표준, 스마트홈 에너지 관리 인공지능 프레임워크 표준, 머신러닝 프레임워크 표준, 인공지능 위험 관리체계 표준, 인공지능 윤리 및 사회적 관심 표준 등의 순으로 표준 특허 개발을 활성화하는 중이다.

특히 미국은 미국과학재단(NSF)에 기술본부를 신설하고 인공지능, 바이오기술, 양자컴퓨팅, 반도체 및 첨단 하드웨어, 자율/로봇, 5G 및 첨단 네트워크 기술, 첨단 제조업, 에너지 시스템 등을 핵심기술로 선정하고 집중 육성하고 있다. 미국 행정부는 2019년에 인공지능 R&D 예산을 머신러닝 및 자동화 시스템에 우선 배정하는 지침을 제공하고 있다.

일본은 제6기 과학기술혁신기본계획(2021~2025)을 수립하여 과학기술과 인문 및 사회과학과의 융합을 중심으로 정책을 수립하였다. 총무성, 문부과학성 및 경제산업성 연계의 인공지능 기술전략회의를 2016년 설치하였고, 2017년도 인공지능 정책의 액션 플랜으로서 'AI 산업화 로드맵'을 발표하였다. 주요 내용은 산업정책 수립 시, R&D와 표준화를 일체화해야 한다는 내용이며 이를 매우 강조하고 있다.

중국은 국민 경제와 사회 발전을 위한 제14차 5개년 계획에서 전 사회 연구비의 연평균 증가율을 7%로 향상시키고, 과학기술 역량강화 및 인력양성, 지적재산권 보호 등을 중점으로 추진하고 있다. 중국은 미국과 달리 정부주도의 표준화를 추진 중이며, 2017년 인공지능 관련 중국 국무원 주도의 '차세대 인공지능 발전규획', 국가발전개혁위원회 주도의 '중국 인공지능 산업 발전 연맹'이 설립되어 기술 축적과 산업 네트워크 형성을 목표로 추진하고 있다. 중국은 세계시장 석권을 목표로 2018년 12월에 '중국표준 2035' 계획을 발표하여 추진 중이다.

EU는 중국과 마찬가지로 정부 주도로 표준화를 추진하며, 인공지능에 필요한 권고안, 법안, 가이드라인, 플랫폼 등 세부 기술표준 보다는 인공지능 기반 조성 및 저변 확대에 필수적인 표준화 인프라를 중심으로 추진 중이다.

프랑스(AI 권고안)는 미래 디지털경제 핵심으로서, 인공지능 강국과 데이터 및 인공지능 생태계 조성, 전략 분야의 산업화 및 직업 고용, 윤리 등의 문제 해결을 추진하고 있다. 'AI 규제안'은 2021년 4월에 발표되어 2년간 의견 수렴 후 2023년 4월에 AI Act 법안으로 발효 예정이다. OECD는 신뢰 가능한 인공지능을 위한 일반 원칙과 정부 정책 권고사항을 2019년에 제안하였다.

독일은 '플랫폼 인더스트리 4.0' 표준화를 통해 기업 경쟁력 제고에 앞장서고 있다. EU는 인공지능 고위전문가 그룹에서 작성한 신뢰할 수 있는 'AI 윤리 가이드라인'을 2018년 발표하였고, 이어서 2019년 5월 세계경제포럼(WEF)이 이를 지원하고 있다.

영국(AI Sector Deal)은 산업 생산성 향상을 위해 인공지능 글로벌 기업 유치, 인공지능 환경구축, 인력양성 등 인공지능 관련 5개 분야별 정책을 2018년에 제안하였다. Horizon 2020의 SPARC 프로그램(2014~2020)을 도입하여 로봇 분야의 인공지능을 기술개발하여 2018년부터 추진하고 있다. 또한 산업경쟁력 확보, 사회문제 해결과 더불어 일자리 변화 대응을 위해 EU 6대 프로젝트로 선정하여 'Human Brain Project'를 추진하고 있다(2013-2023).

이와 같이 주요국의 전략적 인공지능 표준화 분야는 다음과 같이 요약할 수 있다. 미국은 데이터 산업 중심, 캐나다는 인공지능 시스템 관리 및 인증 중심, 영국은 표준 로드맵과 가이드라인 중심, 아일랜드는 윤리표준 중심, 일본은 유즈케이스 중심, 중국은 디바이스 및 기술 중심, 인도는 인공지능 응용 중심 등으로 각 국가들마다 인공지능 표준을 추진하는 중점 분야가 다소 다르며, 이는 국가 경쟁력 또는 국가 인공지능의 추진방향이나 목표와 유사하게 진행되고 있다.

공적 인공지능 표준화 기구 활동에서의 국가 간 차이

공적 표준화 기구(ISO/IEC, ITU)와 사실상 표준화 기구(IEEE, Khronos Group)에서 인공지능 및 관련 산업의 국제표준화가 진행 중이며, 표준화 이슈의 논의·의결을 위해 JTC1/SC 42가 2017년 말에 설립되었다. 인공지능 국제표준은 현재 초기 단계로 인공지능 용어 및 프레임워크 등 기반 표준을 시작으로 신뢰성, 서비스, 데이터 품질로 표준화 대상을 확장하는 중이다.

현재 국내 인공지능 국가표준(KS)은 아직 부족한 상태이며, 국내 기술의 국제표준 반영 등 주도권 선점을 위해 국제표준화 회의(JTC 1/SC 42) 대응을 중심으로 활동 중이다. 국내에서는 2022년 4월까지 총 9차에 걸친 총회 동안 평균 20여 명 이상의 산학연관 대표단을 파견하였고, 특히 제9차 총회인 2022년 4월에는 33명이 파견되어 미국에 이어 두 번째 다수가 참여하는 국가가 되었다. 국가기술표준원은 SC 42 국내 전문가위원회를 구성하여 현안 논의 및 의결기구로 활동 중이다.

SC 42는 인공지능 기술개발, 관리, 윤리 등 단순 기술 뿐 아니라 안전한 인공지능 사회 구현을 위한 생태계 차원의 접근 표준을 추진하는 공적 표준기구이므로, 국가 표준 개발정책과 목적하는 바가 부합하여 많은 국가에서 참여하고 있다. 2022년 8월 현재 미국, 일본, 중국, 영국 등 50개국이 참여 중이며 기반기술, 데이터, 신뢰성 등 5개 작업반과 1개 자문그룹 등으로 구성하여 운영 중이다. SC 42는 2022년 10월 기준으로 P-멤버 36개국, O-멤버 14개국으로 구성되어 있다.

SC 42에는 자문그룹(Advisory Group)과 특별위원회(Ad Hoc Group) 등이 활발히 구성되고 운영되는 등 최근 이슈들을 잘 반영하고 있다. 2022년 10월 기준 15개의 표준문서가 개발 완료되었고 24개의 표준문서가 개발 중이다. 인공지능 활용이 높은 기술위원회 및 관련 표준화 단체와 활발한 리아종(Liason)을 통해 인공지능 국제표준화의 핵심 역할을 수행 중이다. 특히 SC 34, SC 29, SC 7, SC 39, SC 32,

JTC 1, ITU-T SG 13, TC 268 등과 리아종이 활발히 진행 중이다. 각국에서는 의장이나 간사국 수임을 통해 표준을 주도하고 있으며, 표준화 주도권 선점을 위해 신규 표준아이템 제안 등 참여국 간 경쟁이 치열하다.

국제표준과는 별개로 각국은 인공지능 개발 및 관리에 강력한 가이드라인 수립 움직임이 활발하다. EU는 12개 조항별로 인공지능 개발에 대한 AI 규제안을 발표하였고, 최근 이 규제안을 국제표준화 하려는 시도가 진행 중이다. 예를 들면, 챗봇 이루다와 같은 시스템은 EU AI 규제안 기준으로 보면, 인간에게 위험을 가하는 인공지능 시스템이 되므로 해외 수출이나 활용이 어려운 인공지능 기술로 판정될 수 있다.

인공지능 국제표준과 EU 규제안과의 관계를 보면 12개 규제안과 SC 42의 개발 국제표준들과의 연관성은 매우 높아서 앞으로 개발될 국제표준들과의 연관성도 증가할 것으로 예상된다.

인공지능 관련 국제표준과 EU AI 규제안과의 연계 주제

국제표준(ISO/IEC JTC 1/SC 42)		EU AI 규제안	
표준문서번호	프로젝트명	주제번호	주제명
ISO/IEC 22989	Artificial Intelligence(AI) - Artificial intelligence concepts and terminology [Publish 예정]	1	범위 및 정의
ISO/IEC 23053	Artificial Intelligence(AI) - Framework for artificial intelligence system using machine learning [Published]		
ISO/IEC TR 24028:2020	Information technology - Artificial Intelligence(AI) - Overview of trustworthiness in Artificial Intelligence [Published]	2	금지대상 AI 목록
		3	고위험 AI 시스템
		4	일부 AI 시스템에 대한 투명성 의무

국제표준(ISO/IEC JTC 1/SC 42)		EU AI 규제안	
표준문서번호	프로젝트명	주제번호	주제명
ISO/IEC TR 24029-1:2021	Information technology - Artificial Intelligence(AI) - Assessment of the robustness of neural networks - Part 1: Overview [Published]	2	금지대상 AI 목록
		3	고위험 AI 시스템
		4	일부 AI 시스템에 대한 투명성 의무
ISO/IEC TR 24030:2021	Information technology - Artificial Intelligence(AI) - Use cases [Published]	2	금지대상 AI 목록
ISO/IEC 38507	Information technology - Governance of IT - Governance implications of the use of artificial intelligence by organizations [Published]	5	혁신 지원 조치
		6, 7, 8	거버넌스 및 실행

출처: 인공지능 신기술 신산업 이슈 동향보고서(2021년 4호)

우리나라의 대응전략

국내에서는 인공지능이나 4차 산업혁명과 관련해 범부처 국가정책, 전략, 산업정책 보고서 등은 발간되고 있으나 인공지능 표준을 효율적으로 추진하여 산업 활성화 기반 마련을 위한 범정부, 기업, 민간 등을 아우르는 표준화 거버넌스 활성화에 있어서는 다소 미흡한 편이다.

부처별 인공지능 표준화에 대해서는 범부처적으로 자체적인 표준화가 진행 중이므로 표준 현황 파악이 어렵다. 예를 들면, 국토교통부는 스마트시티 표준화 기반조성 사업의 일환으로 인공지능 관련 기술의 표준(과제명: 스마트시티 국제표준화 기반조성, 총 연구기간: 2020.5.~2023.12., 규모: 120억)을 추진 중이며, 과학기술정보통신부는 R&D 사업을 표준과 연계하려고 추진 중이다.

한편 인공지능 거버넌스 국제표준 개발로 ISO/IEC 38507:2022

(Information technology - Governance of IT - Governance implications of the use of artificial intelligence by organizations)는 경영자, 법률 및 회계 전문가, 비즈니스 또는 기술 전문가, 정부 및 정책 입안자, 내외부 서비스 공급자 등에게 인공지능 거버넌스 지침을 제공하고 있어 참조가 필요하다.

특히 이 표준문서는 조직 내에서 인공지능의 효과적이고 효율적이며 허용 가능한 사용을 보장하기 위해 인공지능의 사용을 가능하게 하고 통제하기 위한 조직의 운영기관 구성원들에 대한 지침을 제공하고 있다.

따라서 국제표준의 국내 도입 및 신규 표준 발굴 시 EU 인공지능 규제안을 고려한 표준 발굴이 필요하며, 기업 확산 및 홍보를 위한 활동 강화와 동시에 한층 강화된 국내 표준화 거버넌스 도입이 필요하다.

국제 표준문서 개발 및 표준화에 있어서 국제 협력이 매우 중요하다. 특히 동아시아 국가들은 상호협력과 의존이 미약하고 표준화 제도와 투입 자원 등 전반적으로 불리한 입장에 놓이는 경우가 있다. 따라서 국가별 산발적인 표준안 제안은 지양 및 축소하고, 공통의 이해관계에 기초하여 공동대응의 이슈 발굴 및 제안에 표준 후발국 등이 협력하여 대응하며 국제표준화에서 영향력을 확대해 나가는 이슈별 이해관계자 대응전략이 필요할 것이다. 따라서 인공지능 표준화 관련 국가 간 글로벌 인공지능 표준 협력 얼라이언스와 같은 협의체를 구축하고 이슈별 포럼과 공통 이슈를 발굴하는 국가 간 협력 추진이 필요하다.

최근 국내 R&D와 표준화 연계 가능성을 분석해 본 결과, 우리나라는 R&D의 약 10%가 표준화와 연계되어 있음을 알 수 있었다. 특히 인공지능은 전 산업에 걸쳐 있으므로 표준화의 범위는 증가할 것으로 볼 수 있다. 따라서 앞으로 산업에 있어서의 표준화는 핵심 기술개발 후 표준화를 반드시 수행하도록 의무조항을 신설하는 것이 필요한데 특히 신기술인 경우 더욱 필요하다. 기존 전통방식에서의 표준이 아닌 디지털 전환에 따른 표준 개발로의 방향 전환이 필요한 것이다. 이는 스마트 제조, 스마트 산업 등 스마트와 연관된 4차 산업혁명 분야에 있어서는 더욱 그러하다.

전국경제인연합회는 OECD 36개 회원국의 2001~2020년 R&D 데이터를 분석한 결과, 한국의 GDP 대비 R&D 투자 비중은 2001년 2.27%(OECD 국가 중 9위)에서 2020년 4.81%(2위)까지 상승했고, R&D 투자 비중 증가폭(2.54%p)은 OECD 국가 중 가장 높은 수준이라고 밝혔다. 한국의 GDP 대비 R&D 비중은 OECD 국가 중 2위로 높지만, R&D 투자 성과는 여전히 '외화내빈(겉은 화려하나 속은 부실함)'이라고 지적하였다(중앙일보, 2022.4.20.).

앞으로 한국은 디지털 전환에 따라 R&D와 표준을 연계하여 인공지능 분야에서 선도적 표준들이 지속적으로 개발되어 외화내빈이 되지 않도록 하는 것에 역점을 두어야 할 것이다.

미·중 디지털 블록화와 우리의 대응

조은교 산업연구원 부연구위원

디지털 기술을 둘러싼 미·중 경쟁

미·중 경쟁이 통상분쟁에서 기술패권 경쟁으로 확산되면서, 미국이 중국의 기술 굴기를 제재하는 형태로 확산되고 있다. 미국의 대중국 제재의 핵심이 되고 있는 반도체와 인공지능 등의 디지털 기술은 모두 군사·안보 분야에도 심도 있게 활용되는 기술이며 새로운 산업구조를 형성하는 범용기술이라 할 수 있다. 또한 반도체와 인공지능은 군사 분야에서도 각종 무기의 성능을 결정하는 부품으로 대표적인 민군 겸용기술(Dual-Use Technology)이라 할 수 있다. 따라서 미국은 중국 내 공급망에 미국 기업들이 참여하고 있음에도 불구하고 일부 핵심기술 분야에서 중국 투자를 금지하고 있으며, 지정학적(Geopolitical) 맥락에서 국가 경쟁력 우위와 국제질서에 대한 지배력 강화를 가져가기 위한 대중 제재를 가속화하고 있다.

최근 미국은 2022년 8월 9일 '반도체 과학법(CHIPS and Science

Act of 2022)'을 발표하면서 반도체를 중심으로 미국의 대중국 제재를 강화하고 있다. 반도체 과학법은 미국 반도체 제조 분야에 대한 육성과 기술적 우위 유지를 위한 산업정책이지만, 한편으로는 중국을 고립시키기 위한 기술 견제정책이기도 하다. 동법에서는 반도체 과학법을 통해 보조금을 받은 기업은 향후 10년간 중국 신규투자를 금지하는 등(28나노 이상의 연산반도체 제조 생산시설은 예외)의 조항이 포함되어 있어, 중국의 기술 추격을 저지하겠다는 속내도 숨겨져 있다. 현재 중국의 SMIC는 14나노 반도체의 생산이 가능하나 전체 판매에서 차지하는 비중은 10% 미만으로 완전한 자급을 이루기에는 부족하다. 또한 중국은 미국의 제재로 7나노 이하의 최첨단 미세가공이 가능한 ASML의 EUV 장비를 공급받지 못하면서 생산이 불가능해진 상황이다. 최첨단 분야의 핵심기술을 보유한 미국은 중국 반도체의 기술굴기에 대한 제재를 더욱 강화할 것으로 보이며, 디지털 기술을 구현하기 위한 핵심 디바이스인 반도체를 중심으로 양국의 경쟁이 더욱 치열해질 것으로 전망된다.

화웨이 제재 이후 미국이 추가적으로 제재를 시작된 분야는 슈퍼컴퓨팅, 안면인식 등 인공지능 기술 분야다. 미국은 인공지능 기술도 민군 겸용기술이므로 안보 위협이라는 이유로 중국 기업에 대한 수출을 통제했다. 처음에는 안면인식, 음성인식 등의 인공지능 응용기술 기업을 제재하기 시작하였으며 이후 슈퍼컴퓨팅, 인공지능 플랫폼, 인공지능 반도체 등으로 인공지능 가치사슬 전반으로 제재영역이 확대되고 있다. 아울러 최근 미국은 글로벌 인공지능(GPAI, Global Partnership on AI) 등을 중심으로 글로벌 표준 선점 과정에서의 영향력을 강화하면서 중국 견제에 나섰다.

이처럼 미·중 양국 간에는 디지털 기술을 둘러싼 전략적 경쟁이 전개되고 있다. 다만 이러한 경쟁은 단순한 경제적 실리 추구에서 벗어나 기술패권을 장악하기 위한 국가적 전략경쟁으로 확대되고 있으며, 이는 글로벌 디지털 생태계의 블록화 가능성을 초래하고 있다. 현재 반도체, 인공지능 등 첨단기술 분야에서 미국의 대중국 투자, 기업 간 거래, 기술 협력, 인적 교류 등에 제한이 지속되고 있으며 최근에는 미국의 우호국에게까지 이러한 제한이 확대되면서 디지털 기술의 공급망, 기술표준, 산업생태계 등에서 블록화가 나타나고 있다.

미·중 디지털 기술의 블록화 전개 양상

미·중 간의 디지털 기술을 둘러싼 경쟁이 심화되면서 반도체, 인공지능 분야에서 공급망, 표준, 기술 및 시장 생태계 등이 별개의 두 진영으로 분리되는 블록화가 전개되고 있다. 다만 미·중 양국의 기술별 경쟁력에 근거하여 블록화 양상은 다르게 전개되고 있다.

디지털 기술의 미·중 블록화와 양상 비교

	미국 입장의 블록화	중국 입장의 블록화	전개 양상
반도체	· 미국 주도의 공급망 블록화 형성 - 대중국 기술 제재 - 미국 내 공급망 확충 - 리쇼어링 등	· 기술 고립화 - 기술 자립 불가피 - 공급망 내재화 불가피	주(主)-종(從) 관계
인공지능	· 미국 주도의 기술 동맹 확대 - 기술 교류 제한 - 글로벌 기술표준 주도	· 중국식 디지털 생태계 구축 - 중국 내 인공지능 생태계 구축 - 인공지능 기술 자립 - 디지털 실크로드 통한 생태계 확장	분리-경쟁

자료: 조은교(2021), "미·중 기술패권 경쟁과 우리의 대응: 반도체, 인공지능을 중심으로"

반도체의 경우 미국이 반도체 장비, 설계 등의 핵심기술 영역에서 글로벌 시장을 선도하고 있어 미국이 주도하고 중국이 고립화되는 형태의 주종(主從)관계를 형성하면서 블록화가 전개되고 있다. 미국은 핵심기술은 확보하고 있으나, 상대적으로 취약한 제조 분야의 경쟁력 확보를 위해 삼성전자, TSMC 등의 파운드리 기업의 투자유치를 확대하며 미국 내 공급망 확충에 주력하고 있다. 반면, 중국은 세계 반도체 최대 시장이기는 하나 기술 분야에서 대외 의존도가 매우 높고 아직 자급률이 미미한 상황이다. 미국은 반도체 장비 일부 분야(리소그래피, 조립 및 패키징)와 소재를 제외한 모든 반도체 공급망에서 글로벌 최고 수준의 경쟁력을 보유하고 있으며, 글로벌 시장에서 총 부가가치 점유율도 39%를 차지한다.

2015년 중국은 '중국제조 2025'에서 목표로 했던 국산화율 수준인 2020년 40% 달성 목표에 한참 못 미치는 상황이며, 세부 반도체 기술별 부가가치 점유율을 살펴봐도 ATP, 핵심네트워크 설비, NPU 등의 중저위 기술 분야를 제외하면 시장 점유율이 5%대 미만이다. 이러한 미·중 간 반도체 분야의 기술 격차로 미국의 제재가 중국의 첨단 반도체 분야의 성장을 지연시키는 원천이 되고 있으며, 이로 인해 양국의 블록화는 미국이 주도하고 중국이 수세적으로 방어하는 주종관계로 형성되어 있다.

반도체 공급망 영역별 미·중 경쟁력 비교

공급망 영역		부가가치 비중	미국		중국	
			경쟁력	부가가치 점유율	경쟁력	부가가치 점유율
R&D		-	최상	-	하	-
칩 제조	설계	29.8%	최상	47%	중	5%
	생산	34.1%	상	33%	중	7%
	ATP	5.8%	최상	28%	최상	14%
장비	Ion implanters	14.9%	최상	44%	하	1%
	Lithography		하		최하	
	Deposition		상		하	
	Etch/Clean		최상		중	
	CMP(Chemical Mechanical Planarization)		최상		하	
	공정 제어		상		최하	
	조립/패키징	2.4%	중	23%	최상	9%
	테스팅		최상		하	
	EDA	1.5%	최상	96%	하	1% 미만
	Core IP	0.9%	최상	52%	하	2%
소재	원 소재	6.7%	중	19%	최상	1%
	제조용 소재		중		하	
	패키징 소재	3.8%	최상		중	
총 부가가치 점유율				39%		6%

출처: CSET(2021) 참조하여 산업연구원 재작성, 조은교 외(2021) 재인용

주: 경쟁력 진단 기준은 최상(모든 세부영역에서 세계적 경쟁력 보유), 상(세계적 수준이나 일부 세부영역에서 경쟁력 미흡), 중(보통 수준), 하(낮은 수준), 최하(역량 없음)

반면, 인공지능의 경우 중국이 이미 인공지능 응용기술 분야의 기술 경쟁력과 자체 생태계를 확보 중에 있어 주종관계의 형태보다 분리·경쟁의 형태로 블록화가 전개되고 있다. 인공지능 기술은 다양한 산업에 응용되며 특정 산업데이터에 적합한 형태를 찾아나가면서 데이터가 계속 축적되는 선순환이 존재한다. 이에 따라 중국은 방대한 빅데이터

및 인공지능 기술에 개방적인 인식, 낮은 규제 등을 바탕으로 인공지능 응용기술 및 사업화에서 두각을 나타내고 있다.

2017년 중국의 인공지능 논문 수가 미국을 추월했을 때 질적인 수준은 아직 미국에 도달하지 못했다는 평가를 받은 지 3년 만인 2021년, 중국의 인공지능 관련 논문 인용 수는 미국을 제치고 1위(20.7%)를 차지하였다.[7] 또한 중국은 2017년부터 중국 내에 구축한 인공지능 생태계를 디지털 실크로드 전략(DSR)으로 활용해 글로벌 확장을 가속화하고 있다. 중국의 인공지능 음성인식, 안면인식 기업들은 기존 일대일로 참여국을 중심으로 수출 및 투자가 확대했으며, 알리바바·텐센트·징동 등의 중국 인터넷 플랫폼 기업은 인도네시아, 말레이시아, 베트남 등의 ASEAN 시장에 진출하면서 디지털 물류, 핀테크 등의 비즈니스 생태계를 동남아로 확장하고 있다.

미국은 이러한 중국의 인공지능 기술을 견제하기 위해 2019년부터 하이크비전(Hikvision), 아이플라이텍(iFLYTEK), 센스타임(SenseTime), 매그비(Megvii) 등의 인공지능 음성·안면인식 기업들의 미국 진출을 금지하고 있으며, 2020년부터는 슈퍼컴퓨팅 등의 인프라 기술 분야에 대한 기술 제재도 확대하고 있다. 이에 에릭슈미트 전 구글 회장은 2018년 한 세미나에서 미·중 양국을 중심으로 인터넷이 분리될 것이라고 주장한 바 있다. 이를 스플린터넷(Splinternet)이라고도 부르는데, 인터넷 환경이 쪼개지는 현상을 말한다.

중국은 일찍이 2003년부터 자체 인터넷 감시 시스템인 만리방화벽을 중심으로 미국의 구글, 페이스북을 차단해 왔다. 인공지능 기술 분야에서는 미국의 기술 제재와 중국의 자체 생태계 구축 등의 전략으로 인해 미국과 중국의 인터넷 플랫폼은 사실상 분리되고 있으며 데이터

생성, 수집 및 저장, 데이터 교류, 관련 솔루션 개발, 실제 응용에 이르기까지 인공지능 전 분야에서 가치사슬이 분리되어 형성되고 있다.

가치사슬별로 살펴보면 인공지능 기술을 구현해 내는 반도체 분야부터 미국의 대중국 기술제재로 블록화가 시작되고 있다. 최근 미국은 엔비디아(Nvidia)와 AMD에 인공지능 반도체용 GPU를 허가 없이 중국에 수출하는 것을 금지시켰다. 반도체 장비뿐만 아니라 인공지능 반도체까지 수출이 금지되면서 미·중 간 인공지능 구현을 위한 디바이스의 블록화도 심화되고 있다. 또한 무엇보다 미국의 오픈소스 플랫폼에서 중국이 독립하여 자체 개발한 오픈 플랫폼을 통해 생태계를 확장하는 점은 향후 양국의 인공지능 생태계 블록화를 가속화시키는 주 요인이 될 것으로 전망된다. 미국의 인공지능 확장 전략은 후발국가들에게 미국의 기술을 무상으로 제공하는 등 오픈소스 플랫폼을 통해 기술리더십을 유지하는 프론티어 전략이었다. 그러나 중국은 독자적으로 미국의 '깃허브(Github)'에 대항하는 소스코드 공유서비스인 '깃허브(Github)'를 출시하면서 자체적인 생태계를 구축해 가고 있다. 미국의 화웨이 제재로 인해 화웨이 스마트폰에 안드로이드 탑재가 금지되자 화웨이는 2019년 '하모니OS'를 발표하였다. 하모니OS는 리눅스 기반의 오픈소스 프로젝트로 이제 중국은 독자적인 운영체계까지 갖추게 되었다.

이처럼 인공지능 가치사슬 분야에서 중국은 자체적인 생태계와 기술 경쟁력을 확보해 가면서 양국 간 블록화는 분리되어 경쟁하는 형태로 심화되고 있음을 알 수 있다. 2021년 5월 미국의 인공지능국가안보위원회(NSCAI)는 중국의 인공지능 기술 경쟁력이 미국과 대등한 수준으로 성장했고, 미국이 국가적 역량을 총 동원하여 대응하지 않을 시 향후 10년 내에 미국을 추월할 가능성도 존재한다고 주장하였다. 이와 같이 인공지능 분야에선 중국이 보유한 기술 경쟁력, 생태계 등을 기반으로 자체 생태계를 구축하면서 미·중 양국 간에는 이미 블록화가 나타나고 있다. 향후 표준, 데이터 거버넌스, 인공지능 플랫폼 등에서 블록화가 더욱 가속화되고 그 양상은 심화될 것으로 전망된다.

미·중 인공지능 가치사슬별 블록화 추세

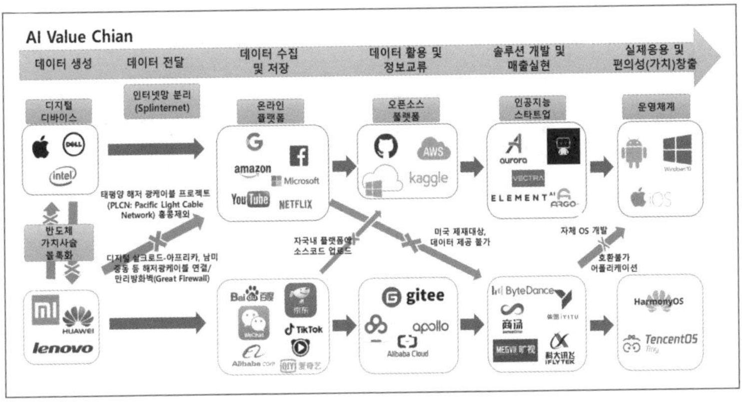

자료: 조은교 외(2021), "미·중 기술패권 경쟁과 우리의 대응: 반도체, 인공지능을 중심으로"

우리의 대응

반도체와 인공지능 등 디지털 기술의 블록화로 우리는 이제 시장, 생태계, 기술표준 등이 두 개로 나누어져 병존하는 미래를 맞이할 가능성이 매우 높아졌다. 다만 반도체 기술의 경우, 오랜 시간 형성된 글로벌 분업구조와 미·중 양국과 시장 및 기술에 대한 상호의존으로 인해 모든 밸류체인에서 완전한 블록화는 제한적일 것으로 전망하고 있다. 중국은 일찍이 만리방화벽 등을 통해 분리되어 성장해 왔다. 미·중 양국의 인터넷 플랫폼과 인공지능 생태계는 이미 블록화가 심화되고 있어, 향후 양국 간 디지털 분야에서의 경쟁과 블록화 시도는 더욱 가속화될 것으로 전망된다.

미·중 양국 간 블록별 생태계가 구축되고, 독자적인 기술체계가 구축되면서 우리는 양국 중 어느 블록을 선택할 것인지 등의 양자택일의 상황에 놓일 수 있다. 따라서 우리는 중국의 기술표준, 공급망, 시장, 산업 생태계가 상당 기간 블록화되어 경쟁할 것에 대응해야 할 필요가 있다. 디지털 기술의 측면에서 보면, 기회요인과 위협요인이 상존한다. 우리는 반도체 기술에 있어서는 미국에 의존성을 가지고 있으며, 시장 측면에서는 중국에 의존하고 있다. 인공지능의 경우에는 미·중 양국을 추격하고 있고, 기술 측면에서는 미국에 의존되어 있다. 이에 따라 우리는 미·중 양국의 기술과 시장을 활용하기 위한 각각의 전략이 필요한 상황이다.

미국이 동맹국과의 반도체·인공지능 기술 협력을 확대하고 있는 상황은 우리에게 미국의 선진기술을 학습하기 위한 좋은 기회라고 평가된다. 따라서 단기적으로는 반사이익을 극대화할 필요가 있으며, 장기적으로는 변화하는 디지털 글로벌 가치사슬에서 우리의 경쟁우위를 확보하기 위한 기술 협력 전략이 필요하다. 상대적으로 열위에 있는 반도체 장비, 설계 기술과 인공지능 원천기술 등의 분야에서 미국과 협력을 강화해야 할 필요가 있으며, 미국이 주도하는 디지털 협의체에서도 적극적인 참여를 고려해야 한다. 아울러 기술개발 자체와는 별개로 산업적 측면에서 기업 간 파트너십 강화, 우리의 비교우위 분야인 인공지능 반도체, 파운드리 등 제조 분야에서의 적극적인 시장 확대가 필요하다.

디지털 전환, 코로나19 이후 커져 가는 중국 디지털 시장에 대한 진출도 포기할 수 없다. 현재 중국의 파운드리 반도체 수요를 주목하고 이를 적극 흡수하기 위한 단기적인 반사이익 극대화 전략도 필요하다. 인공지능 분야에서도 인공지능 자율주행, 인공지능 의료 등 우리의 제조경쟁력을 바탕으로 중국에서 수요가 확대되는 분야에 진출하기 위한 고민을 해볼 필요가 있다. 미국과 중국의 틈새에서 우리 산업의 차별적인 포지션을 구축하는 전략의 추진이 바람직하다.

마지막으로 통상 관점에서는 단순히 경제적 이익 확보를 넘은 보다 포괄적인 국가적 대응이 요구된다. 디지털 기술을 둘러싼 미·중 블록화는 미국의 우방국 대 중국으로 블록화되면서 복잡하고 다층적인 구도로 전환되기 시작했다. 단순히 무역·투자 등 경제 분야에 집중된 통상전략이 아니라 외교·안보까지 연계된 경제안보 전략을 필요로 하는 것이다. 따라서 통상측면에서는 경제안보 시대에 대응하는 新통상전략이 필요하다.

특히 미국 주도의 디지털 규범의 확대, 중국 중심의 디지털 생태계의 확장 등의 변화에 주목할 필요가 있다. 미국 주도로 구성되는 '인도·태평양경제프레임워크(IPEF)'에는 디지털 규범에 관한 내용도 주요 의제로 포함되어 있다. 우리는 IPEF에 적극적으로 참여하여 글로벌 디지털 통상 규범 수립 논의를 선도해 갈 필요가 있다. 중국 디지털 생태계 확장에도 주목할 필요가 있으며, 우리도 ASEAN 등 근접한 시장을 적극적으로 활용하기 위한 디지털 통상 협정 추진 등도 고려할 필요가 있다.

6 DIGITAL POWER 2023

디지털 전환, 플랫폼 및 개발도상국의 발전

강하연 정보통신정책연구원 실장

2022년 지금 전 세계 모든 국가는 디지털 전환을 추구하는 중이다. 모든 기술기반 경제혁명에서 그렇듯이 기술의 새로운 기회를 포착하고 가치 창출을 선도하는 혁신적 행위자들의 역할이 중요한데, 디지털 전환에서는 그 역할을 플랫폼 기업이 담당한다. 최근 한 컨설팅회사의 조사에 의하면 전 세계에 시가총액 기준 10억 달러 이상인 디지털 플랫폼(이하 플랫폼)이 200여 개나 되며, 2025년 글로벌 전체 기업 매출의 30%가 이들을 통해 이루어질 것이라고 한다. 한마디로 전통적 경제 패러다임이 플랫폼 기반으로 전환하며 진화하고 있다고 할 수 있다.

이러한 배경에서 세계은행(World Bank), UNCTAD 등은 개발도상국들도 디지털 기회를 지렛대 삼아 경제 발전 전략을 추진할 것을 권고하고 있다. 세계은행의 2016년 보고서 'Digital Dividends'라는 제목에서 알 수 있듯이 개발도상국이 디지털 전략의 추진을 통해 새로운 성장의 열매를 확보할 것이라는 기대가 존재한다. 사실 우리나라에선 잘 알려지지 않았으나, 중남미의 메르카도, 아프리카의 테이크어럿, 인도의 플립카트, 동남아시아의 그랩 등 개발도상국에서도 다양한 유형의 플랫폼이 존재한다. 플랫폼이 개발도상국의 새로운 성장동력이 되어 선진국과의 경제적 격차를 줄이는 데 기여할 수 있을까. 디지털 전환 속 세계 경제 구도 속에서 개발도상국의 지속가능한 발전을 염두에 두며 몇 가지 생각해 볼 지점을 짚어본다.

개발도상국의 입장에서 본 플랫폼과 가치창출

잘 알려져 있듯이, 디지털 경제에서 플랫폼은 혁신과 가치 창출의 역할을 가장 효과적으로 수행하는 행위자이다. 플랫폼은 단순히 수요와 공급을 연결하는 매개체 역할을 넘어 다양한 산업의 융합과 혁신을 창발한다는 점에서, 특히 기존의 개발에서 생산, 생산에서 유통의 선형적 가치사슬 구조에서 비선형적 수확 체증의 법칙이 작동하는 산업구조를 촉진한다는 점에서 국가의 경제 발전에 상당한 영향을 미친다. 특히 플랫폼의 네트워크 효과 덕택에 플랫폼 사용자의 수 또는 사용횟수가 많아지면 많아질수록 경제적 가치가 발생하는데, 글로벌 플랫폼들은 엄청난 양의 데이터에 기반한 탁월한 가치 창출 능력을 갖추고 있다.

다만 미국과 중국의 플랫폼들이 글로벌 디지털 시장총액의 90%를 차지한다는 보고가 있듯이, 경제의 디지털화가 진행될수록 플랫폼의 집중과 독점력이 심화할 것으로 예상되며, 가치 창출의 혜택이 특정 국가 또는 특정 대상에게만 돌아갈 것이라는 우려가 있다. 대부분의 개발도상국들은 외국 플랫폼인 구글, 아마존, 마이크로소프트, 알리바바 등에 의존하고 있으며, 플랫폼에서 파생되는 다양한 가치와 기회로부터 소외될 수 있다. 플랫폼의 가치창출 방식을 더 자세히 들여다보면 이러한 우려는 더 커진다.

디지털 전환 이전의 글로벌 가치사슬 구도에서 개발도상국은 저임금을 기반으로 한 저렴한 생산기지로, 선진국은 디자인과 마케팅, 연구개발 역할을 맡아 각자의 경쟁우위에 입각한 성장이 가능했다. 그런데 디지털 기술로 연결된 글로벌 경제에서 플랫폼은 연구개발, 디자인, 생산, 영업 등 가치사슬의 모든 단계를 직접적으로 통제할 수 있으므로 노동 분업의 정도와 지리적 확장성이 크지 않다. 그러다 보니 플랫폼은 대부분의 개발도상국 시장에 깊이 침투했으나 막상 진출한 국가에서 필요로 하는 고용과 투자를 하지 않는다는 비판을 받는다. 플랫폼을 통한 새로운 경제적 기회들이 생겨났으나, 플랫폼 노동착취, 개인 프라이버시 침해, 알고리즘 차별, 사회적 소외 등 새로운 불평등의 문제도 생겨나고 있다. 플랫폼 경제의 가능성과 경제 발전에의 기여에도 불구하고 개발도상국들이 플랫폼의 혜택을 충분히 누릴 수 있을지 의문이 들 수밖에 없다.

로컬 플랫폼의 가능성

그럼 글로벌 플랫폼이 아닌 자생적 또는 로컬 플랫폼들은 개발도상국의 발전에 기여를 할까? 개발도상국에서 발견되는 플랫폼들은 대부분 '거래 플랫폼'이다. 개발도상국들은 사회경제적 인프라 및 여건의 부족으로 시장 자체가 형성되지 않거나 시장 환경이 열악한 경우가 많은데, '사람과 조직을 연결하고 정보를 공유'하여 새로운 거래 행위를 가능하게 하는, 즉 시장 창출의 기능을 하는 플랫폼의 역할은 고무적이다.

예를 들어 테이크어럿(Takealot)이라는 아프리카의 전자상거래 플랫폼은 아마존과 이베이 등 해외 플랫폼이 외면하는 시장을 공략하면서 부상했는데, 남아공에서 시작해 남아프리카 지역의 최대 전자상거래 플랫폼으로 부상했다. 가나의 에소코(Esoko)는 시장에 대한 정보와 접근성이 떨어지는 지역 소작농에게 농수산물 가격 추격 및 매칭 서비스를 제공하는 플랫폼으로 성장했다. 이들은 글로벌 플랫폼이 제공하는 기술을 사용하여 현지화된 서비스를 제공하거나, 디지털 기술을 활용하여 연결이 어려운 생산자와 소비자를 매칭해 새로운 시장을 창출했다.

개발도상국에서 가장 많이 알려진 플랫폼은 배달 또는 모빌리티 플랫폼이다. 인도네시아의 고젝(Gojek), 케냐의 리틀캡(Little Cab), 우간다의 세이프보다(SafeBoda)는 오토바이 택시를 기반으로 하는 모빌리티 서비스로 성공한 사례들이다. 특히 여러 동남아시아 국가로 확장하는 데 성공한 그랩(Grab)은 지역 친화적 서비스를 제공해 경쟁자인 우버(Uber)보다 높은 인지도와 성공을 거둔 것으로 평가된다. 이들 모빌리티 플랫폼은 초기의 라이드 서비스에서 다양한 서비스를 집결, 매칭하는 복합 플랫폼으로 진화하고 있다. 고젝은 음식 배달, 세탁, 청소 등 다양한 1인 사업자의 플랫폼으로 진화하면서 최근에는 온라인 금융 고페이(Go-pay), 간편결제 쇼피(Shopee) 등을 출시하며 금융과 커머스 영역을 아우르고 있으며, 그랩도 음식 배달과 핀테크 서비스 등 유사한 방식으로 사업을 확산하는 중이다.

위의 사례를 보면 많은 개발도상국들이 겪는 시장 실패 또는 시장 부족의 문제를 디지털 기술을 앞세운 플랫폼이 해결할 수 있을 것으로 생각하게 된다. 특히 글로벌 시장에의 접근이 절실한 개발도상국 입장에서 플랫폼은 이를 실현하는 효과적 수단일 수 있다. 그런데 이 전략이 생각보다 쉽지 않다. 한 사례를 보자. 몇 년 전 케냐와 르완다는 자국 관광서비스의 플랫폼화를 시도하였는데, 그 결과는 신통치 않았다. 숙박 정보와 서비스 내용을 플랫폼에 탑재하기 위해서는 관련 경영 노하우와 플랫폼 기술의 사용이 요구되었는데, 이러한 역량을 갖춘 현지 사업자가 많지 않았기 때문이다.

이 밖에도 지역 신선 농산물의 해외시장 진출을 위해 플랫폼이 만들어졌으나 이용률이 저조한 것으로 조사되었다. 케냐와 르완다 농민의 11%만 플랫폼을 통한 해외 판매 경험이 있고 대부분의 농민들은 농산물 가격과 생산 정보, 결제와 관련된 기술적, 언어적 역량 부족의 문제를 겪었다. 이렇듯 개발도상국들의 디지털 인프라는 아직도 많이 부족한 편이고, 플랫폼 기반 성장을 위한 데이터센터, 플랫폼 솔루션 등은 해외 기업에 의존해야 하는 문제가 존재하며, 플랫폼 기술을 제대로 활용할 줄 아는 역량의 문제도 상당하다.

그런데 개발도상국에서의 플랫폼 실패가 단지 기술이나 경영 노하우의 문제만은 아닐 것이다. 일단 장기적인 관점에서 플랫폼 전략이 추진되기 어려운 환경을 지적할 수 있다. 개발도상국들은 엄청난 양의 데이터를 모으고, 처리하고, 상업적으로 활용하기 위한 기반을 구축하는 데 소요되는 투자를 감내할 여건을 갖고 있지 못하다. 미국의 아마존은 1994년 설립된 후 15년 이상 수익을 내지 못하였으나 해당 기간에도 지속적인 투자를 받아 지금의 비즈니스 모델을 완성했다고 한다.

과연 개발도상국의 미흡한 비즈니스 환경을 감내할 '착한' 자본이 존재할까. 이러한 구조 속에서 개발도상국은 글로벌 자본과의 협상력 게임에서 패자일 수밖에 없다. 인도의 전자상거래 플립카트(Flipkart)는 지속적인 자본조달의 어려움을 겪다 미국 아마존의 투자를 받아 아마존-플립카트(Amazon-Flipkart)가 되었다. 로컬 플랫폼에 대한 해외 자본의 인수합병이나 투자가 진행되면 개발도상국의 플랫폼 전략의 지속가능성은 담보하기 어렵다.

개발도상국 내의 정치사회적 구조 또는 거버넌스가 변수로 작용하는 경우도 있다. 케냐의 몸바사 지역은 세계 최대의 차(Tea) 생산지이다. 전통적으로 생산자들은 옥션 제도를 통해 전 세계의 바이어에게 차를 판매했는데, 거래 중간단계의 옥션 브로커를 통해야만 차를 팔 수 있는 시스템이었다. 차의 생산과 소비의 효율화를 목적으로 현지 생산자와 해외 바이어를 온라인 옥션 플랫폼을 통해 연결하려는 시도들이 매번 무산됐다. 그 이유는 차의 보관(저장)과 유통을 담당하는 현지 브로커들이 온라인 옥션제도에 저항했기 때문이다. 옥션에 참여하는 지역 생산자들의 디지털 역량은 높지 않았고 브로커들은 실물 확인이 어려운 온라인 옥션제를 불신했다. 결국 온라인 옥션 제도는 여러 진통 끝에 2019년에 겨우 설립되었다고 한다.

우리나라의 '타다' 사례에서도 볼 수 있듯 많은 경우 기존 산업과의 이해 충돌, 디지털 역량 부족 등 기술과 무관한 변수들이 플랫폼의 성공을 방해할 수 있다. 개발도상국에만 적용되는 것은 아니겠지만 경제의 플랫폼화 과정에서 이해집단 간 이익 조율과 사회적 대응 능력이 갖추어져야 함을 보여주는 사례이다.

플랫폼과 데이터 거버넌스

궁극적으로 플랫폼의 성공은 데이터 기반 경제가 갖추어졌는가에 달려 있을 것이다. 모든 플랫폼은 데이터에 의해 돌아가기 때문이다. 데이터는 석유나 전기와 같이 지리적, 물리적 조건의 영향을 받지 않고 무한 반복적 사용이 가능하며 모으면 모을수록 경제·사회적 효용이 배가되는 특성을 가진다. 그런데 대부분의 개발도상국은 데이터의 수집과 처리, 사용 등 전 과정을 외부에 의존하고 있다. 대용량 데이터센터와 같은 물리적 여건이 부족할 뿐만 아니라 개인정보보호법, 데이터 거래소와 같은 데이터 이용활성화를 위한 법제도 또한 미흡하다 보니 해외 플랫폼들은 비즈니스 리스크의 문제로 현지 진출을 꺼린다. 결국 해외 플랫폼이 제공하는 서비스나 기능을 이용해야 하는 개발도상국은 자국에서 생성되는 데이터에 대한 통제권을 제대로 행사할 수 없다. 개발도상국의 디지털 발전에 있어 데이터 거버넌스의 확립이 중요한 이유이다.

유럽은 플랫폼이 역내 수집·사용하는 데이터에 대한 건전성 규제를 강화하여 외국(미국) 플랫폼의 데이터 권력을 제어하는 등 유럽의 가치를 담은 거버넌스를 추구하고 있다. 유럽의 데이터 보호주의를 비판하던 미국도 최근 들어 거대 플랫폼의 시장 독점력에 대한 민주적 시장통제를 앞세워 데이터 규제를 강화하려는 움직임이 있다. 그러나 대다수 개발도상국은 법제도 및 규제역량의 미비로 글로벌 플랫폼에 대해 적절한 통제를 하지 못하는 상황이다. 개발도상국 입장에서 보면 자국민 데이터의 해외 반출은 있으나 데이터 기반 경제적 기회는 해외에서 발생하는 꼴이다.

플랫폼 경제의 원활한 작동을 위하여 데이터의 국가 간 이동이 원활해야 하겠으나, 데이터의 이동과 활용이 특정 기업 또는 지역에서만 이루어지는 것을 막기 위해서는 개발도상국들의 집단적 노력이 필요하다. 글로벌 데이터 거버넌스 논의는 미국, 유럽, 일본 등 일부 국가에서만 진행되고 글로벌 차원의 원칙 수립은 아직 갈 길이 멀다. 개발도상국들은 아직 시작 단계인 글로벌 데이터 거버넌스 논의에 적극적으로 참여하여 개발협력의 시각을 반영하고 국내적으로 자국민 데이터 주권의 보호와 디지털 전략의 주도권을 확보해야 하는 숙제가 있다.

개발도상국의 디지털 미래

앞의 논의들은 플랫폼으로 대변되는 경제의 디지털화가 개발도상국 발전에 미치는 함의를 다시 생각해 보게 한다. 개발도상국들은 경제 발전에 필요한 기술과 투자를 일구어 내는 데 다양한 어려움을 겪고 있다. 그런데 디지털은 기존의 제조업 기술을 업그레이드하는 데 소요되는 비용과 시간을 효과적으로 단축하고, 심지어 건너뛰게 할 수도 있으며, 플랫폼은 새로운 시장 기회와 글로벌 경제 참여의 길을 열어주었다.

그러나 개발도상국의 디지털 성장 기회는 많지 않을 수 있다. 국가 간 소득, 교육, 성별, 지역적 조건에 따른 격차는 디지털의 기회를 활용하는 데 상당한 제약으로 작용하기 때문이다. 플랫폼의 가능성에 주목하지만, 디지털 발전을 위한 제반 조건들-사회구성원의 역량, 노동 및 임금의 질과 수준, 기업의 혁신역량, 규제환경, 글로벌 경제구조 등-의 중요성을 무시할 수 없으며 특히 한국, 중국 등 일부 국가들의 디지털 도약(Leapfrogging)은 지정학적 조건에 의해 결정되었으며 모든 개발도상국에게 해당하지 않는다는 점을 염두에 두어야 한다. 앞에서 지적하였듯이 외부에 의존하는 플랫폼으로는 새로운 양상의 양극화로 이어질 가능성이 높다.

선진국 기업에 의해 주도되는 플랫폼 경제가 승자독식의 구도로 굳어질 가능성이 높은 가운데 개발도상국들의 선택지는 많지 않다. 디지털 전환의 기회를 지렛대 삼아 성장을 추구하면서 플랫폼들의 데이터 권력을 견제할 수 있는 지혜로운 국가적 노력이 필요한 시점이다. 이 노력은 개발도상국가 간 집단적 협력을 통해 추진되어야 힘을 발휘할 수 있다.

DIGITAL POWER
2023

Part. 2

디지털 기술이 펼치는 새로운 경쟁의 공식

1 DIGITAL POWER 2023

인공지능은 어떻게 개인과 조직에 영향을 주고 있나?

최석웅 MIT 연구원

인공지능 기술이 발전하고 그에 따른 인공지능 사용 접근성이 점차 증가하면서 인공지능이 우리 일상에 미칠 변화에 대한 이야기들이 세간의 많은 관심을 받고 있다. 이러한 관심은 인공지능이 가지고 있는 잠재적인 기술적 혜택 때문에 비롯된다. 인공지능의 가장 큰 기술적 혜택은 인공지능이 특정 맥락에서 많은 데이터를 학습하여 그에 따른 판단 및 예측 능력을 향상시킴으로써 판단 및 예측 능력의 경제적 비용을 줄여줄 수 있다는 데 있다 (Agarawal., 2018). 따라서 경제적 비용 감소를 통한 인공지능 도입 이후에 개인이나 조직(기업)에 성과적으로 미칠 수 있는 영향이나 노동 시장의 관점에서 인공지능이 현재의 직업들을 어떻게 대체 보완할지에 관한 연구들이 활발히 이뤄지고 있다.

인공지능이 개인에게 미치는 영향

개인의 관점에서 이루어진 특정 연구과제들을 기준으로 봤을 때 인공지능이 전문직종의 사람들보다 성과가 더 좋다는 것을 다양한 맥락에서 밝히고 있다. 인공지능 발전의 신호탄을 알린 알파고와 이세돌의 바둑 경기에서 우리는 인공지능의 실력이 인간보다 월등히 좋을 수 있다는 점을 확인할 수 있었고, 추후 연구들은 인공지능의 능력과 발전이 단순히 바둑 경기에만 그치지 않는다는 점을 잘 보여주고 있다.

실제로 피부과나 방사선 전문의들을 대상으로 한 실험에서 인공지능 기반의 엑스레이 프로그램이 전문의보다 더 나은 판별 결과를 가졌다는 사례가 있다(Cadario et al., 2021; Hwang et al., 2019). 또한 증권가 애널리스트들을 대상으로 인공지능과 주가 예측 경쟁을 했을 때에도 인간보다 인공지능이 더 낫다는 연구도 존재한다(Cao et al., 2022). 이를 통해 인공지능이 인간보다 월등히 잘하는 부분이 존재하고, 인공지능의 발전을 통해 이러한 부분이 확장되고 있다는 사실을 알 수 있다. 이점은 인공지능이 인간의 특정 업무를 대체해도 능력적으로는 무방할 수 있고, 경제적으로는 오히려 이득이 될 수 있다는 점을 잘 보여준다. 좀 더 정확한 예측이나 업무성과 향상을 위해 인공지능과 인간의 협업이 점차적으로 중요해질 것임을 분명히 보여주고 있다.

이에 따라 인공지능과 인간의 협업 관련 연구들도 활발히 진행되고 있다. 앞에서 밝힌 인공지능과의 주가 예측 연구에서는 현 애널리스트들과 인공지능이 협업을 했을 때의 성과가 인간 단독이나 인공지능 단독으로 주가를 예측했을 때의 성과보다 더 좋았음을 밝히기도 했다(Cao et al., 2022).

인간과 인공지능의 협업에 있어 현재 다양한 측면이 존재한다. 콜센터 직원들을 대상으로 한 현장실험(Field Experiment)에서는 직원들의 업무성과에 대한 피드백을 인공지능이 주었을 때와 매니저가 주었을 때로 나누어 비교했을 때 직원들의 추후 업무성과에 영향이 있다는 것을 밝혔다(Tong et al., 2021). 인공지능이 피드백 자료를 스스로 만들어서 인공지능이 준 피드백임을 밝힌 경우(그룹 1), 인공지능이 피드백 자료를 만들었지만 매니저가 피드백을 주었다고 밝힌 경우(그룹 2), 매니저가 피드백 자료를 직접 작성했지만 인공지능이 작성한 피드백이라고 밝힌 경우(그룹 3), 매니저가 피드백 자료를 직접 작성하고 매니저가 작성한 피드백이라고 밝힌 경우(그룹 4)로 나눠 실험을 진행하였다.

이에 따른 실험 결과가 흥미로운데 추후 성과에 가장 긍정적인 영향을 준 경우는 인공지능이 피드백 자료를 작성하고 매니저가 작성한 것이라고 밝힌 경우였다. 두 번째로는 인공지능이 피드백 자료를 작성하고, 인공지능이 준 피드백이라고 밝힌 경우였고, 세 번째로는 매니저가 피드백 자료를 작성하고, 매니저가 준 피드백임을 밝힌 경우였다. 마지막으로 가장 낮은 성과를 보인 경우는 매니저가 피드백을 작성하고, 인공지능이 피드백을 작성했다고 밝힌 경우였다([그림 1]).

[그림 1] 4가지 실험 조건에서의 작업 성능 비교

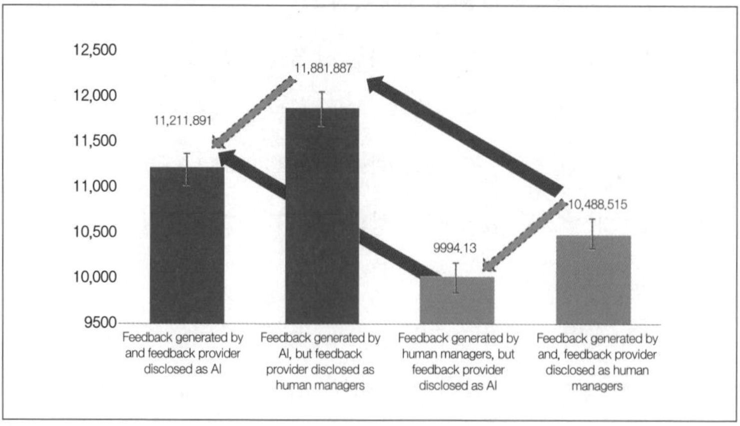

출처: Tong et al.(2021)

이 실험결과가 함의하는 바는 인공지능의 피드백 내용이 매니저의 것보다 좋지만, 피드백 자료를 인공지능이 작성했다고 알리는 경우 그 효과가 반감된다는 사실이다. 이에 따라 현재까지 사람들이 인공지능의 창작물을 받아들이기 꺼려한다는 점을 확인할 수 있었다. 이는 추후 인공지능과 인간이 협업을 진행해 나갈 때 인간의 인공지능 수용성을 고려해야 한다는 점을 시사하고 있다.

인공지능에 대한 새로운 연구의 등장

앞서 살펴봤듯이 인공지능을 활용해 업무 성과를 향상시킬 수 있다거나, 인공지능을 직접적으로 활용해 사람들의 업무를 도울 수 있다는 연구들이 많았다. 최근에는 인공지능이 인간을 대체하는지(Substitution Role) 혹은 인간을 보조하며 도와주는지(Complementary Role)에 대한 초점을 넘어, 인공지능이 인간의 능력을 어떻게 향상시켜줄 수 있는지(Training Role)에 초점을 맞춘 연구들이 등장하고 있다. 인공지능은 인간의 훌륭한 선생님이 될 수 있을까? 그렇다면 어떤 방식으로 인간이 인공지능을 통해 학습할 것이며, 배움에 대한 차이는 개인마다 존재할까?

한 연구는 이 질문에 답하기 위해 인공지능 기반 바둑 프로그램 보급이 프로기사들의 바둑 경기에 미치는 영향을 조사했다(Choi et al, 2022). 알파고와 이세돌의 대국 이후 인공지능 기반 바둑 프로그램이 보급되기 시작하면서 바둑기사들은 프로그램을 통해 바둑을 연구하기 시작했다. 인공지능 도입 전에는 복기와 그룹토론 등을 통해 어떤 수가 더 좋은 수였는지에 대한 분석을 했다면, 인공지능 도입 이후에는 승리확률이 더 높은 수가 어떤 것인지 인공지능이 계량화해 알려줌으로써 바둑기사들의 배움 스타일이 변화했다. 해당 연구에 따르면 바둑기사들은 인공지능 도입 이후 변화한 배움을 통해 인공지능이 알려준 수의 승리확률이 30% 향상될 정도로 매우 크다는 점을 실증적으로 확인했다([그림 2]).

[그림 2] APG가 바둑기사의 평균 이동 품질에 미치는 영향

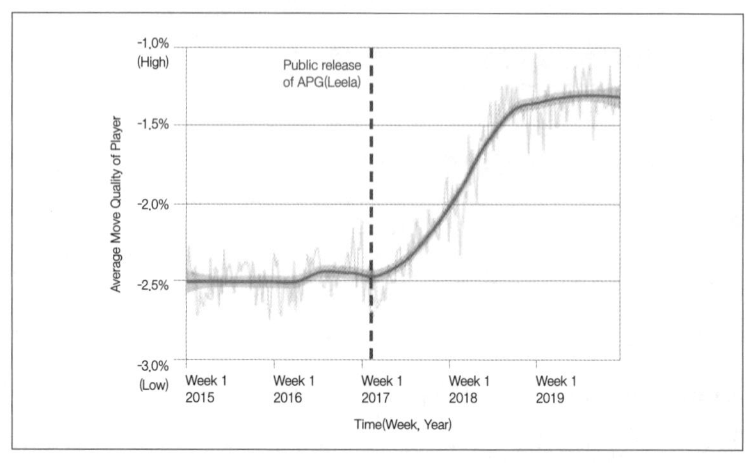

출처: Choi et al.(2022)

인공지능을 통해 바둑기사들의 실수의 횟수와 폭을 약 10% 줄였다는 점도 보여 인공지능이 인간의 더 좋은 의사결정에 큰 도움을 주는 것으로 확인할 수 있었다. 하지만 이러한 향상에도 나이에 따른 차이나, 인공지능을 얼마나 많이 접할 수 있는 분위기인지에 따라 그 효과가 10% 정도 달라질 수 있다는 점을 지적했다. 젊은 바둑기사일수록 인공지능을 통한 배움의 효과가 컸고, 알파고 이벤트로 인공지능에 관한 관심이 높았던 한국과 중국의 바둑기사들이 인공지능에 관심이 상대적으로 적었던 일본 바둑기사들에 비해 배움의 효과가 컸음을 보였다.

이에 따라 인공지능이 지식이나 경험이 많은 사람들의 필요성을 낮추는 경향이 생길 수 있으며, 이와 반대로 인공지능을 활발히 활용하는 분야에 있어서는 비숙련자들의 수요가 올라갈 수 있음을 보여준다. 국가적인 비교를 통해서는 인공지능 기술 역시 도입에 따른 선도진입 우위(First-Mover Advantage)가 있음을 확인할 수 있었으며, 이를 계속 유지하기 위한 관심과 분위기가 필요하다는 점을 볼 수 있었다. 마지막으로 이 연구 결과는 인공지능을 통한 배움에 불평등이 존재한다는 점을 시사하기 때문에 이 격차를 줄이는 데에 제도적, 정책적 지원이 필요함을 알려준다.

인공지능이 조직에 미치는 영향

조직의 관점에서 인공지능의 도입이 기업의 전략이나 성과에 어떻게 영향을 미치는지에 대한 연구들도 많이 진행되고 있다. 특히 인공지능이 범용기술(General Purpose Technology)의 성격을 가지고 있기 때문에 산업에 미칠 파급력이 클 것으로 예상된다. 따라서 많은 기업들이 인공지능 도입에 관심을 가지고 있고, 실제로 인공지능을 적용해 활용하는 기업들 역시 늘어나고 있다. 하지만 인공지능이 기업의 성과에 어떤 영향을 미치는지는 아직 불분명하다고 할 수 있다. 이론적으로는 신기술의 보급에 따른 성과는 기술 자체뿐만 아니라 그 기술을 실현할 수 있는 보완 자산(Complementary Assets)의 유무가 중요하기 때문에(Rothaermel, 2001), 신기술 도입의 효과를 즉각적으로 확인하기는 어렵다는 생산성 패러독스(Productivity Paradox)라는 개념이 있다. 이를 바탕으로 인공지능과 기업 성과의 관련성 역시 일정 시간이 지나 기술이 충분히 적용된 이후에 성과가 향상될 것(즉, J-curve 형태의 성장)이라는 이론적 주장이 있다(Brynjolfsson et al., 2021).

인공지능 기술에서도 이러한 점을 잘 보여주는 몇 가지 사례가 있다. 한 연구에 따르면 인공지능의 도입과 관련한 직업의 고용 공고들을 분석해 봤을 때, 정보 관련 섹터의 수요가 많았지만 헬스케어 산업의 수요는 그에 비해 굉장히 낮았다. 헬스케어 산업은 인공지능 활용에 필요한 데이터가 부족하고, 규제 장벽이 높으며, 인공지능 알고리즘의 신뢰도 등이 떨어지기 때문이다(Goldfarb & Teodoridis, 2022). 실제로 한국에 있는 스타트업 300곳의 인공지능 도입 정도와 생산성을 실증적으로 분석한 연구에 따르면, 인공지능의 도입이 25% 미만일 경우 생산성 증가를 크게 확인할 수 없었지만, 25% 이상일 경우 J-curve 형태의 큰 생산성 증가를 확인할 수 있었다([그림 3]).

[그림 3] 인공지능 기술 도입과 생산성 증가

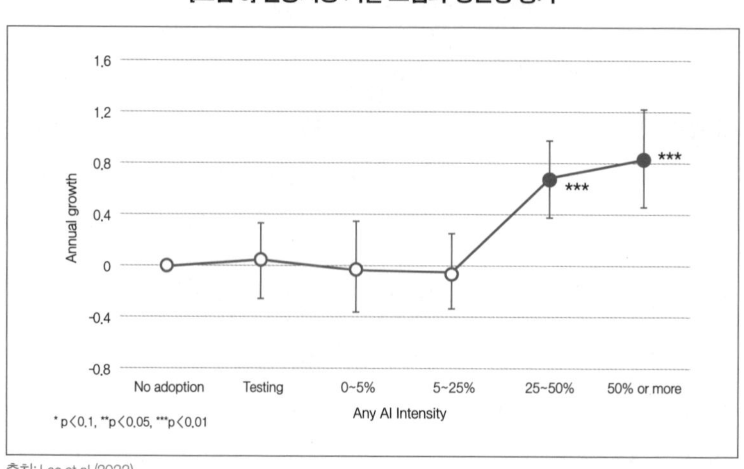

출처: Lee et al.(2022)

특히 이 연구는 인공지능을 컴퓨터 비전, 자연어 처리, 기계학습 이 3가지로 나눠서도 그 효과를 분석했는데 각기 다른 인공지능 기술적 효과에 있어서도 생산성 패러독스 관점을 확인할 수 있었다. 또한 보조적 투자 수단으로 인공지능 기술 활용에 필요한 데이터 전처리와 클라우드 서비스의 활용이 이러한 생산성 향상에 도움을 준다는 점을 보였다. 그리고 인공지능 활용은 외부협업 지향 R&D 전략추구 대비 사내 R&D 전략추구에서 생산성 향상에 효과적이라는 점을 연구에서 보여줬기 때문에, 생산성 패러독스를 잘 극복하기 위해서는 현재 인공지능 기술을 도입하고 활용하는 기업들은 이러한 부분을 고려해야 한다.

앞서 인공지능이 어떻게 개인과 조직에 영향을 주고 있는지 여러 연구들을 통해서 설명해 보았다. 종합적으로 인공지능이 개인과 조직 모두에게 전반적인 영향을 끼치고 있음은 물론이고, 앞으로도 이러한 영향력은 더욱 커질 것이다. 현재까지의 연구들을 고려해볼 때 앞으로의 과제들은 다음과 같다. 첫 번째로, 인공지능의 성능이 출중함에도 불구하고 인간이 이를 적용해 100%의 효과를 기대하는 데에 어려움이 있다는 점을 확인했다. 따라서 연구적으로나 실제적으로 인공지능 기술의 수용성을 어떻게 더 높일 수 있는지 초점을 맞춰야 할 것이다.

두 번째로, 인공지능을 배우거나 활용하는 데에 불평등이 존재한다는 것이다. 인공지능을 받아들이는 사회적 관심, 나이 등에 따라 인공지능 활용에 따른 결과적 차이가 존재하는 것이 실증적으로 확인됐다. 특히 인공지능을 통한 성과의 향상이 비약적이라는 점을 고려해 볼 때, 그에 따른 불평등의 경제적 결과 역시 크다고 예상할 수 있다. 따라서 추후에는 인공지능 활용에 따른 불평등(Inequality)을 어떻게 극복할 수 있을지에 대해 연구할 필요성이 제기된다. 특히 인공지능의 혜택을 보지 못하는 계층이 점차 늘어남에 따라 어떤 방식의 제도적 장치 및 교육을 통해 인공지능과 관련한 불평등을 줄일 수 있을지 등의 연구가 필요할 것이다.

세 번째로, 인공지능은 훌륭한 선생님이 될 수도 있지만 편견(Bias) 또한 가질 수 있다. 특히 인간이 인공지능의 우월성만 믿고 인공지능의 제안을 무비판적으로 수용할 경우, 중요한 의사 결정일수록 돌이킬 수 없는 결과를 초래할 수 있다. 따라서 인간이 어떤 경우에 인공지능의 제안을 무비판적으로 받아들일 것인지, 어떤 경우에 무비판적 수용을 막을 것인지 경계조건(Boundary Conditions)에 대한 연구가 필요하다.

마지막으로, 조직과 기업 차원에서 인공지능의 효과를 더 살펴보기 위해서는 그에 적합한 데이터가 확보되어야 할 것이다. 따라서 데이터 확보를 위한 다양한 아이디어가 필요하다. 추후 이를 기반으로 기업 내 혹은 기업 간의 인공지능 효과를 확인할 수 있는 다양한 연구들이 나오길 기대한다.

[참고 문헌]

Agrawal, A., Gans, J., & Goldfarb, A.(2018), "Prediction Machines: The Simple Economics of Artificial Intelligence", Harvard Business Press

Brynjolfsson, E., Rock, D., Syverson, C.(2021), "The productivity J-curve: how intangibles complement general purpose technologies", Am. Econ. J. Macroecon, 13 (1), pp.333-372

Cadario, R., Longoni, C., & Morewedge, C. K.(2021), "Understanding, explaining, and utilizing medical artificial intelligence", Nature Human Behaviour

Cao, S., Jiang, W., Wang, J., & Yang, B.(2021), "From Man vs. Machine to Man + Machine: The Art and AI of Stock Analyses. NBER Working Paper", Cambridge, MA

Choi, S., N. Kim, J. Kim, and H. Kang.(2022), "How Does AI Improve Human Decision-Making? Evidence from the AI-Powered Go Program", Available at SSRN: https://ssrn.com/

abstract=3893835 or http://dx.doi.org/10.2139/ssrn.3893835

Hwang, E. J., Park, S., Jin, K. N., Kim, J. I., Choi, S. Y., Lee, J. H., Goo, J. M., Aum, J., Yim, J. J., Cohen, J. G., Ferretti, G. R., & Park, C. M.(2019), "Development and Validation of a Deep Learning-Based Automated Detection Algorithm for Major Thoracic Diseases on Chest Radiographs", JAMA network open, 2(3): e191095

Goldfarb, A., Teodoridis, F.(2022), "Why is AI adoption in health care lagging? Brookings Pap. Econ", Act. 1-10. Available at here: https://www.brookings.edu/research/why-is-ai-adoption-in-health-care lagging/#:~:text=AI%20has%20received%20a%20great,and%20a%20misalignment%20of%20incentives

Lee, Y. S., Kim, T., Choi, S., & Kim, W.(2022), "When does AI pay off? AI-adoption intensity, complementary investments, and R&D strategy", Technovation, 118(November 2021): 102590

Seamans, R., Raj, M.(2018), "AI, Labor, Productivity and the Need for Firm-Level Data", National Bureau of Economic Research, No. w24239

Tong, S., Jia, N., Luo, X., & Fang, Z.(2021) "The Janus face of artificial intelligence feedback: Deployment versus disclosure effects on employee performance", Strategic Management Journal, 42(9): 1600-1631

2 DIGITAL POWER 2023

기업 성과를 높이는 인공지능

김태균 KAIST 기술경영전문대학원 연구원

인공지능 기술의 도입: 선택인가 필수인가

인공지능 기술이 비약적으로 발전하면서 기업 내 도입이 더욱 활발해질 것으로 예상되고 있다. 인공지능 기술은 복잡하고 반복적인 작업을 수행할 수 있으며, 나아가 구조화되어 있지 않은 데이터를 분석해 새로운 인사이트를 도출할 수 있게 한다. 이에 단순히 인간 노동자를 대체하는 것뿐만 아니라 보완하는 역할까지 수행할 것으로 기대되면서 인공지능 기술을 기업의 제품 및 서비스 개발에 응용하려는 시도가 계속해서 증가하고 있다. IBM의 '글로벌 AI 도입지수 2022년'에 따르면, 미국, 중국, 영국, 독일, 프랑스 등의 기업 3분의 1이 현재 실제 비즈니스에서 인공지능 기술을 활용하고 있다고 응답했으며, 절반은 인공지능 기술의 도입을 검토 중이라고 밝혔다.

이러한 세계적 흐름과는 대조적으로 한국 기업들의 인공지능 도입률은 22% 수준으로 인공지능 기술개발과 도입에 다소 미온적인 태도를 보이고 있다. 클래리베이트(Clarivate)와 카이스트 혁신전략연구소가 분석한 인공지능 특허 동향에 따르면, 한국 기업은 인공지능 분야에서 양적인 성장은 빠르지만, 질적인 기술 혁신을 하지 못하고 있는 것으로 나타났다. 뿐만 아니라 여전히 많은 기업들이 인공지능 기술에 대한 불확실함을 가지고 있으며, 이로 인해 도입에 필요한 높은 비용과 시간을 지불하기 꺼려하고 있다. 심지어 IT강국이라는 위상에 맞지 않게 상대적으로 자원 제약이 많은 작은 기업들 중 다수는 앞으로도 인공지능 기술을 도입할 계획이 없다고 밝혔다. 국내 기업들에게 인공지능 기술은 아직 오르지 못하는 나무로 인식되고 있는 셈이다.

본 챕터에서는 인공지능 기술 도입을 둘러싼 불확실성을 해소하기 위해 기업들의 인공지능 기술 응용사례와 그 성과를 기술하고자 한다. 구체적으로 기업들이 인공지능 기술을 사업에서 어떻게 활용하고 있는지 탐색하고, 나아가 인공지능 기술 도입을 통해 어떠한 성과를 창출하고 있는지 정량적으로 살펴보고자 한다. 마지막으로 어떠한 전략을 활용한 기업에서 인공지능 기술을 활용한 경영 성과를 더 잘 만들어 내는지 분석해 인공지능 기술 도입을 계획하고 있는 기업들에게 시사점을 도출하고자 한다.

인공지능 기술은 어떻게 응용되고 있나?

인공지능은 인간의 능력을 모방하여 주어진 작업을 수행하고 자체적인 성능 개선을 통해 더 나은 작업을 수행할 수 있다. 이러한 역량을 응용하여 기업에서는 크게 자동화 인공지능과 증강 인공지능으로 분류하여 활용하고 있다. 먼저 자동화 인공지능은 복잡하고 반복되는 작업을 자동으로 수행하여, 인간의 도움 없이 데이터를 이동하고 다루고 처리하는 모든 과정을 수행한다. 기존의 로봇에서 센서와 네트워크 인프라를 통합하여 더 고도화된 자동화 기능을 담당한다. 이를 활용해 인간 노동자보다 정확하고 빠르게 반복된 일을 수행하여 효율성을 높일 수 있으며, 반복된 일을 담당하던 노동자를 새로운 업무에 배치하여 전략적으로 중요한 업무에 집중하도록 할 수 있다.

이와 대조적으로 증강 인공지능은 인간의 의사결정을 도와주는 역할(Semi-Autonomous)을 수행한다. 구조화되어 있지 않은 데이터를 분석하고 인사이트를 도출해 인간 노동자에게 업무 수행에서 새로운 방향을 제시해 줄 수 있다. 예를 들어 콜센터에서는 음성 인식을 활용하여 고객의 대화를 저장하고 분석해 고객에게 맞춤형 응대를 가능하게 하는 것이나 컴퓨터 비전을 통해 MRI나 CT 등의 결과물을 인식하여 의사들의 의료 진단을 돕는 역할을 수행하는 것도 이러한 인공지능의 역할의 예다. 기업은 이러한 인공지능 기술을 활용하여 의사결정 과정을 향상시킬 수 있으며 새로운 비즈니스 모델을 도출할 수 있다.

인공지능 기술의 활용: 성과는 어디까지 왔을까?

인공지능 기술을 활용하여 어떠한 성과를 거두고 있는지 파악하기 위해 국내 중소기업 300곳을 대상으로 설문조사를 진행해 자연어처리, 컴퓨터 비전, 머신러닝 등의 인공지능 기술을 제품개발, 연구개발 과정에서 구체적으로 어느 정도로 사용하고 있는지를 확인하고 이들

기업의 성과를 확인했다.

첫째, 인공지능 기술의 활용은 매출액을 증가시키고 있다. 인공지능을 도입한 기업과 도입하지 않은 기업을 비교했을 때 인공지능을 도입한 기업이 그렇지 않은 기업보다 30% 더 높은 매출액 성장률을 보이는 것으로 분석됐다. 나아가 인공지능 도입을 ① 도입하지 않음, ② 테스트 단계, ③ 0~5% 활용 중, ④ 5~25% 활용 중, ⑤ 25~50%, ⑥ 50% 이상 활용으로 세분화하여 매출액 성장을 비교했다. [그림 1]에 제시된 바와 같이 인공지능 기술의 도입이 기업의 매출액 성장에 미치는 영향은 특히 기업이 인공지능 기술을 25% 이상 도입했을 때 두드러지게 나타나는 것으로 분석되었다.

[그림 1] 인공지능 기술 도입과 매출액 성장

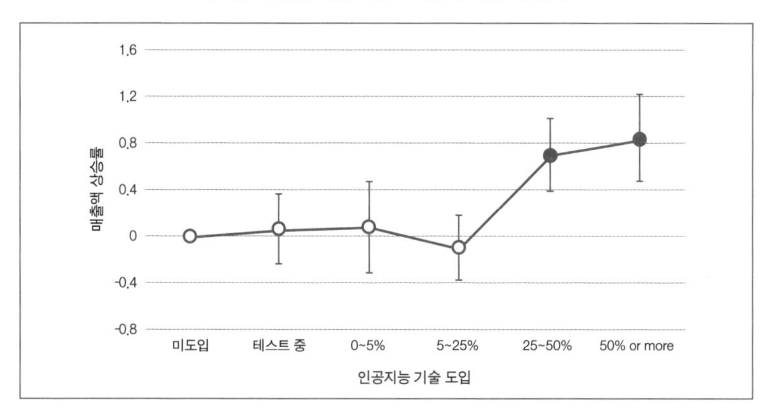

이러한 결과는 인공지능 기술의 도입이 경영 성과로 발현되기 위해서는 인공지능을 활용하기 위한 장비 및 인프라 구축 등의 유형 자산(Tangible Asset)과 인공지능 전략 마련, 조직 개편, 직원 재교육 등의 무형 자산(Intangible Asset)에의 투자가 필수적임을 의미한다. 다시

말해, 도입 초기에는 기대했던 생산성 향상의 효과는 바로 발현되기 어려우며, 인공지능 기술을 활용하기 위한 모든 준비가 끝나고 전사적으로 활용되었을 때에 비로소 나타나는 것이다.

둘째, 인공지능은 기업의 비즈니스 전반에 걸쳐 도움을 주고 있다. 본 설문조사에서는 추가적으로 기업이 인공지능 기술을 사용하고 있다면, 어떠한 측면에서 도움을 받았는지 물어보았다. 분석에 의하면 기업들은 인공지능 기술의 사용을 통해 제품과 서비스의 개발 및 향상 과정에서 큰 도움을 받았다고 응답했으며, 마케팅과 판매와 고객 대응에서도 만족스러운 효과를 얻었다고 응답하였다. 이를 요약하면 기업은 제품 개발부터 판매 및 사후 서비스까지 기업 활동 전반에 걸쳐 인공지능 기술의 활용의 효과를 얻고 있는 것으로 나타났다([그림 2]). 이러한 결과는 특히 인공지능 기술을 25% 이상 사용하고 있는 기업군에서 두드러지게 나타났다. 다시 말해 인공지능 기술을 더 전사적으로 활용할수록 경영적으로 얻을 수 있는 효과가 더 극대화되는 것으로 분석되었다.

[그림 2] 인공지능 기술 도입과 새로운 제품 및 서비스 개발에의 도움

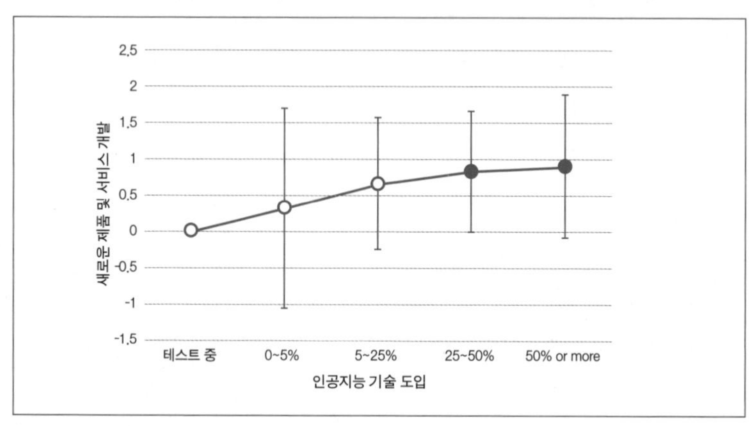

셋째, 인공지능 기술의 효율적 활용에는 보완 기술 투자가 필요하다. 어떤 기업이 더 성공적으로 인공지능 기술을 활용하여 매출액 증가를 창출하는지 파악해 보기 위해, 기업의 인공지능 보완 기술 사용 유무를 비교하여 두 집단 간의 매출액 증대의 차이를 비교 분석해 보았다. 인공지능 기술은 알고리즘 기반으로 많은 양의 데이터를 보관하고 활용하는 것이 필요하며, 분석을 위해서는 고성능의 컴퓨팅 파워가 필요하다. 따라서 인공지능 기술 도입과 데이터베이스 센터(Database Center)와 클라우드 컴퓨팅(Cloud Computing) 도입은 뗄 수 없는 중요한 관련이 있다.

[그림 3]에 나타난 바와 같이 한국 기업의 인공지능 기술 도입과 매출액 간의 관계에서 데이터베이스 센터와 클라우드 컴퓨팅을 보완 기술로 같이 도입하여 사용한 기업군에서 더 뛰어난 매출액 성장을 보이는 것으로 나타났다. 앞서 분석된 결과와 유사하게 인공지능 기술을 비즈니스에 25% 이상 활용하고 보완 기술을 활용했을 때 매출액 증가가 두드러지게 나타났으며, 보완 기술을 활용하지 않고 인공지능 기술을 활용하고 있는 기업과 비교해서도 매출액 성장이 약 20% 더 높은 것으로 분석되었다. 이러한 결과는 인공지능 기술이 데이터 저장, 관리 및 컴퓨팅 역량과 밀접한 관련이 있음을 시사하고, 효율적인 인공지능 기술 응용을 위해서는 보완 기술의 도입이 필수적임을 강조한다.

[그림 3] 인공지능 기술 도입과 매출액 성장: 보완 기술의 역할

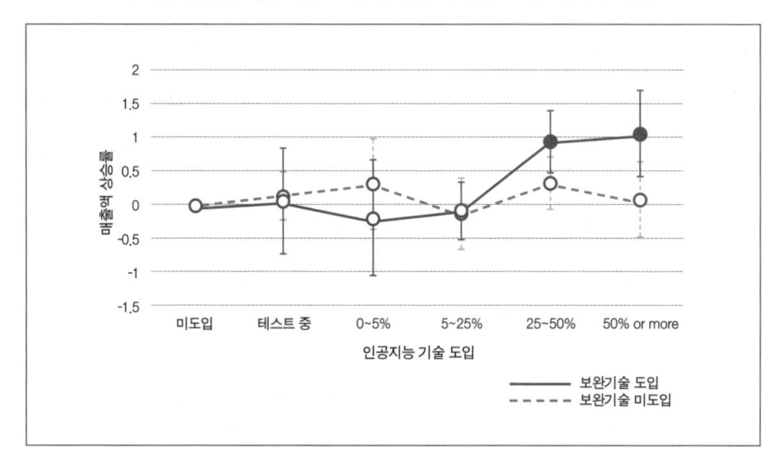

넷째, 인공지능 기술의 효율적 활용에는 내부 연구개발 전략이 필요하다. 인공지능 기술의 도입과 기업의 성과는 기술적 보완뿐만 아니라 기업의 연구개발 전략에 따라서도 상이하게 나타날 수 있다. 가령, 인공지능 기술은 기술적 특성상 주로 조직 내부의 데이터를 기반하여 알고리즘을 훈련시키고 활용한다. 또한 인공지능의 핵심은 알고리즘으로 지적재산권으로 보호하는 것이 다른 기술보다 어렵다. 이러한 특성으로 인해, 외부협력을 통해 인공지능 기술을 도입하려고 할 때는 기업 내부 정보를 공유하고 지적재산권 침해의 위협에 직면할 수 있다. 즉, 인공지능 기술은 기업 자체적인 연구개발을 더 강조하게 되며, 과거부터 외부와의 협력을 중심으로 혁신 활동을 지속해온 기업은 인공지능 기술의 활용에서 다양한 문제에 직면할 수 있음을 시사한다.

[그림 4]는 이러한 결과를 잘 보여주고 있다. 인공지능 기술을 도입한 기업군 중, 과거부터 자체적인 연구개발을 해왔던 기업군에서 외부협력을 강조해왔던 기업군보다 15% 더 높은 매출액 성장을 보이는 것

으로 나타났다. 이러한 결과는 인공지능 기술의 활용을 위한 새로운 혁신 전략의 대두로 요약될 수 있다. 혁신의 비용과 위험성을 분산하기 위해 2000년대 초반부터 오픈 이노베이션(Open Innovation)을 강조하면서 외부 기업 및 기관과의 협력을 중요시해왔다. 하지만 기업 내부의 데이터를 활용하는 인공지능 기술의 도입이 활발해지면서 기업 내부에서 자체적으로 연구개발을 진행하는 전략이 더 좋은 성과로 이어지고 있는 것을 한국 기업의 사례에서 확인할 수 있다.

[그림 4] 인공지능 기술 도입과 매출액 성장: 연구개발 전략의 역할

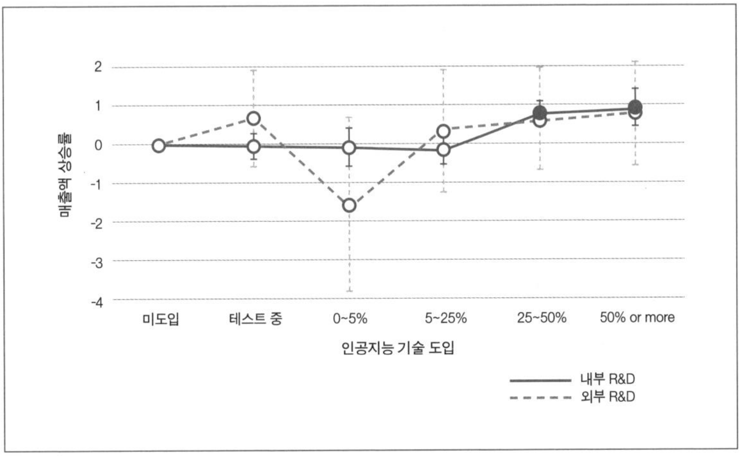

매출액 상승률

미도입 테스트 중 0~5% 5~25% 25~50% 50% or more

인공지능 기술 도입

내부 R&D
외부 R&D

요약하자면 인공지능 기술을 비즈니스에 활용하고 있는 기업이 도입하지 않은 기업보다 더 높은 매출액 상승을 가지는 것으로 나타났으며, 특히 더 전사적으로 활용하는 기업에게서 매출액 증대가 두드러지는 것으로 분석되었다. 나아가 데이터베이스와 클라우드 컴퓨팅과 같은 인공지능 기술의 보완 기술을 도입하거나 내부적인 연구개발 전략을 추진해왔던 기업에게서 매출액 상승이 나타나는 것이 드러났다.

인공지능 기술은 필수: 공포에 투자해야 할 때

인공지능 기술 혁신이 가속화되면서 인공지능 활용 분야도 산업과 생활 전반에 걸쳐 다양하게 확대되어 가고 있다. 이러한 변화의 흐름과는 대조적으로 한국에서는 아직도 인공지능 기술에 대한 확신이 부족한 것으로 보인다. 한국개발연구원(KDI) 경제정보센터의 '인공지능에 대한 기업체 인식 및 실태조사'에 따르면, 인공지능을 도입하지 않은 기업 중 71.5%는 앞으로도 도입하지 않을 것이라고 밝혔다. 또한 정보통신정책연구원(KISDI)이 발간한 '주요 산업별 인공지능(AI) 도입 현황 및 시사점'에서도 오직 14.7% 기업이 인공지능을 도입하여 활용하고 있으며, 많은 기업들이 높은 도입 비용과 인력 부족을 이유로 도입을 주저하고 있다고 설명했다.

하지만 제기된 우려와는 다르게 인공지능 기술은 실제로 기업의 성과에 기여하고 있다. 인공지능 기술은 미래가 아니라 현실에 더욱 더 가까워진 것이다. 한국의 인공지능 도입 기업과 이 기업들의 성과를 분석한 결과는 기업의 인공지능 기술 도입은 선택이 아니라 필수임을 한번 더 강조한다. 기업들은 인공지능 기술을 활용하여 매출액을 증가시키고 있었으며, 기업 활동 전반에 걸쳐 인공지능 기술 활용의 효과를 보고 있는 것으로 나타났다. 이는 초기 비용과 인력 문제로 도입을 주저하고 있는 사이, 인공지능 기술 활용의 경쟁력이 악화될 우려가 더욱더 커지고 있는 것을 반증하기도 한다. 인공지능 기술이 차세대 범용기술로써 각광받고 있지만, 알고리즘과 데이터 기반의 인공지능 기술은 경험과 노하우에 따라 그 성능이 크게 좌지우지될 수 있다. 이는 누적된 경험과 노하우로 인해 추후 효율적인 인공지능 기술 활용에 있어서 격차가 더 벌어질 수 있음을 의미하며, 적극적인 인공지능 기술 도입의 필요성을 강조한다.

도입 과정에서 방향도 중요하다

본 챕터는 기업의 인공지능 기술 도입 전략에 있어서 시사점을 제공하고 있다. 먼저 인공지능 기술을 도입한다는 것은 조직 내 새로운 데이터 가치사슬을 구축하는 과정임을 인지해야 한다. 데이터의 축적과 활용, 알고리즘 개발, 알고리즘 실행을 위한 컴퓨팅 등이 유기적으로 연결되고 구축되어야만 효율적인 인공지능 기술 사용이 가능하다. 이를 위해서는 인공지능 알고리즘뿐만 아니라 데이터베이스 센터, 클라우드 컴퓨팅, 데이터 분석 등의 보완 기술에 대한 투자 역시 균형 있게 이루어져야 한다.

또한 인공지능 기술을 내부 연구개발 및 인공지능 전담팀을 구성하여 자체적으로 도입하려는 노력이 필요하다. 기업이 활용하기를 희망하는 인공지능 기술의 형태와 그 시스템에 사용되는 데이터에 대한 이해도는 해당 기업이 가장 높으며, 이를 활용해야 알고리즘의 학습 과정에서 편견(Bias)을 줄여 더 효율적인 인공지능 시스템 구축이 가능할 수 있다. 나아가, 이를 통해 기업 내부의 중요한 자산의 유출을 방지할 수도 있다. 이는 곧 인공지능 기술의 도입은 시간적 여유를 가지고 단계적으로 이루어져야함을 시사한다.

특히 자원이나 역량이 부족한 중소기업은 위와 같은 기술적 및 전략적 보완재에 대한 투자를 진행하기 전에 먼저 본인의 어떤 사업에 인공지능 기술이 활용될 수 있는지 파악하는 것이 필요하다. 이를 바탕으로 다양한 시험적 응용을 진행하여 예상되는 성과를 확인한 다음에야 비로소 전사적인 인공지능 기술의 활용을 위한 기술적 투자와 전략적 변화를 가져가는 것이 바람직할 것이다.

3 DIGITAL POWER 2023

자동화를 넘는 인공지능 활용 전략

박강민 소프트웨어정책연구소 선임연구원

인공지능 소식이 뜸하다. 몇 년 전만 하더라도 모두 앞다투어 인공지능의 장밋빛 미래를 예측했던 것에 비하면 의아하다. 맥킨지는 2018년 보고서에서 2030년까지 글로벌 GDP의 13조 달러가 인공지능으로부터 창출될 것이라 예상한 바 있다.[8] 그러나 이들의 2020년 보고서에서는 지난 1년간 인공지능을 새롭게 도입한 기업이 거의 없을 정도로 정체기에 도달했다고 언급해 인공지능의 확산이 더뎌지는 것을 확인시켜 주었다.[9] 또 다른 컨설팅 기업인 BCG의 설문 조사에 따르면 각 기업의 인공지능 도입 계획은 2019년 20%에서 2020년 4%로 떨어진 것으로 조사되었으며 10개 중 7개의 프로젝트가 매출액 영향이 미미한 것으로 나타나기도 했다.[10]

2016년 이세돌과 알파고의 대국으로 온 나라가 떠들썩했던 때도 벌써 6년이 지났다. 6년 전만 하더라도 산업혁명의 철도, 전기, 통신 기술 등과 같이 산업은 물론 사회 전체를 바꿀 핵심 기술로 소개되던 인공지능의 장밋빛 미래가 어두워진 이유는 무엇일까? 기술이 발전하지 않은 것은 아니다. 알파고 이후로도 인공지능 기술은 끊임없이 발전해 왔다. 대표적으로 GPT-3(Generative Pre-trained Transformer)는 사람처럼 그림을 그리고 대화하는 것을 넘어 이제는 사람의 것과 구분하기조차 어려워졌다. 구글의 인공지능 챗봇인 람다(LaMDa)는 너무도 사람 같아 구글 엔지니어도 인공지능이 지각능력을 가졌다고 주장할 정도이다.[11]

더뎌지는 인공지능 도입의 이유

그간의 다양한 연구와 사례를 통해 인공지능의 확산이 주춤하게 된 원인으로 인공지능의 윤리 문제와 업무 현장 도입 시 의사소통 문제 등이 소개됐다. 인공지능 챗봇 이루다를 둘러싼 논란은 여러 문제를 한꺼번에 보여준 사례라 할 수 있다. 이루다는 성별 고정관념과 혐오 표현 등 편향성을 보였고, 학습 데이터 확보 과정에서 윤리적 문제가 대두되기도 했다. IBM의 인공지능 헬스케어 시스템은 헬스케어 분야에서 새로운 장을 열 것만 같았지만 IBM은 올해 초 10억 달러에 이 시스템을 매각했다. IBM이 2015년부터 40억 달러를 연구개발에 쏟아부은 것에 비하면 초라한 성적표이다.[12] 우리나라에서도 가천대, 을지대 등 대학병원에서 이 시스템을 활용해 암 진단과 치료에 활용했을 정도로 유명세를 탔는데, 부족한 데이터와 각국의 질병 차이에 대한 학습 부족, 병원 시스템과의 연계 어려움 등의 문제가 있었다. 특히 이러한 예측 가능했던 문제점 이외에도 의사가 인공지능 시스템과 다른 치료 방법을 제시해야만 할 때 환자와의 의사소통에 관한 어려움 등 예측하지 못한 문제점도 드러났다.[13]

한편 잘 알려지지 않았지만, 인공지능 기술의 적절한 활용 방법을 찾기가 어렵다는 점도 인공지능의 확산을 주춤하게 만든 원인이다. 인공지능을 단순한 자동화의 도구로 활용하는 것을 넘어서지 못한 것이다. 앞서 언급한 챗봇과 헬스케어 기술을 포함해 자동 번역, 신문 기사 생성 등 사람을 대신해 기존의 업무를 자동화하는 것에 머무르는 사례를 우리는 쉽게 찾을 수 있지만, 혁신의 도구로 활용한 사례는 쉽게 찾을 수 없다.

자동화를 넘어서는 인공지능 도입 사례

자동화를 넘어서는 인공지능 활용에 새로운 관점을 제시하는 사례를 소개하고자 한다. 첫째는 아마존의 랜덤 스토(Random Stow) 사례이다. 아마존의 물류창고에서는 유명해질 대로 유명해진 물류 운송로봇 키바(KIVA)[14]도 물론 혁신적이지만 아마존의 랜덤 스토는 기존의 자동화를 넘어선 새로운 방식의 인공지능 활용의 대표적인 사례이다. 물류창고에서 비슷한 제품끼리 배치하는 것은 상식적인 일이다. 우리가 흔히 마트에서 볼 수 있듯이 사무용품은 사무용품 코너에, 주방용품은 주방용품 코너에 배치하는 것이다. 그런데 아마존의 물류창고에서는 입고된 제품을 아무 곳에나 넣는다. 랜덤 스토 방식이다. 그렇다고 완전히 아무 곳에나 넣는 것은 아니고, 인공지능에 의해 계산된 '무질서의 질서' 규칙을 따른다.[15] 그래서 아마존 창고의 선반에는 주방용품과 사무용품이 한 상자에 있을 수 있다. 인공지능 시스템이 보관된 위치를 기억하고 있기 때문이다. 연관성이 전혀 없어 보이는 이 둘이 함께 있지만 이것은 작업자가 움직이기에 편한 최적의 동선으로 제시

되고, 창고를 더욱 효율적으로 활용하는 방법이 된다.[16]

쿠팡도 이런 방식으로 물류창고를 운영하고 있는데 기존의 상식을 벗어나 완전히 새로운 방식의 창고 적재 방식이 빠른 배송은 물론, 비용 절감을 가능하게 한 것이다. 정리하자면 이 사례는 인공지능을 활용해 기존 방식에 자동화를 더해 효율성을 높였다기보다는, 처음부터 완전히 새로운 방식을 설계해 효율성을 극대화한 것이다.

아마존의 물류창고 모습

출처: Buxbaum(2019), "Amazon's Warehouse: The power of randomness"

두 번째 사례는 오토데스크(Autodesk)의 드림캐쳐(Dreamcatcher)로 산업디자인 분야에서 활용되는 인공지능 시스템이다. 일반적인 디자인과 다르게 기능, 재료 유형, 제조 방법, 성능 기준, 비용 등 다양한 제약이 있는 산업디자인 분야에서 인공지능이 이 제약을 만족하는 디자인을 자동으로 생성해 주는 것이다. 이로써 디자이너는 인공지능이 생성한 디자인을 선택할 수 있게 되어 미적 영역에만 집중할 수 있게 된다.

예를 들어 에어버스(Airbus)의 항공기 객실 파티션 제작에 드림캐쳐가 활용되었는데 치수, 하중 등 다양한 제약조건에 맞는 수천 개의 디자인을 테스트했고 그 결과, 제품의 무게가 45% 감소하게 되었다. 초고속 오토바이를 생산하는 라이트닝 모터사이클(Lightining Mortocycle)에서도 드림캐쳐를 활용해 구조적으로 더욱 안전하면서도 가벼운 새 디자인을 탐색할 수 있게 되었다.[17] 유사하게 어도비(Adobe)도 인공지능을 활용해 디자이너에게 다양한 디자인 대안을 제공하는 센세이(Sensei) 프로그램을 공개한 바 있다. 이들 사례는 디자이너가 본업에 집중할 수 있도록 인공지능이 디자이너를 도와주면서 효율성을 높인 사례라 할 수 있다.

드림캐쳐를 사용해 설계된 라이트닝의 스윙암

출처: tctmagazine.com

마지막 사례는 미국의 의류 스타트업 스티치 픽스(Stitch Fix)이다.[18] 스티치 픽스는 정기적으로 옷을 배송해 주는 스타일링 구독 서비스인데, 인공지능을 통해 새로운 방식으로 고객의 선호에 맞는 최적의 스타일링을 제시한다. 스티치 픽스는 먼저 몇 개의 옷을 고객에게 보내는데, 고객은 마음에 드는 옷을 선택하고 마음에 들지 않는 옷은 반품한다. 이 과정에서 인공지능이 고객의 개별 선호 스타일을 학습하고 이후에는 고객이 더 선호할 만한 스타일의 옷을 배송해 주면서 만족도를 높인다. 또한 고객이 원하는 상황에 맞춘 추천도 가능한데, 예를 들면 야외 결혼식에 입고 갈 옷을 추천해 달라고 하면 인공지능이 개인의 선호와 야외 결혼식이라는 상황을 분석해 옷을 스타일링해 준다. 이 인공지능 시스템을 설계하기 위해 실제로 스티치 픽스에는 80명 이상의 데이터 과학자, 수학, 신경과학, 통계학, 물리학 박사가 근무하고 있을 정도이다.[19]

과거 패션 산업은 유명 브랜드의 패션쇼에서 다음 계절에 유행할 스타일이 선도적으로 제시되고 이 스타일이 대중 브랜드로 확산되는 과정을 거쳤다. 유명 브랜드가 아닌 대중 브랜드와 개인은 유행을 따라가는 수동적인 생산자와 소비자라 할 수 있었다. 그러나 스티치 픽스는 인공지능을 통해 개개인의 취향을 학습하고 최적의 대안을 제시함으로써 패션 산업 전체를 변화시키고 있다. 정리하자면 인공지능이 고객의 선호를 학습하는 데 도움을 주면서 패션 산업의 구조를 변화시킨 것이다.

스티치 픽스의 개별 맞춤형 스타일링

출처: LG경영연구소(2020), "스티치 픽스 기업보고서" 재인용

인공지능의 3-3 전략이 필요

앞의 사례는 인공지능이 자동화를 넘어 새로운 방식으로 전환하는 도구로 활용되거나, 디자이너가 본업에 집중할 수 있게 도와주거나 혹은, 고객의 요구를 학습하는 도구로 활용된 사례이다. 인공지능이 단

순히 기존 업무의 자동화를 통한 비용 절감이 아닌 완전히 다른 방법으로 활용된 것이다. 최근에는 이러한 사례를 뒷받침할 수 있는 연구도 활발히 이뤄지고 있다. Haefner et al.(2021)은 인공지능이 혁신을 어떻게 강화하는지 살펴봤는데 특히 방대한 데이터를 분석함으로써 기존 문제에 대한 새로운 해결 방법을 제시하는 역할을 강조했다.[20] 또한 이 과정에서 인공지능이 기존의 자동화를 넘어 인지적, 관계적, 조직적 관점에서 이에 기반한 의사결정(인지적)과 협력의 방법 및 기회 발굴(관계적), 기존 조직 구조의 변화(조직적) 등으로 기존 연구를 정리하기도 했다.[21]

알파고가 이세돌을 꺾은 이후 바둑계에서는 기존 바둑 이론들에 대한 의심과 파괴의 노력이 이어지고 있다. 이 노력의 대표적인 것이 '묻지마 3-3 침투' 전략이다.[22] 바둑기사들이 기존에 사용하지 않던 수를 알파고가 과감히 활용하는 것을 보고 거꾸로 이를 분석해 개발된 전략이다. 이 3-3 전략은 이제 바둑계에서는 정석처럼 받아들여지고 있다고 한다.[23]

인공지능 활용을 높이기 위해 각 산업의 인공지능 3-3 전략을 찾을 시점이다. 인공지능을 도구로 기존 방식을 의심하고 고정관념에서 벗어나 산업 전반을 재설계하는 것이다. 이를 통해 효율성을 극대화하거나 새로운 협력과 학습 방법을 터득하고 환경 변화에 적응해야 한다. 이는 자동화를 넘어서는 것이다. 인공지능을 어떻게 활용하는가는 산업의 경쟁력과 디지털 전환의 성공을 결정짓는 요소임에 자명하다. 정부의 정책과 기업의 전략에도 연구개발과 상용화를 넘어서는 3-3 전략을 고민해야 할 때이다.

4 DIGITAL POWER 2023

인공지능 기업의 성공조건 세 가지

조재홍 정보통신산업진흥원 수석

'인공지능 융합 프로젝트' 성공 사례로 보는 인공지능 기업의 성공 전략

2020년부터 과학기술정보통신부는 '인공지능 융합(AI+X) 7대 프로젝트'를 추진하고 있다. 감염병, 에너지, 통관 등 인공지능 기술 융합 시 경제적 파급효과가 크고 국민생활과 밀접한 7대 분야가 초기 선정되었다. 2022년에는 유해 화학물 재난대응, 산림 해충방제 분야가 추가로 선정되어 총 9개 분야가 운영 중이다. 인공지능 기업은 분야별 정부 도메인 데이터를 제공받아 부처가 요구하는 인공지능 시스템(의료영상 판독, 불법 복제품 판독, 유해 화학물 판독 등)을 개발한다.

평균 3~4년에 걸쳐 기업은 연 10억 원 내외의 실증 자금·환경을 지원받는다. 기업은 정부 수요부처와 협업하며 정부 데이터 학습, 인공지능 시스템 개발, 현장 실증을 거쳐 최종 시제품 단계의 인공지능 솔루션을 확보한다. 초기 유망 분야의 사업 기회를 확보하고자 하는 기업에는 운영인력, 솔루션 개발에 필요한 자금 확보와 접근이 어려운 정부 데이터를 충분히 제공받을 수 있는 장점이 있다.

AI+X 7대 프로젝트

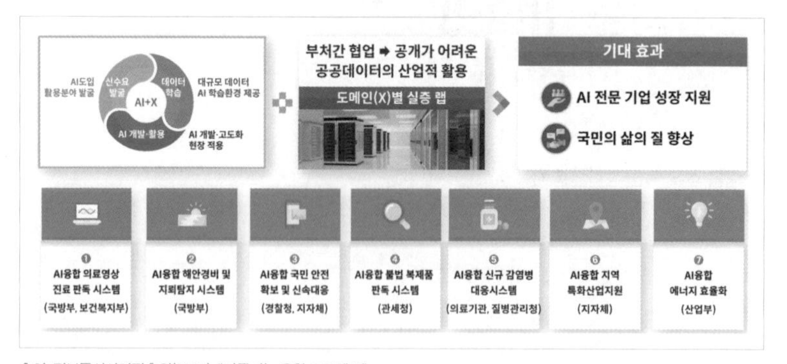

출처: 정보통신산업진흥원(2021), "인공지능 융합 프로젝트"

2017년은 미국을 비롯한 캐나다, 유럽, 중국 등 인공지능 선도국이 인공지능 기술에 대한 민간·정부 투자를 본격적으로 확대하던 해였다. 당시 세계 기업의 인공지능 투자규모는 473억 달러(2017년)로 전년 대비 138% 증가하였으며 정체기였던 인공지능 논문 발표도 다시 활성화되기 시작하였다. 오픈소스 커뮤니티인 깃허브(Github) 내 인공지능 라이브러리에 대한 개발자 스타(Star) 수는 급증하였으며 기업의 인공지능 특허 출원도 줄을 이었다.

인공지능 투자에 활발히 불을 밝히던 선도국에 비해 2017년 한국은 인공지능 불모지에 가까웠다. 2016년 알파고와 이세돌 9단 간 5차례에 걸친 바둑 대결로 인공지능에 대한 국민적 관심사는 한껏 향상되었지만 제조업 등 국가 주력 산업 내 인공지능 서비스 도입률은 1% 미만으로 여전히 미미한 상태였다.

인공지능에 대한 글로벌 기업의 활동별 투자

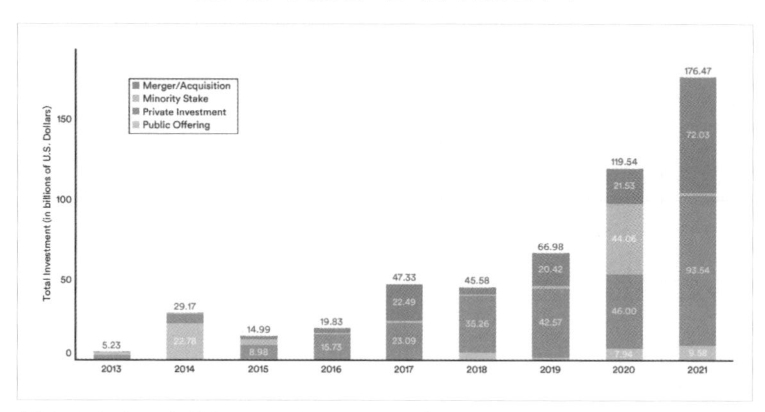

출처: Stanford University(2022), "The AI Index 2022 Annual Report", AI Index Steering Committee, Stanford Institute for Human-Centered AI

최근 소프트웨어정책연구소의 분석에 따르면 2020년 한국 내 인공지능 전문기업 수는 1,365개이다. 이는 전년도 기업 수 933개에 비해 432개 증가한 규모로 성장률은 46%에 달한다. 2018년 한국 내 인공지능 기업 수는 320개에 불과했지만, 3년이 지난 2020년에는 기업 수 1,365개, 인공지능 산업 총매출액 1조 7,177억 원을 달성하였으니 그 성과가 놀랍다.

글로벌 리서치 기관인 스타티스타(Statista)에 따르면 전 세계 2020년 인공지능 시장의 규모는 2,814억 달러(400조 원)에 달한다. 세계와 한국의 시장규모 비교 시 한국은 전체의 0.4% 수준으로 아직 한국 인공지능 시장은 성장을 위해 가야 할 길이 멀다.

한국 정부는 2017년 11월부터 국가 인공지능 산업 육성을 위해 일련의 정책을 발표하고 있다. 2017년 4차 산업혁명 대응계획, 2018년 인공지능 R&D 전략, 2019년 인공지능 국가전략을 거쳐 2020년 디지털 뉴딜 등 인공지능 육성정책이 매해 발표되었다. 정부의 인공지능 육성 의지와 민간 기업의 적극적인 투자가 소기의 성과를 달성하여 오늘날 한국의 인공지능 생태계가 마련되었다.

한국의 인공지능 정책동향

인공지능 정책	세부내용
2017.11.: 4차 산업혁명 대응계획(4차산업혁명위원회)	4차 산업혁명의 잠재력을 조기에 가시화하고 새로운 융합신산업과 일자리를 창출할 수 있도록 산업·사회 전 영역의 지능화 혁신
⇓	
2018.05.: 인공지능 R&D 전략(4차산업혁명위원회)	(대형 프로젝트 추진) 국민 사생활에 직결되는 데이터를 활용한 안전 분야를 중심으로 비전인식, 상황판단 등 인공지능 핵심시스템을 조기 구축하기 위해 인공지능 대형 프로젝트 추진
⇓	
2019.12.: 인공지능(AI) 국가전략(과학기술정보통신부)	범정부 역량을 결집하여 인공지능 시대 미래 비전과 전략을 담은 'AI국가 전략' 발표
⇓	
2022.05.: 윤석열 정부 110대 국정과제	국정과제 77. 민·관 협력을 통한 디지털 경제 패권국가 실현(초일류 인공지능 국가)

이 챕터는 국가 정책을 활용하여 인공지능 서비스 제품화에 성공한 기업의 성공 스토리를 담고 있다. 세부적으로는 2020년부터 2022년까지 통관 및 소방 '인공지능 융합 프로젝트'를 중심으로, 2개의 인공지능 기업이 현장에서 경험한 데이터 수집, 인공지능 솔루션 개발과 수요부처 실증까지의 과정을 담았다. 인공지능 프로젝트를 수행한 2개 기업 A사와 B사는 모두 한국에서 인공지능 서비스를 제공하는 중소기업으로 A사는 2021년에, B사는 2020년에 각각 국내 코스닥에 상장하여 국내외 시장에 인공지능 서비스를 제공하고 있다.

필자는 기업이 인공지능 솔루션을 개발하고 실증에 성공하기까지의 과정에서 경험하는 수요부처와 기업 간 중심현상(갈등·협력 등)에 대처하는 기업 다이내믹스를 분석하여 인공지능 기업의 3가지 성공조건을 제시하고자 한다.

기업의 성공조건 1: 현장을 경험하며 도메인 지식을 학습해야

'인공지능 융합 프로젝트' 정책사업은 기획부터 시행까지 대략 다음의 5단계를 거친다. 1단계 사업기획에서 중앙부처는 인공지능 정책사업 방향을 기획하고 수요부처(중앙부처, 지자체 등)의 인공지능 시스템 개발·실증 수요를 조사한다. 접수된 인공지능 시스템 수요는 경제적 파급력, 국민체감 효과 등 2가지 기준에 따라 전문가 평가를 거쳐 우선 지원순위가 결정된다. 2단계 예산확보에서 중앙부처는 기획재정부와 협의를 통해 정책사업 지원규모(예산) 및 총 사업기간 등을 확정한다. 3단계 사업공모에서는 수요부처가 필요로 하는 인공지능 시스템 개요, 제공 데이터 종류·범위, 지원조건 및 사업성과물 활용방안 등이 상세화된다. 4단계 사업수행에서 인공지능 기업은 사업 수행계획서를 제출하고 정부 출연금 및 데이터를 제공받는다. 기업은 정부 데이터를 활용하여 인공지능 시스템을 개발하고 수요부처가 지정한 현장에서 인공지능 시스템을 실증하게 된다. 5단계 연차평가에서 기업은 사업수행을 통해 획득한 인공지능 시스템 성과물을 제출한다. 성과물에 대해서는 전문가단으로 구성된 연차평가위원회를 통해 정량/정성적 측면의 평가가 이루어진다.

AI+X 프로젝트 5단계 추진절차

① 사업기획	② 예산확보	③ 사업공모	④ 사업수행	⑤ 연차평가
·부처수요 조사 ·타당성 검토	·사업내용 구체화 ·예산심의/확정	·목표시스템 제시 ·추진과업/일정	·데이터 가공 ·AI모델 개발/실증	·사업성과 제출 ·평가/사업종료

인공지능 기업은 짧게는 수개월, 길게는 수년에 걸쳐 진행되는 1-2단계 정책 사업기획에 참여할 수 없다. 정부가 독자적으로 정책을 수립하고 준비하는 기간이기 때문이다. 특히 인공지능 융합 프로젝트 사업기획·예산확보 기간이 긴 주된 이유는 부처 간 협업사업 때문이기도 하다. 다양한 부처의 인공지능 시스템에 대한 개발·실증 수요를 접수/평가/예산화에 상당 시간이 소요된다.

기업은 3단계 사업공모 이후에야 정책 사업수행을 본격적으로 준비하게 된다. 통상 한 달간의 사업공모 기간 내에 인공지능 융합 프로젝트 사업을 이해하고 복잡, 다양한 공모접수 서류를 준비하는 것은 쉽지 않다. 기업의 과업 이해를 위한 시간이 부족하다. 부족한 과업 준비시간은 인공지능 기업이 수요부처 현장(도메인) 지식을 이해하는 데 큰 장애요인으로 작용한다.

실례로 세관 현장의 통관 시 불법 복제품을 식별하는 인공지능 시스템을 실증하는 A사는 수입 불법 복제품 판독을 위한 검사관의 판독 환경, 상황별 요구사항(Use Case), 제공받는 통관 데이터 등을 이해하고 체계화하는 데 약 1년이 소요되었다고 한다.

대개 수요부처는 현장에 대한 이해 수준이 높다. 예컨대 관세청에는 수입되는 불법 복제품을 사전에 식별하는 노하우가 수십 년에 걸쳐 쌓여 있다. 국내 지식재산권 기업과는 정기적으로 교류하며 지식재산권

보호 요청에 대한 많은 고민과 생각이 이루어진다. 그 결과를 토대로 관세청은 인력을 활용하여 불법 복제품을 적발하는 최적의 방안을 마련하여 시행한다.

짧은 기간 내 검사관의 불법 복제품 판독 노하우를 인공지능 시스템 내에 그대로 이식하는 것은 현실적으로 불가능하다. 현재 컴퓨터 비전 기술의 하드웨어 한계점도 존재한다. 예컨대 세관 현장에서 불법 복제품 단속 시 사용하는 휴대폰 카메라는 3D 관점에서 사물을 인식하는 검사관의 시각 능력과 차이가 있다. 수요부처는 대규모 예산이 투입되는 인공지능 시스템이 사람보다 더 빠르고 정확하게 광범위한 불법 복제품을 인식할 것을 요구한다. 하지만 불법 복제품 판독을 처음 수행해 보는 인공지능 기업은 쏟아지는 수요부처의 기능/비기능 요구사항에 인공지능 시스템 개발 갈등을 경험하게 된다.

인공지능 융합 불법 복제품 판독시스템 개요

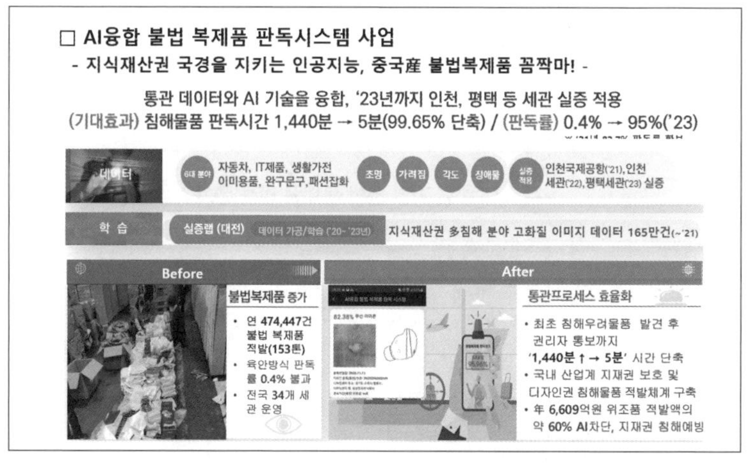

출처: 정보통신산업진흥원(2022), "적극행정 우수사례 경진대회"

수요부처와의 갈등을 극복하기 위해 기업은 '실증현장 방문하기' 전략을 펼쳤다. 몇 년 후 인공지능 시스템이 설치되어 운영될 실증현장에 인공지능 기업이 직접 방문하여 현재 이루어지고 있는 인력 중심의 과업 프로세스를 이해할 수 있었다. 예컨대 A사는 무역관련지식재산권보호협회가 주관하는 통관현장 방문 견학을 적극 활용하였다. 통관 보류 물품이 쌓여있는 세관 현장을 A사 개발자들이 직접 살펴보며 세관 창고 환경, 내부 조명, 검사 절차 등을 확인하였다. 이를 통해 A사는 인공지능 시스템 개발에 대한 구체적인 방향을 깨달을 수 있었다고 한다.

기업의 수요부처 간 갈등 극복 전략 두 번째는 인공지능 시스템 실증 테스트하기 이다. A사는 1차 년도 시범개발 후 2차 년도 인공지능 시스템 개발 시에는 실증현장에 인공지능 시스템을 일정 기간 설치해 운영하며 사용자의 피드백을 수렴하였다. 특히 이 과정에서 사용자가 불편해하는 점은 무엇인지, 추가적으로 요구되는 기능사항은 어떤 것인지 발견할 수 있었다. 인공지능 기업은 약 1주일간의 짧은 실증 테스트였지만 사용자로부터 얻은 긍정/부정 피드백을 매우 귀중한 자료로 생각하였으며, 이를 토대로 인공지능 시스템의 최종 개발 방향에 대한 이해를 넓힐 수 있었다.

A사 휴대폰 앱 기반 불법 복제품 판독 절차

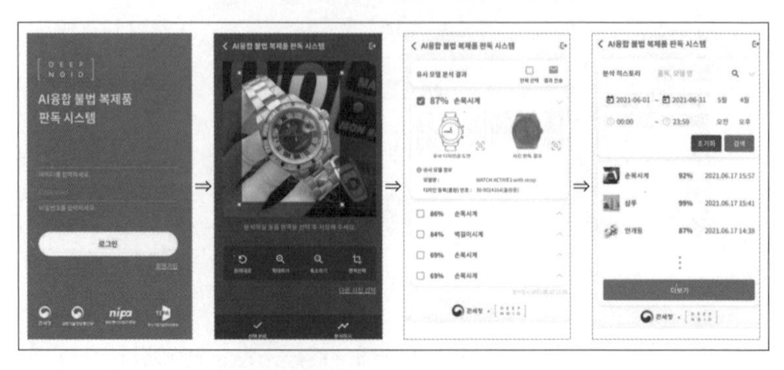

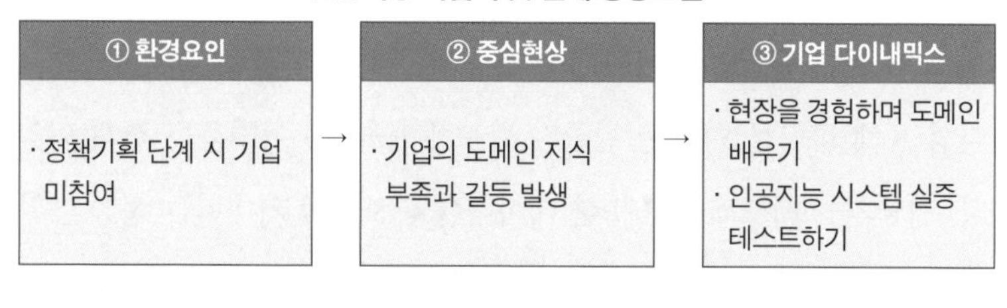

기업의 성공조건 2: 부처 협업을 통해 규제 장벽을 극복해야

한국은 규제가 많은 나라이다. 아산나눔재단이 발표한 보고서에 따르면 글로벌 100대 유니콘 기업 중 승차공유, 원격의료, 공유숙박 등의 비즈니스를 수행하는 55개 기업은 국내에서 비즈니스를 할 수 없다고 한다. 또한 국내 규제개혁 만족도는 2018년 15.1%에서 2021년 7.8%로 지속 하락하였다. 산업별 맞춤형 네거티브(Negative) 규제 도입, 규제샌드박스 운영 등 정부는 다양한 규제혁신 정책을 선보이고 있지만 제조업 등 전통산업 내 오랜 세월을 거치며 견고해진 규제는 좀처럼 해소될 기미가 보이지 않는다. 소프트웨어정책연구소가 발표한 인공지능 산업실태조사에 따르면 한국 내 인공지능 사업 운영상 애로사항으로 '과도한 규제'를 꼽은 비율이 43%에 달한다.

실례로 유해 화학물을 판독하는 인공지능 시스템을 개발하는 B사는 유해 화학물 취급 규제로 화학물 불꽃색에 대한 데이터 취득 방식을 변경해야만 했다. B사는 당초 안전이 확보된 실험실 또는 야외에서 유해 화학물을 직접 연소하며 다양한 각도에서 유해 화학물 농도에 따른 불꽃색, 연기 모양, 확산 정도를 직접 실험하고자 하였다. 하지만 국내는 유해 화학물 관리, 유통에 관한 규제가 매우 엄격하여 비인가 기업에 대한 유해 화학물 구입절차가 무척 까다로웠다. B사는 수개월에 걸친 노력 끝에 전국을 돌아다니며 15종의 유해 화학물을 구매하였으나 막상 유해 화학물 연소 실험공간 확보에 또 다른 어려움을 겪게 되었다. 인공지능 시스템은 충분한 데이터를 확보해야 기대하는 성능을 확보할 수 있다. 하지만 신규 분야의 인공지능 데이터 확보는 다양한 규제로 인해 계획처럼 쉽지 않을 수 있다. 소프트웨어정책연구소의 조사에 따르면 인공지능 기업의 애로사항 항목 중 '데이터 확보의 어려움'에 응답자의 60.8%가 동의하였는데, 이는 전혀 놀라운 일이 아니다.

인공지능 융합 유해 화학물질 판독시스템 개요

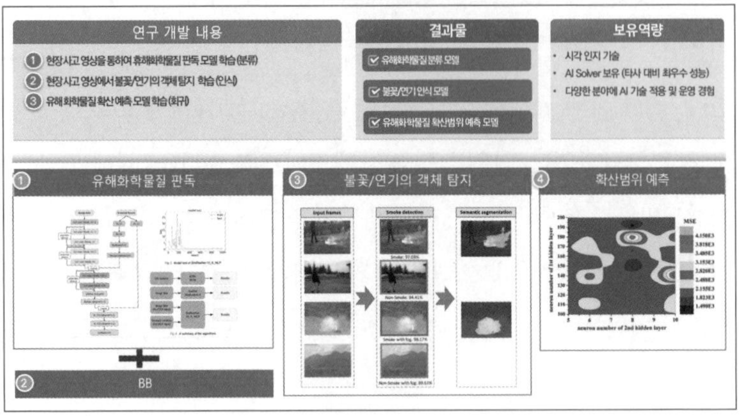
연구 개발 내용
① 현장사고 영상을 통하여 유해화학물질 판독 모델 학습 (분류)
② 현장사고 영상에서 불꽃/연기의 객체 탐지 학습 (인식)
③ 유해 화학물질 확산 예측 모델 학습 (회귀)
결과물
유해화학물질 분류 모델
불꽃/연기 인식 모델
유해화학물질 확산범위 예측 모델
보유역량
시각 인지 기술
AI Solver 보유 (타사 대비 최우수 성능)
다양한 분야에 AI 기술 적용 및 운영 경험
① 유해화학물질 판독
③ 불꽃/연기의 객체 탐지
Input frames
Smoke detection
Semantic segmentation
④ 확산범위 예측
MSE
② BB

출처: 정보통신산업진흥원(2022), "적극행정 우수사례 경진대회"

인공지능 기업은 수요부처로부터 적극적인 협력을 이끌어내며 다양한 규제의 허들을 넘어설 수 있다. 수요부처 도메인에 대한 이해가 부족한 기업은 인공지능 시스템 개발 시 당면하는 문제를 파악하는 것부터 쉽지 않다. 인공지능 시스템 개발 시 규제 등으로 인한 이슈가 발생하면 어떻게, 누구와 해결해야 하는지를 확인하는 것에도 상당한 시간이 소요될 수 있다. 수요부처는 특정 산업 분야에 폭넓은 인적 네트워크와 정책 집행경험을 보유하고 있다. 인공지능 기업이 수요부처의 적극적인 협조를 끌어낼 수 있다면 목표했던 인공지능 시스템 실증이 훨씬 수월해질 수 있다. 유해 화학물 판독시스템을 개발하는 B사는 소방청의 적극적인 협력으로 다양한 유해 화학물을 연소하며 관찰할 수 있는 전문기관을 활용할 수 있었다. 하지만 중소기업인 B사 단독으로는 규제, 시간, 비용 등의 문제로 인해 관련 전문기관을 활용하기 어려웠을 것으로 분석된다.

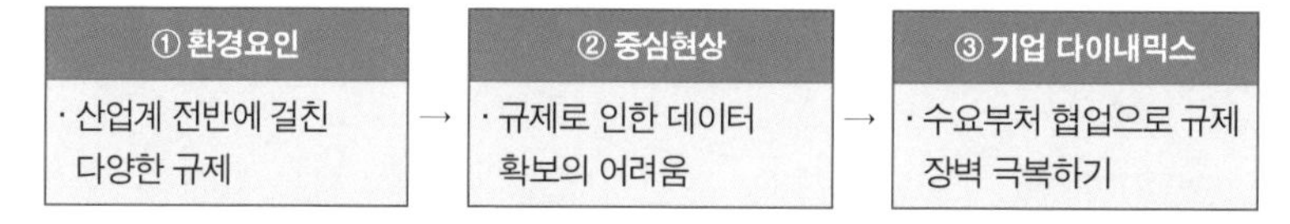

기업의 성공조건 3: 소통하며 인공지능 시스템 목표 성능을 명확화해야

실증사업은 단순한 연구개발이 아니다. 기업은 수요부처의 요구사항을 수렴하여 인공지능 시스템을 개발하고, 수요부처가 지정하는 장소에서 성능을 테스트해야 한다. 수요부처는 데이터 안전이 보장된 공간에서 정부 데이터를 제공하고, 기업은 데이터를 가공, 학습하며 인공지능 시스템을 고도화한다. 정리하면 실증사업은 수요부처가 요구하는 인공지능 시스템에 대한 기능/비기능 요구사항이 충실히 반영되어야 하며 현장 성능검증을 통해 성과물을 평가받게 된다.

수요부처는 인공지능 기술에 대한 이해가 부족하고 기업은 수요부처 도메인 지식에 대한 이해가 부족하다. 상호 간 이해 부족은 인공지능 시스템 목표 성능을 명확화하는 데 상당한 시간을 소비하게 만든다. 수요부처는 기존 업무 프로세스를 완전히 대체하는 이상적 인공지능 시스템 기능을 요구하며, 초기 정부 데이터 분석이 미흡한 인공지능 기업은 시스템 개발에 필요한 데이터 영역을 채워가며 수요부처의 요청을 충족하기 위해 추가 자원을 투입하게 된다.

기업은 사업 초기 단계에서 빠르게 인공지능 시스템의 목표 성능을 정의해야 한다. 그리고 인공지능 시스템에 대한 목표 성능, 데이터 품질에 대해 제3의 시험기관 및 수요부처와 협업하며 명확화할 필요가 있다. 이를 위해서는 수요부처와 인공지능 기업 간 많은 소통과 노력이 필요하다.

2020년 통관 분야 인공지능 프로젝트를 수행한 A사는 사업 초기 수요부처와 인공지능 시스템에 대한 합의된 성능을 도출하는 데 어려움을 겪었다. 명확한 성능 목표가 부족했던 인공지능 시스템은 2021년 초에 이르러서야 숨 가쁜 협의를 통해 성능 기준을 마련할 수 있었다. 명확한 시스템 성능이 마련된 이후에는 수요부처 담당관 변경 등 일부 변동사항이 발생하더라도 지속적으로 목표했던 인공지능 시스템 실증을 추진할 수 있었다. 상호 합의된 목표 성능은 수요부처와 인공지능 기업 간 협업을 촉진시키며 과업 변경 등으로 인한 불필요한 시간 소모를 최소화할 수 있는 계기를 마련하였다. 한편 외부 시험기관을 통한 목표 성능 검증은 수요부처와 기업 간 합의된 목표치를 객관화하는 순기능을 제공하였다. 개발된 인공지능 시스템에 대한 객관적인 성능 평가 피드백은 수요부처와 인공지능 기업 간 신뢰 형성에 기여한 것으로 분석된다.

인공지능 기업의 세 번째 성공조건

① 환경요인		② 중심현상		③ 기업 다이내믹스
· 수요부처 요구사항을 반영하는 인공지능 시스템 실증	→	· 상호 간 이해 부족은 과도한 기업 자원투입을 요구	→	· 소통하며 인공지능 시스템 목표 성능 명확화하기

한국의 인공지능 기업은 많은 어려움을 헤치며 지금까지 성장해 왔다. 미국, 캐나다 등은 축적된 인공지능 원천기술 인프라와 인력이 풍부하며 중국은 풍부한 자본력·데이터를 기반으로 강력한 인공지능 산업·사회 확산 정책을 추진하고 있다. 한 발 앞선 인공지능 기술력을 지닌 북미 국가 그리고 중국 기업과의 무한 경쟁 속에서 매년 한국에서는 400개의 인공지능 스타트업이 새롭게 탄생하고 있다. 미래 핵심 기술영역인 인공지능 분야에서, 한국이 지속적인 글로벌 경쟁력을 갖추기 위해서는, 어렵게 탄생한 인공지능 스타트업이 성장하도록 안내해 줄 성공 레퍼런스 모델이 필요한 시기이다.

미래 산업을 이끌 인공지능 기업의 성공적 육성을 위해

2020년부터 한국 정책과제로 진행 중인 '인공지능 융합 프로젝트'를 토대로 인공지능 기업의 성공조건 3가지를 정리해 보면, ① 현장을 경험하며 도메인 배우기, ② 수요부처 협업으로 규제 장벽 극복하기, ③ 소통하며 인공지능 시스템 목표 성능 명확화하기 등이다. 세부적으로 3가지 성공조건을 살펴보면, 첫째 성공조건은 인공지능 기업이 기술에 대한 지식을 바탕으로 현장경험을 통해 학습한 산업 도메인 지식과 융합하여 최적화된 인공지능 시스템을 개발하는 것이다.

둘째 성공조건은 인공지능 기업이 국방, 통관, 소방 등 정부 실증사업에 적극 참여하며 수요부처 협업을 통해 필요한 공공데이터를 확보하는 등 규제 장벽을 극복하는 것이다. 한국 내 존재하는 다양한 산업별 규제를 넘어서고 구하기 어려운 데이터를 확보하는 효율적 방법은 정부 정책과제 참여이다.

셋째 성공조건은 인공지능 기업이 정책과제 참여 시 인공지능 시스템 목표 성능을 사전에 명확화해야 하는 것이다. 그리고 제3의 시험기관 검증을 통해 수요부처와 기업 간 객관적인 시스템 목표 성능 결과 공유가 필요하다. 이를 통해 정부와 인공지능 기업 간 신뢰·협력 프로세스가 활성화될 수 있다.

인공지능 기업의 3가지 성공조건

① 환경요인		② 중심현상		③ 기업 다이내믹스
· 정책기획 단계 시 기업 미참여		· 기업의 도메인 지식 부족과 갈등 발생		· 현장 경험하며 도메인 배우기 · 인공지능 시스템 실증 테스트하기
· 산업계 전반에 걸친 다양한 규제	→	· 규제로 인한 데이터 확보의 어려움	→	· 수요부처 협업으로 규제 장벽 극복하기
· 수요부처 요구사항을 반영하는 인공지능 시스템 실증		· 상호 간 이해 부족은 과도한 기업 자원투입을 요구		· 소통하며 인공지능 시스템 목표 성능 명확화하기

한국의 인공지능 성장 인프라를 기술 선도국과 비교해 보면 기술, 자본, 인력 등이 여전히 부족하다. 하지만 한국 정부의 인공지능 산업을 위한 강력한 정책지원 의지와 약 1.8% 수준에 머무는 제조업 인공지능 도입률은 오히려 한국 인공지능 기업에 성장 기회로 작용할 수 있다. 특히 세계 인공지능 시장이 2017년 이후 본격 성장하는 초기임

을 감안하면, 앞으로 정책 지원방향은 국내 인공지능 서비스를 공공에서 적극 구매하는 전략으로 전환해야 한다. 한국 인공지능 기업이 공공 부문 활용 레퍼런스 구축을 통해 서비스 고도화는 물론 글로벌 시장 진출도 할 수 있기 때문이다. 최근 인공지능 융합 기반 디지털 서비스가 조달청을 통해 공공기관 구매 확대로 이어지는 것이 반가운 것은 국내 인공지능 기업의 활용 레퍼런스 구축을 촉진하기 때문이다.

전통적 투자(노동, 자본, 자원)로는 부가가치 창출이 어려운 제조업 분야에 인공지능 기술을 융합하려는 노력이 강화될 필요가 있다. 불량품 검수, 예지 정비, 제품 설계 지원 등 인공지능 기술이 고부가가치를 창출할 수 있는 제조업 영역을 적극 발굴하고 융합을 촉진하면 제조업 생산성 확대는 물론 인공지능 산업 발전도 동시에 이룰 것으로 분석된다.

또한, 국내 정부와 협업으로 개발한 인공지능 프로젝트 기술이 계속해서 고도화될 수 있도록 베트남, 라오스, 캄보디아, 우즈베키스탄, 아랍에미리트 등 한국 기술에 대한 선호도가 높고 구체적인 협력 의지가 있는 국가를 발굴하여 한국 인공지능 기업과 연계시킬 수 있는 정책적 노력도 확대될 필요가 있다.

인공지능 기업 육성은 미래 우리나라 산업 경쟁력을 결정하는 주요한 요인이다. 메타버스, 디지털 트윈 등 전 산업의 디지털화가 코로나 19 이후 더욱 가속화되는 추세이다. 앞서 제시한 인공지능 기업의 3가지 성공조건이 새롭게 태동하는 스타트업은 물론 산업 현장에서 최선을 다하는 중소기업에게 성장을 향한 나침반이 되길 희망한다.

5 DIGITAL POWER 2023

선도적 디지털 전환 기업의 탄생 조건

김숙경 KAIST 교수

전 세계적인 디지털 전환 투자 가속화

2010년대 중반부터 디지털 전환의 속도가 매섭다. B2C, B2B 등 기업의 구분이나 유통, 제조, 의료, 항공, 농식품 등 분야에 상관없이 전 세계적으로 전 방위적인 디지털 전환이 추진되고 있다. 제조업체의 90% 이상이 가까운 장래에 비즈니스 프로세스, 공급망 효율성, 민첩성 및 지속가능성을 개선하기 위해 디지털 전환에 막대한 투자를 할 것이라고 그 계획을 밝히고 있을 정도이다.[24]

그러나 전 세계적인 디지털 전환 투자 가속화에도 불구하고 그 성과는 미미하다. '디지털 전환의 70% 이상이 실패한다'[25]라고 말할 정도이니 말이다. 그러다 보니 디지털 전환에 대한 성과를 체감하기에 아직 이르다는 생각을 넘어 회의론이 일기도 한다.

그러나 디지털 전환을 진행해야 하는 이유는 명백하다. 디지털 기술뿐만 아니라 에너지, 재료, 나노, 바이오 등 산업의 전 방위적인 기술 융합이 사회와 고객의 요구를 변화시키고 새로운 비즈니스를 탄생시킬 뿐만 아니라 기존 업의 경계를 허물어뜨리고 업이 재정의되는 4차 산업혁명이 가속화하고 있기 때문이다. 이러한 변화 방향이나 규모를 예단하기에는 아직 이르지만 명백한 것은 바로 언제든 현재의 업의 구도, 즉 경쟁 구도가 바뀔 수 있다는 것이다. 이는 기존의 업에서 당연하게 받아들여졌던 가치, 성공 룰 등이 경쟁자에 의해 빠르게 쓸모없어질 수 있음을 의미한다. 선두 그룹의 기업일지라도 현재의 경쟁 우위를 계속 유지하기 위해서는 끊임없는 노력을 감행해야 한다. 그렇기 때문에 기업들은 이러한 환경 속에서 지속가능한 성장을 담보하기 위해 더 나은 생존전략을 구사할 필요가 있다. 이러한 이유로 전 세계 많은 기업들이 기민성과 유연성 등 기업 경쟁력을 확보하기 위해 기업의 겉과 속을 디지털 기반으로 바꾸기 위해 디지털 전환에 많은 투자를 하고 있는 것이다.

선도적 디지털 전환 기업의 탄생

4차 산업혁명 전장에서 빅테크 기업이나 디지털 네이티브 기업의 선전이 무섭다. 그들은 이미 뛰어난 디지털 역량과 더 나은 고객 가치, 차별화된 운영모델을 무기로 산업의 경계를 넘나들며 전 방위적으로 자신들의 업을 무한 확장하고 있다. 애플은 자동차산업까지 그 업을 확장하고 아마존은 클라우드를 넘어 OTT, 미디어, 우주산업 등으로까지 확장하고 있다. 또한 구글은 의료 분야로 그 지평을 넓혀가고 있다. 국내에서도 네이버와 카카오를 위시하여 많은 디지털 네이티브 기업들이 오프라인으로 그 업을 확장하고 있다.

이러한 빅테크 기업과 디지털 네이티브 기업의 공세가 더욱 가속화되고 있는 가운데 전통 기업은 과연 이 전장에서 살아남을 수 있을까? 우리는 많은 전통 기업이 스타트업에 의해 파괴되는 역사를 지켜봐 왔다. 블록버스터와 넷플릭스, 노키아와 애플의 전쟁이나 디지털로의 전환이 느렸던 공룡 유통기업들의 쓸쓸한 퇴진, 자동차산업에서 테슬라의 약진 등은 전통 기업이 느낄 공포를 가늠하게 한다.

그러나 다행스러운 것은 최근 전통 기업의 디지털 전환 성공기가 자주 들려온다는 것이다. 과거의 실패를 답습하지 않고 이러한 전장에서 살아남기 위해 상당수의 전통 기업이 발 빠른 투자와 변화를 위한 노력을 감행했고, 그 결과로 실제 디지털 기업을 능가하는 성과를 내고 있다.

보스턴컨설팅그룹(BCG)에 따르면, S&P Global 1200 지수에 포함된 기업 중 약 30%가 성공적으로 디지털 기업으로 전환하고 있으며, 그중 선도적인 디지털 전환 기업은 고객 경험과 생산성을 개선하고 혁신적인 수익 성장에 집중하기 시작하면서 S&P 1200 평균보다 약 50% 더 높은 성과를 보여주고 있다고 밝혔다.[26]

선도적인 디지털 전환 기업에는 나이키(스포츠웨어), 존디어(농기계), 롤스로이스(항공엔진), 레고(장난감), 세포라(화장품유통), 도미노(식품), 뉴욕타임스(미디어) 등이 포함된다. 이들의 성공적인 디지털 전환에는 공통적인 성공요인이 자리 잡고 있다.

그것은 바로 경쟁자보다 더 나은 고객 경험 및 가치 제공을 목적으로 디지털 기술과 데이터를 적극 활용하고 있다는 것이다. 나이키는 고객과의 접점을 확보하고 고객에게 더 나은 제품과 서비스를 제공하기 위해 아마존에서 탈출, D2C(Direct to Customer) 전략과 온·오프라인을 넘나드는 혁신적인 옴니채널을 구사했다. 존디어와 롤스로이스는 고객의 페인포인트를 해결하기 위해 제품 판매에서 구독방식으로의 서비스 모델 전환과 센서 및 데이터 결합을 통해 고객에게 더 나은 서비스를 제공하고 있다. 또한 레고는 고객에 대한 깊은 통찰을 통해 레고다움으로의 회귀를 기반으로 물리적 장난감을 디지털 세계와 연결함으로써 차별화된 장난감 사용 경험을 제공하고 있으며, 세포라는 강력한 멤버십 프로그램과 피부톤, 안면 데이터 등 핵심 데이터를 기반으로 온·오프라인을 넘나드는 최고의 개인화된 화장품 구매 경험을 제공하고 있다. 또한 도미노는 고객들의 떨어진 신뢰를 회복하기 위해 고객 경험 및 운영 프로세스 전반을 디지털로 전환하여 그 위기를 극복하였고, 뉴욕타임스는 광고에 기반하던 기존 미디어 비즈니스 모델의 취약성을 극복하면서 구독자들의 변화 요구를 반영하여 디지털 콘텐츠 중심의 유료 구독모델로 빠르게 전환하고 퀄리티 높은 다양한 콘텐츠를 제공하고 있다.

이들의 디지털 전환은 모두 '고객'에 초점을 맞추고 있다. 이들은 4차 산업혁명처럼 불확실성이 높고 경쟁이 심화되는 어려운 환경 속에서도 결국 기업의 생존은 고객에 달렸다는 것을 깊이 있게 이해하고 있는 것이다.

고객은 소셜미디어와 디지털 도구를 활용해 더욱 강해지고 있다. 대체제를 더 빠르게 찾아내고 새로운 소비 트렌드를 이끌어가고 있다. 이러한 트렌드를 빠르게 이해하고 디지털 기술의 장점을 십분 발휘한 새로운 경쟁자들이 밀물처럼 이 전장에 뛰어들고 있다. 그러므로 기존 기업들이 고객의 변화에 제대로 대응하지 못하고 더 나은 가치를 만들어 내지 못한다면 그들의 고객은 더 이상 그들의 고객으로 남지 않을 것이다.

우리는 노키아의 사례를 잊어서는 안 된다. 전 세계 50%라는 시장 점유율을 가지고 있었던 제조의 끝판왕, 공룡 기업 노키아가 고객의 가치는 등한시한 채 안일한 대응으로 어떤 결말을 맞이했는지를 말이다. 당시 노키아와 애플의 싸움은 골리앗과 다윗의 싸움에 비교될 정도였다. 결국 그 시작은 작아 보였을지 모르나 새로운 고객 가치를 제공한 다윗, 애플의 승리로 막을 내렸다. 그 이후 애플은 끊임없는 고객 가치 혁신으로 전 세계 최고의 기업으로 거듭났다.

국내 기업들이 디지털 전환을 서둘러야 하는 이유

한국은 타 선진국에 비해 제조업에 대한 의존이 높다. 물리적 자산 기반의 제조업에 대한 디지털 전환은 서비스업보다 그 투자 규모나 추진속도 측면에서 늦을 수밖에 없다. 이런 국가의 산업 특징을 반영한 결과일까, 국내 디지털 전환 현황은 글로벌 기업의 높은 관심과 투자에 비해 미진한 것으로 나타났다.

소프트웨어정책연구소가 2022년 6월에 발표한 '2021년 SW융합 실태조사'에 따르면, SW 융합 활동이 있는 기업 3,000개 중 16.4%가 디지털 전환을 추진 중이며, 2.1%가 디지털 전환을 추진할 계획이라고 밝혔다. 또한 디지털 전환 추진 목적으로는 90%가 '업무 효율화'에 집중하고 있으며 '새로운 비즈니스 모델 창출'이나 '고객 경험/서비스 개선' 등 고객 가치와 관련된 목적은 각각 4.6%, 3.1%에 그쳤다.[27]

이러한 국내 디지털 전환 현황은 실망스럽기 그지없다. 국내 기업의 디지털 전환에 대한 관심과 필요성이 낮은 이유와 그나마 추진되고 있는 디지털 전환이 프로세스 효율화에 포커스된 기존의 디지털화와 별 차이가 없는 이유는 무엇일까? 그것은 바로 디지털 전환에 대한 깊이 있는 이해의 부족과 기술 중심의 근시안적인 접근이 만연해 있어서는 아닐까?

물론 현대자동차, 포스코, 삼성전자, LG전자, 두산인프라코어, 아모레퍼시픽 등 국내 유수의 대기업들이 디지털 전환 전략을 발표하고 그 실행을 위해 많은 노력을 하고 있다. 그럼에도 불구하고 앞에서 언급한 선도적인 디지털 전환 기업처럼 고객의 가치에 집중해 기존 가치사슬이나 공급망 등의 운영모델을 디지털로 전환하고 디지털 네이티브 기업이나 빅테크 기업에 버금가는, 혹은 뛰어넘는 의미 있는 성과를 냈다는 소식은 아직 들려오지 않고 있다.

국내 기업들이 디지털 전환을 서둘러야 하는 이유는 국내 산업 구조와 글로벌 시장 환경의 변화 때문이다. 앞에서 언급했듯이 국내 산업 구조는 제조업에 대한 의존도가 높다. 그리고 제조업도 최종 고객을 위한 제품을 만드는 기업보다 반도체, 배터리, 화학, 제철 등 중간재를 생산하는 기업의 비중이 높다. 최종 고객을 위한 제품을 만드는 기업들도 고객에게 직접 판매하기 보다는 유통기업을 통해 판매하는 방식인 B2B2C 기업이 많다.

이런 산업적 특성으로 인해 기업들이 최종 고객을 직접 접하는 기회가 많지 않아 '공급' 그 자체에 매몰되기 쉽다. 이러한 공급 중심의 사고방식은 최종 고객보다는 납품 대상 고객의 요구에 맞춘 좀 더 싸고 품질 좋은 제품을 만드는 데 집중하게 만든다. 그렇다면 공급만 잘하면 기업의 성장은 담보될까?

4차 산업혁명과 디지털 전환이 가속화되면서 제조업에 뚜렷한 몇 가지 경향이 나타나고 있다. 첫째, B2B2C, B2B 등 기업 거래유형에 상관없이 D2C(Direct to Consumer) 전략을 구사하는 기업이 확대되는 현상이다. 나이키의 성공적인 D2C 추진 이후로, 국내에서도 CJ 등이 D2C 전략을 구사하고 있으며, 그 외 반도체 회사인 Texas Instruments, 화학 회사인 BASF 등의 B2B 기업들도 D2C 전략을 구사하고 있다. D2C 전략은 최종 고객이나 중간 고객과의 의사소통을 중간 유통기업의 개입 없이 직접 디지털 기반으로 상호 연결하는 것으로 고객과의 접점을 강화하고 영업마진을 높일 뿐만 아니라 고객 데이터를 확보함으로써 추가적인 가치 창출이 가능하다. D2C 전략의 성공은 단순히 인터넷을 통한 전자상거래의 구현을 넘어 기존 기업의 생산, 물류, 유통 등 운영방식의 재개편을 전제로 한다. 이러한 경향은 공급망 중 중개나 연결을 지향하는 사업을 영위하는 기업에게는 위기가 되겠지만 D2C 전략을 빠르게 성공적으로 구사하는 기업에게는 그렇지 못한 기업보다 고객 가치 및 운영모델 차원에서 차별화된 경쟁력을 확보하게 되는 기회를 준다.

둘째, 수직계열화 강화 현상이다. 테슬라를 필두로 애플, 엔비디아 등 글로벌 기업들이 기존 분업화 중심의 공급망을 마다하고 자체생산 및 컨트롤 할 수 있는 범위를 점차 확대하고 있다. 수직계열화가 강화되는 현상은 산업 전환기에 나타나는 특수한 현상이다. 높은 불확실성과 공급망 전체 차원의 고른 기술 발전이 어려운 산업 혁명기에 최종 제품 제조업체가 원하는 부품, 그중에서도 반도체, 배터리 등 핵심 부품을 원하는 기술 수준에 원하는 양을, 원하는 때에 공급받기란 쉽지 않다. 또한 모든 제품에 센서를 통한 데이터 수집, 원격 제어 등 디지털 기술이 접목되고 있는 상황에서 제품 전체 차원의 최적화 및 통제/제어의 필요성이 높아지고 있는 것도 수직계열화의 필요성을 높이고 있다. 이러한 수직계열화 강화 경향은 중간재를 생산하는 기업에 큰 타격을 줄 수밖에 없다.

셋째, 적층가공, 자동화, 디지털 트윈, 기가프레스 등 제조혁신 가속화 현상이다. 적층가공은 기존 절삭가공과 달리 다양한 부품이 필요하지 않다. 또한 테슬라가 활용하고 있는 기가프레스 기법도 기존 조립과 납땜방식의 제조를 필요 없게 만든다. 디지털 트윈이나 자동화 도입은 제조 업력이 높지 않은 기업이나 스타트업에게도 빠르게 양질의 제조를 할 수 있는 기회를 준다. 이러한 제조혁신은 부품 제조업체에게 큰 타격을 줄 수 있고, 기존 제조업체 전반에 경쟁 심화 현상을 야기할 수 있다.

이처럼 제조업에 불고 있는 3가지의 뚜렷한 경향은 제조업체가 공급 중심의 디지털 전환 전략만으로는 기업의 지속가능성을 확보할 수 없음을 보여준다.

디지털 전환의 목적을 '공급' 중심에서 '고객' 중심으로!

훌륭한 ICT 인프라와 인력을 확보한 한국이 4차 산업혁명기에 글로벌 선두그룹으로 그 위치를 공고히하기 위해서는 국내에 만연해 있는 효율화 향상에 포커스된 '공급' 중심의 디지털 전환 전략을 원점에서 재검토해야 한다.

디지털 전환의 최우선 목적은 기업의 생존 이유, 바로 고객에게 끊임없이 더 나은 가치를 제공하는 것에 초점을 맞춰야 한다. 고객에게 더 나은 가치를 제공하면서 기업 차원에서 충분한 이득을 확보할 수 있도록 공급망, 가치사슬, 일하는 방식 등 운영모델 차원의 전반적인 전환이 뒤따라야 한다.

이를 위해 기업은 어떤 디지털 기술을 활용할 것인가, 데이터가 모든 것을 해결해 줄 것이다, 라는 식의 기술이나 수단 중심의 사고를 버려야 한다. 전환을 왜 해야 하는지 그 목적성을 분명히 하고, 그에 따른 전환 대상을 고객에 집중하여 명확히 해야 한다. 이러한 고객 지향의 디지털 전환의 분명한 목적성은 조직 내 전환의 추진 필요성에 대한 공감대 형성과 일치감으로 이어져 조직의 디지털 전환 속도를 한층 높이고 옳은 방향으로 나아가게 하는 원동력이 될 것이다.

디지털화와 플랫폼 기반 글로벌 가치사슬의 변화

김성옥 정보통신정책연구원 연구위원

디지털화와 글로벌 가치사슬

디지털화는 우리가 생각했던 가치의 모든 것을 변화시킨다. 가치의 정의, 가치가 창출되는 방식, 가치의 목표 등. 우리가 생각하는 가치는 그간 기업 단위에서도 다르지 않다. 급격한 변화와 변화에의 적응, 그 안에서 지속가능성을 확보하는 일련의 행위가 디지털화되고, 기업이 가치를 포착하고 생성하는 과정이 변화한다.

기업이 가치를 포착하고 확보해 나가는 과정, 그 과정에서 생겨나는 전후방 이해관계자들과의 관계, 가치를 통해 수익을 극대화하는 과정은 가치사슬로 표현된다. 즉, 가치사슬은 기업에서 경쟁전략을 세우기 위해, 자신의 경쟁적 지위를 파악하고 이를 향상시킬 수 있는 지점을 찾기 위해 사용하는 모형이다. 전통적인 경제체제에서 가치사슬이 하나의 가치사슬(R&D, 생산, 유통, 소비)로 연결된 파이프라인 경제였다면, 디지털 전환 과정에서 가치사슬은 외부 생산자와 소비자의 상호작용으로 새로운

가치 창출이 가능한 플랫폼 기반 경제(규모의 수요경제)로 변화된다.[28]

각자의 우위를 바탕으로 한 중간재, 인력 이동을 통한 글로벌 가치사슬의 견고함보다는, 디지털화를 통한 데이터나 원거리 서비스 기반의 연계가 강화되고 외부 충격에 유연하게 대응할 수 있는 형태로 가치사슬이 재구성되어 가는 중이다.

이 재구성의 중심에는 플랫폼이 있다. 플랫폼 기반의 가치사슬은 이전 ICT 서비스 산업이 가지고 있던 전통적인 가치사슬과는 확연히 다른 형태로 구성된다. 공급자, 수요자, 제3자 개발사, 투자자, 유통과 마케팅, 인프라 등 각종 주체와 리소스가 얽힐 수 있는 공간을 제공하고, 이 다양한 이해관계자들이 보유한 자원과 가치를 통합하고, 새로운 가치를 창출하여 수요자에게 전달한다. 플랫폼은 기업의 재화와 서비스가 최종 수요자에게 가치를 창출, 전달할 수 있게 해주는 새로운 인프라스트럭처다.[29] 쉽게 말하면 기존 가치사슬상의 행위와 요소, 즉 인프라, 기술개발, 생산과 유통 등이 플랫폼을 중심으로 "통으로 녹아드는" 형태이며, 플랫폼은 클라우드 인프라와 SaaS 형태로 모듈화된 기술을 제공하여 기업들이 그 위에서 또 다른 혁신 제품과 서비스를 생산할 수 있도록 돕는다.

조금 더 조밀하게 들여다보자면 가치사슬 행위 중 인프라와 R&D는 빅테크 기업들이 제공하는 클라우드와 기술서비스, SaaS로 대체되어 가는 경향을 보인다. 포터의 가치사슬에서 기업이 비용을 낮추고 수익을 올려 가치를 창출하는 본원적 활동(기업 내부 물류, 생산, 유통/외부물류, 판매)와 지원활동(인프라, 연구개발, 구매/조달 등)은 각각의 단계가 플랫폼 서비스화되거나, 플랫폼 기반의 외부 서비스 활용을 통한 즉각적인 보완이 가능해지는 것이다.

즉, 플랫폼이 모듈화되고 범용화된 형태의 기술과 서비스를 제공함으로써 이전에는 기업 자체의 역량과 시간, 금전적 비용을 쏟아부어야 했던 기술개발과 인프라 구축, 물류체계 구축과 판매경로 확보 등이 훨씬 간소화된 형태로 이루어질 수 있게 된 것이다.

클라우드와 AI 등 기술 발전에 따라 기술 플랫폼 기반의 보완재 확보가 더욱 용이하게 일어나면서, 기업의 비즈니스 가치사슬 변화를 촉진한다. 특히 기업의 인프라 도입을 용이하게 할 뿐 아니라 기술도입의 경로가 되는 클라우드의 발전, AI 기술의 범용화 등은 가치사슬의 변화를 촉진하는 중요한 기반이 된다.

클라우드와 AI 기반의 가치사슬 변화

클라우드는 컴퓨팅 파워와 인프라에 대한 민주화된 접근방식을 제공하고, 소규모 회사가 비용 부담을 낮추고 최신 인프라에서 비즈니스를 확장할 수 있도록 하여, 신생 기업의 진입장벽을 완화하고 산업지형을 바꾸는 게임체인저로 기능한다. 단순 인프라로서의 기능을 넘어서서, 급속도로 증가하는 데이터를 가치 있는 정보로 관리하는 수단을 제공하고, 혁신적인 기술을 애플리케이션 형태로 탑재해 수요자에게 연결한다.

또한 SaaS 시장의 성장과 클라우드 마켓플레이스는 무료 SW를 실험할 수 있는 공간을 제공하여, 기술력 대비 마케팅 역량이 취약한 신생 기업들의 서비스가 시장에 노출되어 고객경험을 쌓을 수 있도록 하여 진입장벽을 해소하는 데 기여한다.

이런 이유로, 디지털화 과정에서 클라우드 채택은 필수불가결한 요소로 간주되며, 비즈니스의 유연성 확보(39%), 유지보수 수고 절감(30%), 비용 절감(17%) 등의 이유로 기업의 클라우드 전환이 진행되는 중이다(Gartner, 2021.8.). 아마존, 마이크로소프트, 구글 등 주요 사업자는 클라우드 서비스를 자사 제품에 통합 제공하여 하드웨어에 대한 별도의 투자 없이 기업들이 컴퓨팅 자원과 기술 도구를 활용할 수 있도록 지원하며, 이는 기업의 디지털화와 혁신을 손쉽게 촉진한다.

클라우드로 인한 가치의 차원(Dimension of Value)을 다음 표와 같이 분류되며, 각 산업 섹터의 기업들이 클라우드를 통해 상당한 가치를 얻을 수 있을 것으로 분석한다. 클라우드의 도입은 비용 최적화와 리스크 경감, 제품 혁신과 규모화를 통한 기업 혁신에 도움이 되어 가치의 확대에 일익한다는 것이다. 수요기업의 클라우드 도입 주요 이유도 IT 관리와 비용 효율화에서 클라우드 사업자들이 제공하는 혁신 응용기술 활용 목적으로 변화하는 중으로 수요에 부합하는 기술환경 및 툴의 지원 여부가 날로 중요해져 가고 있다.

클라우드로 인한 가치창출의 차원

차원	가치 동인	설명
활력 (Rejuvenate)	IT 비용 최적화	애플리케이션 개발, 유지, IT 인프라 비용 최적화
	리스크 경감	조직의 비즈니스 회복력 개선
	핵심 운영 디지털화	핵심 운영에서 최신 기술/디지털화 이행
혁신 (Innovation)	혁신주도 성장	분석, IoT, 자동화 등 새롭고 개선된 Use-Case를 통한 사업 성장
	제품개발 촉진	운영모델의 민첩성 제고, 클라우드 환경 배치의 편의성, 컴퓨팅 파워에 대한 민주적 접근
	초 규모화	고객 세그먼트, 지역 및 채널 전반에 걸쳐 컴퓨팅 및 스토리지 용량 확장에 온디맨드식 탄력성을 제공
개척 (Pioneer)	클라우드 기술의 조기 채택	실패에 대한 비용을 낮추고 클라우드 기술 경험을 확보하여 조기에 양자컴퓨팅, AR/VR/MR, 블록체인, 3D/4D 프린팅 등 미래기술을 도입할 수 있도록 촉진

자료: McKinsey(2021.2)

플랫폼 기반 서비스 공급망

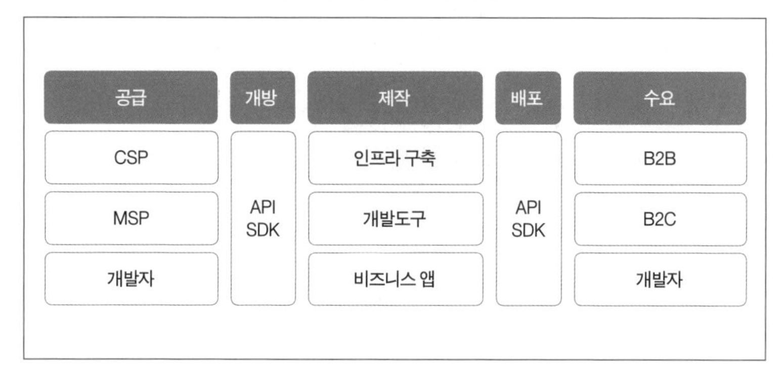

이러한 형태의 가치사슬이 구현되기 위해서는 개방과 공유 두 가지가 필수적인 전제이다. API 등의 발전은 기업의 비즈니스와 외부의 연결을 촉진하면서 기업의 가치사슬을 확장시키고 기술과 데이터, 알고리즘 등의 자산에 빠르게 접근하여 보완할 수 있게 해주는 역할을 하며 핵심 리소스와 지식재산권, 사용권을 개방, 공유한다. 즉, 클라우드는 오픈리소스(Open Resource)를 통해 각기 다른 이용자 집단(개발자, 기업, 소비자 등) 간 개방형 네트워크를 형성하고 협업과 상호작용을 통해 기업들이 빠른 혁신과 가치창출 프로세스를 만들어 내는 기반으로 작용한다.

즉, 클라우드 플랫폼을 중심으로 API와 SDK 등을 통해 보완재의 개방과 공유가 촉진되며, 클라우드 서비스, 기업용 애플리케이션을 통한 인프라, 기술, 서비스 등의 리소스를 제공하는 CSP(Cloud Service Provider, 클라우드 서비스 제공자)가 공급자로, 공급자가 제공하는 인프라와 서비스를 기반으로 제3의 서비스를 제작하여 판매하거나 최종 소비하는 개발사, 기업이나 개인이 수요자로 기능하게 된다. 또한 서비스 개발 과정에서 수집된 데이터와 정교해진 서비스는 다시 플랫폼으로 환원, SaaS 제품과 서비스는 클라우드 플랫폼의 마켓플레이스에 탑재되어 클라우드의 차별화된 경쟁력으로 작용할 수 있어, 공급자-플랫폼-수요자가 상호보완 관계를 이루는 생태계형 가치사슬을 조성하게 되는 것이다.

클라우드 위에 얹어진 대표적인 혁신기술이자, 가치사슬의 재구성을 촉진하는 기술은 인공지능이다. 인공지능 기술이 범용화되어 가면서 많은 기업들은 인공지능을 활용하여 비용 절감, 새로운 제품과 서비스의 생산, 타깃광고 등을 통한 이용자 규모 확대와 서비스의 고도화 등 가치창출과 가치확보를 진행한다. 이 과정에서 범용 혹은 특정 업무에 특화된 인공지능 애플리케이션과 머신러닝 개발 플랫폼의 제공 여부, R&D, 자금, 판매, 파트너 생태계, 광범위한 지리적 접근성, 인공지능 역량, 툴의 범위, 데이터 가용성 등의 자원을 중심으로 시장에서 경쟁한다.

Mckinsey(2021)는 기업의 인공지능 적용 비즈니스 기능을 마케팅·판매, 제품과 서비스 개발, 공급망 관리, 제조, 서비스 운영, 전략과 기업 재무, 리스크, 인사 8개 카테고리로 나누어 기업의 적용 정도와 효과를 조사하였다.[30] 개별 행위는 모두 기업의 가치사슬에 해당하는 것으로, 기업의 가치사슬에 인공지능이 어떤 목적으로 얼마나 도입이 되었는지를 살펴볼 수 있는 근거로 활용할 수 있다.

기능별 인공지능 도입을 통한 비용절감과 수익증대 (단위: %/응답자)

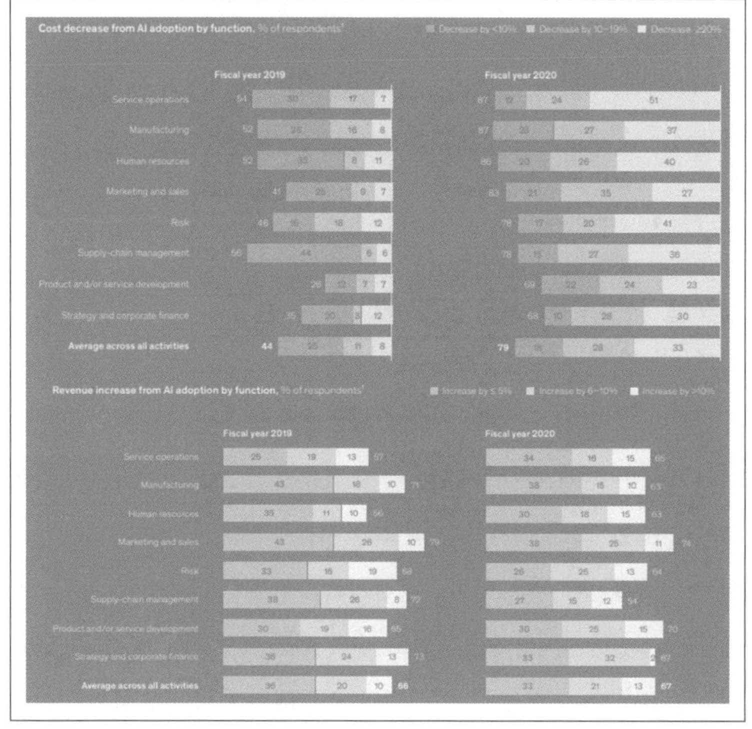

자료: Mckinsey(2021)

해당 조사에 따르면 2020년 기준, 인공지능을 도입한 기업들의 79%가 비용절감을, 67%가 수익증대 효과를 경험하였고, 그중 마케팅, 판매, 제품 및 서비스 개발 측면에서 인공지능 도입을 통한 수익증대가 가장 눈에 띈다. 또한 서비스 운영과 제조 분야 적용을 통해 비용 절감에 큰 효과를 보았다. 포터의 가치사슬에 대입하면 기업들은 가치사슬의 지원활동에 해당하는 인적 자원관리, 기업 하부구조 등과 본원적 활동에 해당하는 내외부 물류, 제조, 생산, 마케팅, 영업, 서비스 전 단계에서 비용절감과 매출증대 목적으로 인공지능을 도입하고 있으며 마케팅과 세일즈, 제품 개발 등에서 성장효과를 보고 있는 것이다.

뿐만 아니라 인공지능 기반 서비스가 보편화되면서 공급자에서 수요자에게 일방적으로 전달되던 가치의 흐름은 공동 가치창출(Co-Creation)로 바뀌어가고 있다. 인공지능 기반 서비스의 수요자에게서 발생하는 데이터가 무엇보다 중요한 리소스가 되고 있기 때문이다.

플랫폼 기반의 가치사슬 변화는 지속가능한가?

상기한 것처럼 인프라와 기술의 제공을 통해 후발주자들의 빠른 혁신이 가능한 생태계를 조성한다는 측면에서 플랫폼 기반의 가치사슬 변화는 긍정적으로 평가할 수 있으나, 기술을 제공하는 거대 플랫폼들이 다른 플랫폼과 제품/서비스 생산자들의 생성력(Generativity)을 억제하는 효과를 가져왔다는 비판도 있다. 이들 플랫폼이 제공하는 인공지능 기술은 자체 기술개발이 힘든 기업들에게 빠르고 손쉬운 혁신의 기회를 주는 것이 사실이나, 거대 플랫폼에 대한 기술의존도가 높아지고 스스로의 혁신역량이 저하되게 될 수 있다는 우려이다.

글로벌 국가 단위로 확장해 보자면 인공지능 기술 플랫폼의 등장으로 인해 기술우위를 확보하지 못하는 로컬 플랫폼들이 로컬 데이터를 활용하여 차별화와 특화를 꾀하는 것이 가능해짐으로써 내수시장을 기반으로 하는 로컬 플랫폼이 글로벌 플랫폼으로부터 내수를 방어하는 현상이 나타나고, 내수를 기반으로 성장한 플랫폼이 글로벌화를 진행하는 모습도 목도할 수 있다. 또한 글로벌 플랫폼들에게도 로컬 소비자가 생산하는 데이터의 중요도가 배가되면서 로컬에서 창출되는 가치가 글로벌 가치사슬의 상류로 흘러들어가는 모습도 강화되고 있다.

이에 따라 알리바바·텐센트·네이버·카카오·그랩 등 로컬에 뿌리를 둔 플랫폼 기업들의 약진이 가능해졌고 플랫폼 기반의 자원통합과 수직·수평적 확장을 통해 기존 선도국 기업들이 차지하던 글로벌 가치사슬의 상하류 부문으로의 이동, 기술과 플랫폼 기반 고부가가치화 실현을 통한 스마일커브 자체의 상향이동을 할 수 있었다.

원천기술과 클라우드, 인공지능 등의 플랫폼을 미국 기업들이 장악하고 있다면 그 플랫폼 위에 구현되는 새로운 서비스 모델들은 국가 단위로 출현하는 양상이 가능해진 것이다. 후발국들은 선도국에서 출현한 서비스 아이디어를 로컬 맥락에 맞게 응용, 개선하면서 자체적인 로컬 플랫폼 서비스를 만들어 내고 있다. 한국의 쿠팡, 중국의 바이트댄스, 인도의 플립카트 등 고유한 특성을 가진 유니콘 기업들이 대거 탄생할 수 있었던 것도 이들 기업이 글로벌 가치사슬 안에서 범용화되고 모듈화된 핵심기술과 부품, 개방형 협력을 기반으로 했기에 가능한 것이었다.

플랫폼화와 스마일커브의 변화

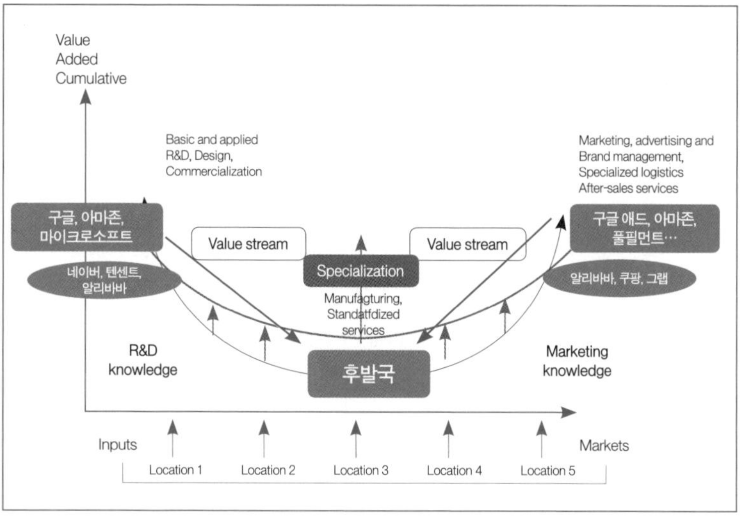

우리 역시 마찬가지이다. 네이버와 카카오 등 국내 대형 플랫폼 기업들 또한 클라우드와 인공지능 기반으로 생태계를 형성해 나가면서 국내 기업들의 디지털화를 촉진하고 있음은 주지의 사실이다. 이외에도 2022년 8월 기준 총 15개의 기업이 유니콘리스트에 이름을 올리면서 비약적인 발전상을 보이고 있다. 그간 한국의 유니콘기업 중 혁신기술기업이 부재하다는 평을 받아온 데 반해, 15개 중 의약 기업인 에이프로겐, 화장품 기업인 GP클럽과 LP코스메틱을 제외한 나머지 12개가 모두 기술기업이며, 특히 2020년에서 2022년 사이 7개가 유니콘기업으로 폭발적인 가치상승을 보였다.

이들은 모두 해외의 클라우드를 활용하는 SaaS 기업이다. 공급자와 소비자를 매개하는 플랫폼 기업으로 출발해 글로벌 시장을 지향하면서, 소비자 접점을 가진 서비스 기업에서 축적한 데이터와 기술력을 바탕으로 관련 분야 기술 솔루션을 제공하는 SaaS 기업으로 변모하기도 한다. 야놀자가 그 대표적인 사례로 숙박거래 플랫폼에서 종합여행 플랫폼으로의 다변화를 넘어서서 2021년에는 야놀자 클라우드를 설립하여 호텔 운영 시스템을 클라우드 기반으로 제공하는 솔루션 SaaS 기업으로 거듭나고 있으며 이 솔루션을 바탕으로 글로벌화를 진행 중이다.

그러나 수직적 분업구조에서 탈피한 수평적 네트워크 관계, 그리고 후발주자들의 거센 도약은 지속가능한 것일까에 대해서는 의문이 남는다. 디지털 보호주의의 강화와 불거지는 지정학적 리스크를 보면 모듈화되고 범용화된 리소스 제공자, 개방과 공유를 통한 상호혁신의 촉진자로서의 플랫폼의 기능, 이러한 기능으로 촉발된 가치사슬의 재구성, 그 속에서 가능한 후발주자들의 비약적 혁신이 과연 언제까지 지속가능할 수 있을까라는 질문을 제기하게 된다.

앞서 언급했듯이 디지털 세상에서 유용한 플랫폼 기반의 가치사슬은 데이터의 자유로운 흐름과 서비스의 초국경성, 개방과 공유를 전제로 한다. 지정학적 리스크와 데이터 지역화 등의 문제는 클라우드의 본질인 데이터의 자유로운 이동과 위치독립성, 초국경적 특성을 가로막아 향후 클라우드 시장 지형의 변화를 촉발할 수 있는 요인이다.

NIKKEI Asia(2021.8.18.)는 미·중 갈등과 미국의 데이터 안보 기조로 인해 클라우드 시장에서도 미·중 양 진영의 분리가 표면화될 우려가 존재함을 제시했고, 실제로 틱톡 서비스를 제공하는 바이트댄스가 중국 이외의 비즈니스에 알리바바 클라우드 사용을 중단하는 등의 조치를 진행한 바 있다.

데이터 지역화의 심화는 클라우드의 기본 전제인 데이터의 국경 간 자유로운 전송과 저장을 제한하여 클라우드 서비스의 전반적인 효율성을 저하시킬 우려가 있다. 특정 위치에 데이터 시설을 배치하도록 하는 요구는 클라우드 제공자의 위치 최적화를 가로막거나 대상 시장에 대한 서비스를 제한하도록 할 수 있어, 클라우드 서비스의 개방성과 접근성이 저해되고 제한적이고 탄력성이 떨어지는 네트워크 성능의 웹으로 변질될 가능성이 제기된다(Bitthal Sharma, 2021.8.).

이러한 흐름은 규모의 경제와 네트워크 효과에 기반한 플랫폼 서비스의 효율성을 저해하고 중소기업들에게 막대한 클라우드 이용료나 전환비용으로 작용하게 될 수 있으며, 나아가 플랫폼 기반으로 촉진되는 가치사슬의 초국경성, 리소스의 개방과 공유, 상호호혜적인 네트워크 관계와 협업, 공동의 가치창출로부터 발생하는 혁신의 기회가 좁아질 수 있음을 인식해야 할 것이다.

DIGITAL POWER
2023

Part. 3

메타버스와 NFT가 그리는 생태계 혁신

1 DIGITAL POWER 2023

메타버스 사회, 공간의 재구조화

이명호 미래학회 부회장

소설에서 현실로 등장한 메타버스

2년 넘게 전 세계적으로 계속되고 있는 코로나19 팬데믹을 겪으면서 우리는 상상 속의 미래가 현실이 되는 것을 경험하고 있다. 팬데믹이 가져온 위기와 사회적 거리두기는 언택트(Un-Tact) 행위를 강제하였고, 이러한 제약에 대한 돌파구로서 '메타버스'는 순식간에 사람들의 이목을 집중시켰다. '메타버스'라는 소설 속의 미래가 현실의 모습으로 등장한 것이다.

'메타버스'라는 용어를 처음 사용한 작가는 닐 스티븐슨(Neal Stephenson)이다. 그는 1992년 그의 소설 『스노 크래시(Snow Crash)』에서 '메타버스'와 '아바타'를 다음과 같이 묘사했다.

"양쪽 눈에 보이는 모습에 약간의 차이를 두면 그림은 입체적으로 보인다. 1초에 그림을 72번씩 바꿔 주면 그림은 실제로 움직이는 효과

를 낸다. 움직이는 입체 그림을 가로 2,000픽셀 크기로 보여 주면 사람의 눈이 인식할 수 있는 최대치에 도달한다. 그리고 작은 이어폰을 통해 스테레오 디지털 사운드를 들려주면 움직이는 입체 화면은 완벽히 실제와 같은 배경음을 갖게 된다. (생략) 그는 고글과 이어폰을 통해 컴퓨터가 만들어 낸 전혀 다른 세계에 있다. 이런 가상의 장소를 전문용어로 '메타버스'라 부른다. (생략) 스트리트는 메타버스의 브로드웨이이자 샹젤리제다. 그곳은 컴퓨터가 조그맣게 거꾸로 만든 화면을 고글 렌즈에 쏘아 만든 모습으로, 불이 환하게 밝혀진 큰길이다. 실제로 존재하는 곳은 아니다. 하지만 바로 지금 수백만 명의 사람들이 그 거리를 이리저리 오가는 중이다. 스트리트의 규모는 규약으로 정해져 있는데, 그 규약은 '세계 컴퓨터 멀티미디어 규약 협의체'에 속한 컴퓨터 그래픽의 대가들이 모여 힘들게 정했다. (생략) '현실 세계'에서와 마찬가지로 스트리트도 계속 개발되는 중이다. (생략) 개발업자들은 큰길로 연결되는 조그만 도로를 스스로 만들 수 있다. 건물이나 공원, 광고판도 만들 수 있으며 심지어 현실 세계에는 존재하지 않는 것도 창조할 수 있다. (생략) 약 10년 전 스트리트를 위한 규약이 막 처음 생겼을 때, 히로와 친구 몇 명이 돈을 모아 거의 최초로 지역 개발권을 사서 해커들이 모여 사는 동네를 만들었다. (생략) 그들 중 일부는 그런 이유로 큰 부자가 되기도 했다."

"그가 보는 (스트리트에 오가는) 사람들은 물론 실제가 아니다. 눈에 보이는 모든 건 광섬유를 통해 내려온 정보에 따라 컴퓨터가 그려낸 움직이는 그림에 불과하다. 사람처럼 보이는 건 '아바타'라고 하는 소프트웨어들이다. 아바타는 메타버스에 들어온 사람들이 서로 의사소통을 하고자 사용하는 소리를 내는 가짜 몸뚱이다."

2009년에 나온 영화 제목이기도 한 '아바타(Avatar)'라는 용어도 닐 스티븐슨이 처음 사용하였다. 아바타는 Avatara라는 산스크리트어에서 따온 말로 하늘에서 지상에 내려온 신의 분신을 의미한다. 메타버스는 가상·초월을 의미하는 meta와 세계·우주를 의미하는 universe가 결합되어 만들어진 신조어이다. 『스노 크래시』 속의 메타버스는 고글과 이어폰이라는 시청각 출력 장치를 이용해 접근할 수 있으며, 컴퓨터 기술을 통해 3차원으로 구현한 상상의 공간이다. 『스노 크래시』 속 메타버스라는 개념의 독특성은 컴퓨터 기술로 구현된 3차원 상상의 공간(가상세계)을 가능하게 하는 기술이라는 측면에서 더 나아가, 가상의 공간이지만 물리 법칙의 제약을 받는 현실세계와 다른 규약으로 구성된 세계이면서 현실세계에서 하던 것처럼 경제적 및 사회적 활동을 할 수 있는 세계로 정의하고 있다는 데 있다. 가상의 공간이면서도 현실세계와 같이 사람들과 교류하고 돈도 버는 경제적 및 사회적 활동이 가능한 현실과 중첩된 또는 결합, 연결된 공간이면서 사회라는 개념이 소설 속 메타버스의 독특한 개념이라고 할 수 있다.

이와 같은 소설 속의 '메타버스'가 현실로 대중에게 다가온 사건은 코로나19가 한창 진행 중인 2020년 4월이었다. 미국의 힙합 가수 트래비스 스콧은 <포트나이트> 게임 속의 3D SNS 서비스 '파티로얄(Party Royale)'에서 유료 콘서트를 개최하였다. 콘서트는 트래비스 스콧의 '아바타'가 노래하고 유저들의 '아바타'가 관람하는 방식으로 진행되었다. 콘서트에 1,230만 명이 동시 접속했으며 게임 속 굿즈 판매로 2,000만 달러(약 220억 원)의 매출을 기록하였다. 콘서트는 온라인 중계도 가상 콘서트도 아니고, 실시간으로 가수의 아바타와 관객의 아바타가 상호 반응하는 형태로 새로운 개념의 서비스, 즉 메타버스의 모습을 보여주었다. 동시에 메타버스 속에서 굿즈 판매가 일어나는 사회 경제적 활동을 보여줌으로써 『스노 크래시』에서 정의한 메타버스 사회의 모든 측면을 드러냈다.

이후 가상에서 현실과 넘나드는 게임, SNS, 스포츠, 콘서트 등 다양한 경험을 제공하는 Roblox, Fortnite, Zepeto 등과 같은 서비스가 메타버스라는 이름으로 등장하면서 본격적인 메타버스 시대를 열었다.

가상공간도 초월공간도 아닌 메타버스

가상·초월을 의미하는 meta와 세계·우주를 의미하는 universe 단어가 결합되어 만들어진 신조어 '메타버스' 사회는 어떤 세상일까? 메타버스의 개념을 이해하기 위해 '메타버스'가 본격적으로 우리에게 다가온 과정을 살펴보고자 한다.

메타버스가 현실의 서비스로 등장하기까지 우리는 다양하고 유사한 서비스를 경험하면서 메타버스의 등장을 기다려 왔다. 가상의 세상에서 살아보고자 하는 사람들의 바람을 바탕으로 만들어진 서비스가 2003년 등장한 '세컨드라이프(Second Life)'이다. 미국의 게임 개발회사 린든랩이 개발한 세컨드라이프는 이용자의 분신인 아바타('부캐')와 다양한 가상 체험으로 매력을 발산하면서 높은 인기를 누렸다. 린든랩의 CEO 필립 로즈데일은 『스노 크래시』를 읽고 내가 꿈꾸는 것을 실제로 만들 수 있다는 영감을 얻었다고 밝혔다. 그러나 현실의 희망을 투영한 가상세계의 삶(세컨드라이프)은 게임과 같은 해방감도, 현실과 같은 긴장감도 줄 수 없어서 점차 대중의 관심에서 멀어져 갔다.

그 사이에 고글(헤드마운트 디스플레이, HMD)을 쓰고 3차원 영상을 볼 수 있는 기술과 증강현실 기술이 발전하면서 메타버스의 기술적 기반이 갖춰져 갔다. 결정적으로 메타버스에 대한 개념을 대중에게 각인시킨 것은 2018년에 나온 영화 〈레디 플에이어 원(Ready Player One)〉이다. 영화 속에서 주인공은 제한된 실제 공간에서 고글, 헤드셋, 글러브 등으로 구성된 햅틱슈트(Haptic-Suit)를 착용해 외부 자극을 몸으로 느끼고, 트레드밀(Treadmill)을 이용해 공간 이동 없이 몸을 움직이며, 3차원 가상 세계 오아시스(OASIS)에 접속해 자유롭게 탐험한다. 소설 『스노 크래시』와 같은 메타버스에서 활동하는 세상을 그리고 있다.

결국 2020년에 와서야 소설 『스노 크래시』의 메타버스 개념을 구현한 서비스가 등장하게 된다. 앞에서 설명한 트래비스 스콧의 콘서트는 실시간으로 가수의 아바타와 관객의 아바타가 상호 반응하고, 동시에 메타버스 속에서 굿즈 판매가 일어나는 사회 경제적 활동을 보여줌으로써 『스노 크래시』에서 정의한 메타버스의 모든 측면을 드러냈다.

특히 이전의 3D 가상 서비스와 다른 메타버스 서비스의 차별점은 가상의 공간에서 현실세상과 같은 사회 경제적 활동을 할 수 있도록 사용자의 콘텐츠 창작과 거래를 이어주는 가상화폐와의 결합이었다. 메타버스를 기반으로 한 게임 플랫폼 Roblox에서 이용자는 자신만의 게임을 개발, 유통하여 경제적 이득을 얻을 수 있도록 했다. 블록체인 기술로 디지털 자산에 별도의 고유한 인식 값을 부여해 소유권을 보장하는 NFT(Non Fungible Token, 대체 불가능한 토큰)는 가상공간에 존재하는 아이템이 자산으로 거래될 수 있도록 해주었다. 가상세계에서 취득한 가상화폐가 실제 화폐와 교환되면서 메타버스는 사회 경제적 활동의 플랫폼으로 확장되었다. 현실세계와 같은 사회 경제적 활동이 일어나는 메타버스 사회가 등장한 것이다.

메타버스에서 수익이 발생하는 경제활동 영역은 개발자가 만든 아이템(콘텐츠) 판매와 광고, 플랫폼 공급자의 구매(구독)와 광고대행 수입 등이다. 특히 메타버스 이용자가 창작자로 활동하면서 수익을 얻는 비즈니스, 경제활동이 성장하고 있다. 앞으로 더 많고 다양한 경제활동이 메타버스에서 가능하게 될 것이다.

메타버스의 발전 방향과 공간의 재구조화

메타버스는 상호작용과 다양한 콘텐츠를 제공하며 시간과 공간을 확장하는 방향으로 확대되고 있다. 문화, 예술과 엔터테인먼트 분야는 특히 실감나는 경험을 제공할 수 있다는 점에서 빠르게 성장하고 있다. 가상의 공간에서의 전시, 공연뿐만 아니라 현실의 장소에서 중첩된 이미지의 정보를 제공하는 것이 가능하다. 메타버스 공간에서 아바타 등을 이용하여 팬들과의 소통을 넓히고, 공연을 하거나 굿즈를 판매하고, 홍보 공간을 만들어 마케팅을 하는 등 다양한 활동이 개발되고 있다.

더 많은 콘텐츠가 개발되고 서비스될 분야는 교육과 훈련 분야이다. 메타버스 안에서 실감나는 정보를 얻는 것뿐만 아니라 현실에서는 직접 해보기 어려운 다양한 경험과 실험이 가능하다. 특히 디지털 트윈 기술과 결합되면 물리 실험과 제작 활동이 쉬워진다. 훈련 분야도 시뮬레이션 기능을 활용하여 현실에서 구현하거나 반복적으로 하기 어려운 훈련을 가상에서 반복하여 습득할 수 있도록 도와준다. 교육은 바로 생산 및 제조 현장에서 활용되기도 한다. 고글(MS 홀로렌즈)을 쓰고 현실의 객체에 다음 단계의 동작 이미지를 보여주어 매뉴얼 없이 조립 작업, 수술 등을 가능하도록 도와주고 있다.

새롭게 주목받고 있는 분야는 원격업무 분야이다. 코로나19로 인하여 재택근무가 강제되고 활성화된 상황에서 업무 협업을 도와주는 기술로서 메타버스가 주목받고 있다. 직원들이 사무실이 아닌 곳에서 사무실에 있는 것과 같이 원격으로 같이 일하는 실감 환경을 제공하고 협업할 수 있도록 하는 다양한 방식의 제품과 서비스가 등장하고 있다. 사무실을 없애고 가상공간으로 출근하여 근무하는 인터넷 기업도 늘어나고 있다. 사무실과 집이라는 현실공간이 가상공간과 융합되어 새로운 메타버스 공간이 등장하고 있다.

특히 메타버스 공간에서 사람들이 만나고 상호작용하는 방식의 발전이 두드러지고 있다. 자신을 표현하는 아바타와 사진 이미지를 이용하는 것에서 텔레프레즌스(Tele-Presence) 기술로 발전하고 있다. 실제 자신의 이미지와 영상 객체를 가상공간에 등장시키는 것에서부터 현실 공간에 3차원 홀로그램으로 상대방이 옆에 있는 것과 같이 보여준다. 구글의 프로젝트 Starline은 holographic 비디오 콜 기능을 선보이고 있으면, WeWork는 현실 공간에 홀로그램 영상으로 따로 떨어져 있는 사람이 같이 대담을 나누는 것 같은 Holo Presence 기술을 개발하고 있다. 텔레프레즌스 기술과 서비스가 메타버스 자체는 아니지만, 실감성을 높이는 측면에서 향후 이를 기반으로 한 메타버스 서비스가 발전할 것으로 예상된다.

이와 같이 메타버스로 인하여 제3의 공간에서 존재하는 자아로 확장되어 갈 때, 일터는 어떻게 변할까? 앞에서 언급한 텔레프레즌스 기술이 발달할수록 일하는 기능적 공간의 제약은 사라지게 될 것이다. 그리고 많은 사회적 활동이 SNS 속에서 이뤄지게 되면서 자신이 머무는 공간이 나의 중심, 집이면서 회사이면서 동네가 될 것이다. 재택근무, 원격근무라는 일하는 공간을 구분하는 개념이 사라질 것이다.

벌써 재택근무, 원격근무가 일상적인 업무형태로 자리 잡아가면서 더욱 적극적인 행동이 나타나고 있다. 도심을 떠나 휴가지에서 일하는 것이다. 워케이션이란 일(Work)과 휴가(Vacation)의 합성어로 오랜 기간 휴가지에 머무르며 일하는 형태를 의미한다. 일부 디지털 기업과 스타트업은 휴가지에 숙소와 업무 공간을 마련하여 직원들에게 워케이션을 제공하고 있다. 워케이션이 가능해지는 것은 메타버스 기술의 발전 때문이다. 메타버스 공간은 현실적 제약, 가상적 제약이 사라지는 공간을 제공해주는 것만이 아니라, 또한 일하는 곳이 휴가지인 물리적 공간의 변경, 재구조화를 가져오고 있다.

메타버스의 진화와 공간의 재구조화

메타버스는 여전히 진화하고 있는 기술과 서비스이다. 특히 인공지능 기술이 발달할수록 현실세계의 부분이 줄어들고 가상세계, 혼합세계, 변형세계로 세계가 확장되어 갈 것이다. 메타버스는 사회, 공간을 어떻게 재구조화할 것인가?

컴퓨터와 인터넷의 발달로 '가상현실', '사이버 스페이스'가 구현되자, 기술은 다시 현실세계를 가상같이 보이게 하는, 혹은 가상세계를 현실같이 보이게 하는 방향으로 발전을 거듭하고 있다. 그래픽 이미지 기술, VR(Virtual Reality, 가상현실), AR(Augmented Reality, 증강현실) 기술은 현실과 가상이 혼합된 MR(mixed Reality)로 나아가고 있다. 현실세계에서 가상세계로 확장된 공간이 다시 현실세계의 공간을 확장하고 있다. 그 중심에 있는 메타버스 기술은 가상세계에서 현실과 가상이 혼합된 혼합세계로, 현실세계를 변형하는 변형세계로 발전해 갈 것으로 전망된다.

메타버스는 여전히 진화하고 있는 개념이다. 메타버스가 어떻게 정착되고 발전할 것인가를 전망하기 위해서는 메타버스를 가능하게 하는 기술적 측면만이 아니라 인간의 욕구라는 측면에서 메타버스의 의미를 살펴볼 필요가 있다.

인간의 역사는 인간 욕구의 확장 실현의 역사라고 할 수 있다. 인간은 계속해서 자신의 욕구를 이룰 수 있는 능력을 강화하기 위하여 정보 소통 기술(언어, 문자, 인쇄술)을 발전시키고, 더욱 강력한 도구를 개발하고 사용하여 욕구가 구현된 활동 공간을 만들고 확장해 왔다. 교통수단의 발달, 공간의 확장으로 세계는 단일 공간이라는 글로벌화를 이루었다. 인간은 또한 시간적 제약을 극복하기 위한 전파라는 실시간 통신 기술을 개발하여 시간의 확장을 이뤄냈다. 인터넷이라는 통신 기술은 가상공간을 만들어 냈으며, 우리는 현실세계보다 가상공간에서의 활동이 늘어나면서 가상공간은 공간 이상의 가상세계로 확장, 진화되어 가고 있다. 현실적(물질적) 자아에서 가상의(디지털) 자아로 분리되어 가상의 자아가 가상공간에서 사회적 소통, 활동이 이뤄진다는 측면에서 가상공간은 가상세계의 의미를 획득하게 된다. 또한 메타버스는 가상공간에서의 사회적 활동을 경제적 활동 영역으로 확대시켜 주었다.

결국 인간의 역사, 인간의 욕구는 인간 활동을 제약하는 시공간적 한계를 극복하여 공간과 시간을 확장하는 역사였다고 할 수 있다. 그리고 시공간적 확장이라는 글로벌화가 완성된 지금 인간은 자아를 확장하는 단계로 나아가고 있다. 물질적으로 집과 일터, 학교에서 존재하는 자아에서 벗어나 또는 확장하여 제3의 공간에서 존재하는 자아로 자신을 확장해 가고 있는 것이다. 물질적 공간에서의 물질적 자아는 여러 가지 한계를 가질 수밖에 없는 존재이다. 그러나 가상세계에서의 디지털 자아는 시공간적, 물질적 제약을 벗어나 계속해서 비물질적 공간을 만들고 부수고 경험하는 무한 경험의 세계로 자신을 투영하고 있다. 이것이 인간이 메타버스에서 추구하고자 하는 것이며, 메타버스는 이러한 인간의 욕구를 만족시키는 방향으로 공간을 새롭게 구성하는 방향으로 진화해 나갈 것이다.

[참고 문헌]

김상준·김태순(2021). 리부트 메타버스(Re-Boot MVS), 2.0시대로의진화. NIA. 2021.

윤정현(2021), Metaverse, 가상과 현실의 경계를 넘어. Future Horizon+ Vol. 49. 2021. 과학기술정책연구원

이동훈(2021). 지금은 메타버스에 올라탈 시간. KB경제경영연구소. 2021.

Jon Radoff(2021). The Metaverse Value-Chain. 2021. 접속일자: 2022. 3. 3. https://medium.com/building-the-metaverse/the-metaverse-value-chain-afcf9e09e3a7

메타버스 타고 글로벌 가상세계 톺아보기

김상규 한양대학교 학술연구교수

would you like to join me?

우주에 대한 인간의 탐구 욕망은 예나 지금이나 변함이 없는 듯하다. 냉전 시대 소련과 미국은 우주개발 경쟁을 벌였고 냉전이 끝난 지금은 미국과 중국이 미지의 우주에 대한 선점을 위해 도전하고 있다. 미국은 사상 최고 금액을 투자해 아르테미스라는 계획을 시행하고 중국 역시 유인 우주선을 쏘아 올리며 자신들의 세계를 확장하고 있다. 그러나 인류 모두가 우주를 자유롭게 왕래하기에는 아직 현실적으로 해결해야 할 문제가 많이 남아 있다. 하지만 인류의 우주에 대한 '무한도전'은 여전히 현재 진행형이다.

잠시 2008년 2월 4일로 돌아가보자. 미항공우주국(NASA)은 창립 50주년을 기념해 비틀즈의 히트곡인 'Across the Universe'를 북극성으로 쏘아 보냈다. 431년의 세월이 걸린다고 하니 지금도 여전히 날아가는 중일 것이다. 현재로 다시 돌아오면 BTS가 '한 사람의 하나의 별'

인 'Mkrokosmos(소우주)'를 우리 안으로 가져왔고, 볼빨간사춘기는 '은하수를 만들어 어디든 날아가게 우주를 준다'고 약속한다. 그러는 사이 우리 삶을 바꿀 또 하나의 새로운 우주가 열리고 있다. 바로 메타버스(Metaverse)다.

메타버스는 1992년에 미국의 닐 스티븐슨(Neal Stephenson)가 자신의 공상과학 소설 『스노 크래시(Snow Crash)』에서 처음 언급한 말로, '초월'이라는 의미의 그리스어 메타(Meta)와 '우주(Universe)'를 합성해 만든 것으로 3차원의 가상공간을 일컫는다. 2007년 미국의 비영리 단체인 미래 가속화 연구재단(ASF, Acceleration Studies Foundation)에서 발표한 내용을 보면, 메타버스에는 4가지 종류가 있는데, 현실에 외부 환경의 정보를 증강하며 제공하는 증강현실(Augmented Reality), 증강기술을 이용해 일상의 정보와 경험을 저장·캡처·묘사하는 라이프로깅(Lifelogging), 현실세계를 실제처럼 구현한 거울세계(Mirror Worlds)와 체험할 수 있는 가상세계(virtual worlds)가 바로 그것이다.

이 모든 것을 실재적으로 몰입하여 속도감 있게 즐기기 위해서는 기술력을 빼놓을 수 없는데 MR(Mixed Reality, 혼합현실), HR(Hologram, 홀로그램) 등을 포괄하는 가상융합기술(eXtended Reality)은 기본이다. XR은 VR(가상현실), AR(증강현실), MR(혼합현실)을 포괄하는 개념으로 현실과 가상을 넘나드는 메타버스의 기반기술을 표현한다. AR은 우리가 사는 실제적 환경에 가상의 콘텐츠를 겹쳐 보이게 하는 것으로 스마트 기기에 비치는 현실에 디지털 부가 정보를 보여준다. VR은 가상공간에 가상의 상황을 제공하는 것으로 현실세계와 단절된 가상세계에서 물리적 한계를 뛰어넘는 상호작용을 할 수 있다. MR은 인위적으로 만든 공간에 가상 콘텐츠를 혼합하여 제공하는 것으로 스마트 기기에 비치는 현실에 가상세계와 상호작용을 가능하게 한다.[31] 새로운 개념이며 신기술 같지만 스마트폰을 손에 든 우리는 이미 내 안의 작은 '초월적 우주'로 조인할 조건이 구비되어 있다.

메타버스에 올라탄 인간과 가상 인간

인류의 진화는 위기를 어떻게 극복하는가에 달려 있다고 해도 과언이 아니다. 코로나19를 맞이한 인간은 새로운 형태의 삶을 추동했다. 그중 하나가 바로 메타버스 영역이며, 메타버스를 이용한 산업은 이미 우리 사회에 들어와 있다. 현실과 마찬가지로 가상공간에 인간의 활동을 구현하면서 정치, 경제, 사회문화 영역의 새로운 가치를 창출한 것이다.

실제로 2020년 미국 대통령 선거에서 조 바이든은 닌텐도 '동물의 숲' 가상현실 게임 안에서 선거 캠페인을 했고 유권자들은 VR 안경을 착용하고 유세 현장에 참여했다. 국내에서는 SM엔터테인먼트가 2020년 AR, VR, XR과 같은 최신 기술을 적용해 세계 최초 온라인 전용 유료 콘서트인 비욘드 라이브(Beyond Live) 시리즈를 개최했고, 아이돌 그룹 에스파는 2021 엠넷 아시안 뮤직 어워드(MAMA) 무대에서 가상 멤버 4명과 함께 '완전체'로서 공연을 하기도 했다. 이외에도 대학 입학식, 신입사원 교육 등 시공과 영역을 망라하며 활용하고 있다.

제조업 현장에서부터 엔터테인먼트, 그리고 아직 가보지 않은 응용 분야는 무궁무진하다. 증강현실을 활용한 메타버스는 스마트 팩토리를 가능하게 만드는 일등 공신이다. 실제로 유럽 최대 항공기 제조사 에어버스(Airbus)는 항공기 정보를 엔지니어와 3차원으로 공유하는 '미라(MiRA)'라는 증강현실 시스템을 제작에 이용해 항공기 검사에 이용하고 있으며, 독일의 BMW 역시 AR 앱을 활용해 제조 과정에서의 오류를 점검하는 것을 넘어 이제는 3D 협업 그래픽·시뮬레이션 플랫폼인 '옴니버스(Omniverse)'를 활용해 공장 전체를 가상화하려고 시도하고 있다. 현대자동차는 전 세계 현지에서 근무 중인 실무자들이 각자의 아바타로 메타버스에서 디자인 회의를 해 '넵튠(Neptune)'이라는 콘셉트 자동차의 디자인을 구현해 내기도 하였다.

최근에는 여러 매체를 통해 가상 인간의 활약을 엿볼 수 있다. 가장 두드러진 영역은 바로 엔터테인먼트 산업이다. 가상 인간은 실제 모델처럼 거액의 비용을 지급할 필요가 없으며 연예인이 갖는 잠재적 리스크를 줄여 브랜드의 이미지를 훼손할 가능성이 없다. 기술적으로 그 활용도가 무한하여 원하는 형태의 이미지와 역할을 형상화하는 데도 제약이 적다. 또한 소비자가 원하는 형태의 인물을 창조하고 이슈화하여 대중의 이목을 집중시킬 수 있다. 따라서 가상 인간의 활동 영역은 마케팅, 교육, 의료, 금융 등 여러 분야로 확장하는 중이다.

특히 코로나19 이후 점점 더 많은 가상 인간이 대중의 관심을 받으면서 업계는 전례 없는 발전을 거듭하고 있다. 미국의 릴 미켈라는 이미 세계적으로 유명한 인플루언서가 됐다. 팔로워 수는 300만을 넘었으며 샤넬, 프라다 등 글로벌 명품 브랜드의 모델을 하고 음반을 발표했다. 중국에서는 가상 인간이 오디션 프로그램에 출연하거나 명문 대학에 입학해 생활하는 모습을 볼 수 있다. 한국에서 가장 유명한 버추얼 인플루언서는 신한라이프 광고로 대중에 알려진 '로지'로, 인스타그램 팔로워 수는 14만 5,000여 명(2022년 9월 기준)을 넘었고, 2021년 연간 10억 원 넘는 수익을 벌어들였다. 미래의 메타버스 공간에서 얼마나 더 많은 새로운 가상 인간이 만들어질지 기대되는 이유이다.[32]

메타버스 시장 규모 및 전망(단위: 억 달러)[33]

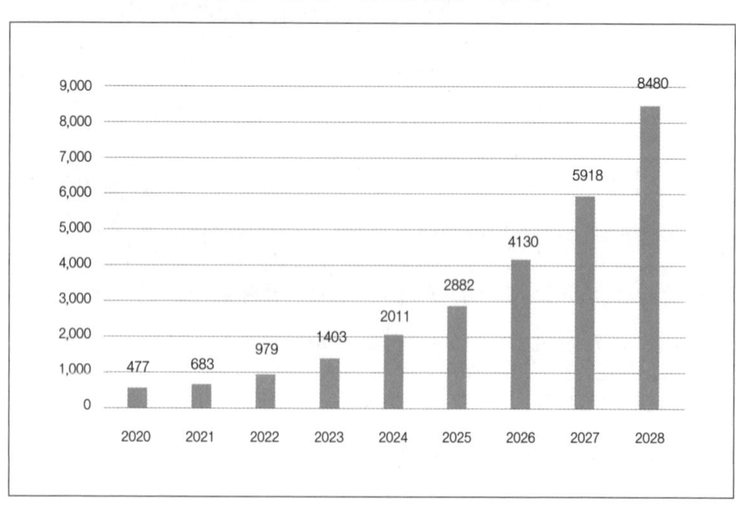

메타버스 킹은 누~규?

앞서 말한 것처럼 메타버스는 이미 우리 일상에 들어와 있다. 하지만 아직 사회 전반에 걸쳐 활성화하기 위해서는 기술과 정책 차원에서 보완하고 발전시켜야 할 부분이 많다. 특히 메타버스를 저변화하기 위해서는 이를 자유자재로 구현할 기술력이 가장 중요하다. 이는 곧 국가와 기업이 메타버스에 대해 어떤 인식과 정책적 의지를 갖느냐와 결부되어 있다. 특히 메타버스를 구현하는 데 필요한 기술은 미·중 기술 갈등과 연동되어 나타나고 있기에 더욱 국가의 정책 설정과 시행이 더욱 중요할 수밖에 없다.

먼저 중국을 살펴보자. 중국은 그 어느 나라보다도 메타버스 발전에 가장 적극적인 태도를 보인다. 중국 정부와 기업은 메타버스가 디지털 분야에서 새로운 경제 성장동력이 될 것으로 판단한 모양새다. 그도 그럴 것이 중국의 경제 발전은 공산당의 업적 정당성을 확보하기 위해 가장 필수적인 조건인데 코로나19로 인한 경제 침체가 지속되면서 새로운 경제 발전의 활로를 찾는 것이 중요한 국가적 사명이 되었고 미·중 기술경쟁 차원에서도 관련 기술의 확보와 발전은 중차대한 일이 될 수밖에 없다. 기업 역시 빅테크 M&A를 통해 새로운 사업 동력을 찾는 방편으로 메타버스 발전에 총력을 기울일 필요가 있다.

현재 중국 정부가 메타버스를 발전시키기 위해 선택한 방법은 초기 인터넷 기업의 발전을 위해 집행했던 정책 수립과 유사한 형태로 보인다. 중국에서 어떤 영역이나 기업이든지 중국 정부의 적극적인 지지를 받는다는 것은 발전과 성공을 할 수 있는 가장 좋은 조건이다. 알리바바가 글로벌 기업으로 성장할 수 있었던 것 역시 당시 항저우의 적극적인 지지가 있었기 때문에 가능했다고 해도 과언이 아니다. 항저우는 메타버스의 발전에 '진심'이다. 항저우는 세계 최초로 메타버스 도시를 구축하겠다고 선언했고 XR산업 발전을 위한 기금 마련과 100개의 지원 프로젝트를 수립했다.

이뿐만 아니라 광저우와 심천 등 과거 인터넷 기업의 출발지였던 도시에서의 메타버스 관련 산업의 발전 전략과 지원정책은 가히 전면적이고 포괄적이다. 국가 차원에서 중앙과 지방정부를 막론하고 다양한 정책 수립과 지원을 아끼지 않고 있다. 이는 중국의 최근 상황만 봐도 충분히 알 수 있다. 2021년 11월 기준으로 중국에서 출원한 '메타버스' 상표는 4,368건이며, 관련 회사는 689개에 달한다. 이 중 2021년에만 4,366건을 신청했고, 688개 업체가 참여했다. '메타버스' 상표의 99.9%가 2021년 등록 출원된 것이다.[34] 일견 시장이 과열되는 것은 아닌지 우려의 시선을 가질 수 있는 상황이지만 중국 정부는 오히려 메타버스를 포함한 새로운 영역의 발전을 독려하는 정책 선택을 하고 있다.

2022년 1월, 중국 공업정보화부는 전국 중소기업 발전상황 발표회에서 "중소기업은 디지털 경제 발전의 주력군이자 디지털 트랜스포메이션의 핵심 요소"라며 메타버스, 블록체인, 인공지능 등 첨단산업에 진출하는 혁신 중소기업의 육성을 강조하였고, 2022년 3월 중국 양회(两会) 정부 업무보고에서는 디지털 경제 거버넌스를 완비하고, 데이터 요소의 잠재력을 풀어내 경제 발전에 기여해야 한다는 점을 명확히 했다. 이 같은 의지를 반영한 듯 2022년 6월에는 중국 공업정보화부 직속 연구기관인 정보통신연구원(CAICT) 주관으로 통신사, 주요 기업 등 70여 개 사가 참여하는 '가상현실 및 메타버스 산업연맹(XRMA)' 창설 계획을 발표했다. 메타버스에 대한 중국인들의 인지도 역시 상당히 높다. 2021년 중국 네티즌을 대상으로 한 조사 결과를 보면 메타버스에 대해 충분히 인식하고 있다는 점을 알 수 있다. 그만큼 중국 내부에서 메타버스에 대해 적극적으로 홍보하고 확대하려는 의지를 갖는다는 것을 추론할 수 있다. 모건스탠리는 중국의 메타버스 전체 시장 규모가 52조 위안(약 9,800조 원)에 이를 수 있다는 전망치를 내놓기도 했다.[35]

메타버스에 대한 중국 네티즌 인식 비율(2021)[36]

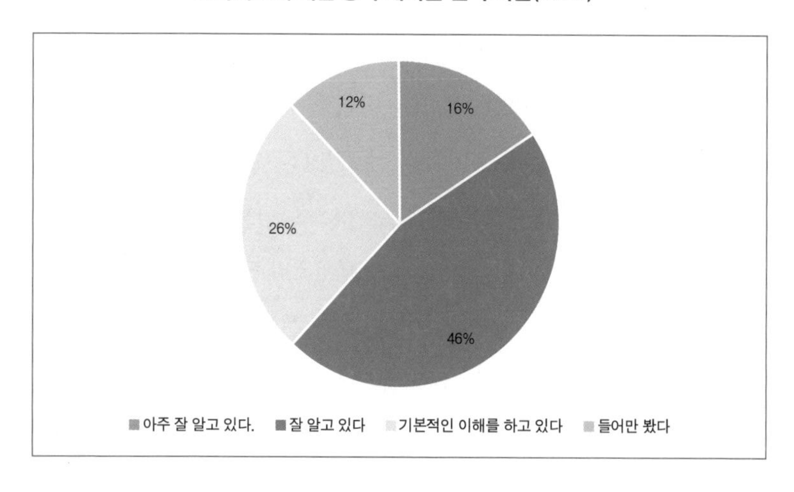

미국 역시 국방부, 보건복지부 등을 중심으로 국가안보·사회·의료 분야에서 XR을 기반으로 하는 교육과 훈련 프로그램을 추진하고 있으며, 2017년부터는 AR 기술개발 및 XR과 인공지능(AI) 융합 등을 지원하고 있다. 미국은 미국 연방정부의 각 부처·기관이 담당하는 ICT 연구개발 활동을 조정하는 프로그램인 NITRD(Networking and Information Technology Research and Development)의 CHuman(Computing-Enabled Human Interaction, Communication and Augmentation)을 개발하기 위해 XR-AI 융합 교육, 가상 재난 체험, 가상 전장환경 구축 등 교육, 공공안전, 국방 분야와 관련한 연구를 진행하고 있으며, 국립표준기술연구소(National Institute of Standards and Technology)는 스마트 제조, 화재 대응, 공공안전을 위한 XR 연구를 진행 중이다.[37]

이외에도 정부의 규제를 풀고 많은 기업이 메타버스 시장에서 경쟁력을 확보할 기회를 제공하고 있다. 민관 협력을 통한 기술개발을 위해 중소기업 R&D 지원정책인 SBIR(Small Business Innovation Research) 프로그램을 이용해 XR 솔루션 개발을 지원하고 있으며, 과학 경쟁력을 선도하기 위한 XR 연구 지원도 추진 중이다. 그러나 그 누구보다 가장 적극적인 것은 미국의 글로벌 IT 기업이다. 구글, 마이크로소프트, 오큘러스 등은 XRA(XR Assoication)를 기반으로 하여 XR와 AI의 기술적 시너지 창출을 위해 추진에 협력하며 메타버스 생태계로의 비즈니스 확장을 시도하고 있다. 가장 선봉에 섰다고 할 수 있는 곳은 페이스북이다. 2021년 10월 페이스북은 회사명을 'META'로 바꾸었다. 페이스북의 '페이스 오프'는 메타버스의 중요성을 가장 명시적으로 보여주는 하나의 사건이라고 할 수 있다.

미국의 주요 경쟁국인 중국이 XR에 적극적으로 투자하는 상황에서 미국도 XR 투자를 늘릴 필요성을 주장하며, 미국 혁신경쟁법안(U.S. Innovation And Competition Act of 2021, USICA)의 핵심기술 분야(Key Technology focus areas)에 '몰입형 기술(Immersive Technologies)'을 명시할 것을 제안하였고, 혁신경쟁법안에 이를 포함시켰다. 하지만 정부의 적극적인 정책 태도와 달리 미국인들의 메타버스에 대한 인식은 상당히 의외의 결과를 보여준다.

미국에서 메타버스에 대한 선호 조사를 한 결과, 응답자 3분의 1은 메타버스가 미래 세대에게 두려움을 느끼게 할 것으로 보았고, 응답자 10명 중 6명은 '어느 쪽도 아니다'라고 대답하고, 메타버스 개념에 익숙하지 않다고 답하는 등 대다수 미국인이 여전히 메타버스에 무관심하다는 결과를 보여주었다. 이는 메타버스에 대한 미국 성인의 친숙도와도 연결된다. 조사 결과 60% 이상의 사람이 메타버스에 대해 '잘 알지 못한다'는 결과를 보여주었다.[38] 미래의 기술력과 관련 사업의 발전과 확산이 중요한 시점에 미·중 양국의 대중이 보여주는 메타버스에 대한 인식 차이는 상당히 흥미로우며, 과연 어떤 결과를 가져오게 될지 중요한 관전 포인트가 될 것으로 보인다.

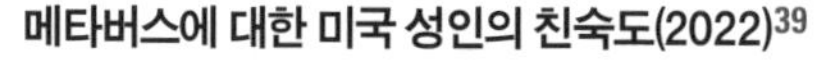
메타버스에 대한 미국 성인의 친숙도(2022)[39]

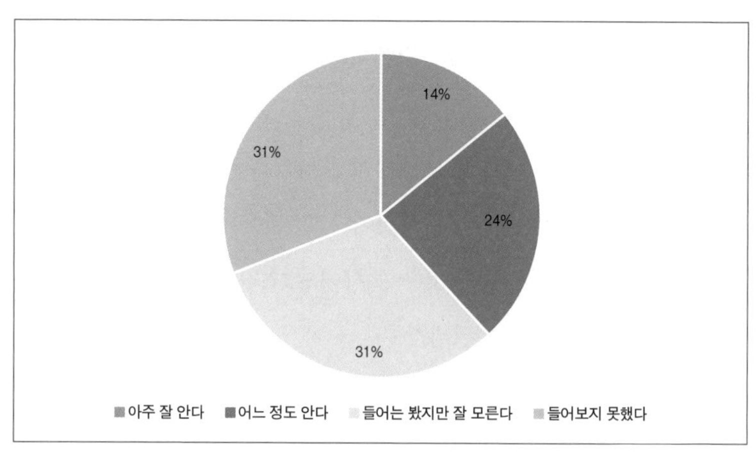

'GOD'이 만든 우주, 인간이 만드는 우주

"내가 가는 이 길이 어디로 가는지, 어디로 날 데려가는지, 그곳은 어딘지, 알 수 없지만 알 수 없지만 알 수 없지만 오늘도 난 걸어가고 있네"

그룹 god의 노래 〈길〉에 나타난 가사를 메타버스에 대입해보면, 과연 우리 삶에 어떤 새로운 길을 만들고 어떻게 영향을 줄지 알 수 없다는 뜻으로 감정이입이 된다. 하지만 개별 국가와 메타버스 업계에서는 기술 개발, 제도 수립, 산업 활용 등을 위한 '빌드업'을 지속하고 있다. 2022년 3월 미국에서 실시한 온라인 설문조사에 따르면 메타버스와 관련해 인터넷 사용자가 가장 걱정하는 것은 개인 데이터의 안전성이었다. 전반적으로 응답자의 55%는 개인 데이터의 추적 및 오용이 주요 관심사라고 지적하고 있다. 또한 온라인 학대 및 사이버 괴롭힘이 2위를 차지했으며 응답자의 44%가 이 문제가 주요 우려사항이라는 점을 언급하고 있다.[40] 가상세계든 현실세계든 아니면 그것을 혼합한 세계든 간에 가장 중요한 것은 결국 인간의 삶을 이롭게 하는 결과로 귀결되어야 한다는 점이다. 그 누구도 부정할 수 없으며 우리가 주목해야 하는 것은 현실과 가상세계가 상호작용을 통해 공진화(Co-Evolution)할 수 있어야 한다는 것이다. 그것이 우리가 가보지 못한, 그래서 가려 하는 대우주와 소우주 사이의 초월적 우주, '메타버스'를 만드는 가장 큰 목적이 아닐까?

3 DIGITAL POWER 2023

메타버스 시대, 일하는 방식의 변화

이승환 소프트웨어정책연구소 책임연구원

일하는 공간으로 주목받는 메타버스

메타버스는 가상과 현실이 융합된 공간에서 사람·사물이 상호작용하며, 경제·사회·문화적 가치가 창출되는 세계이다.[41] 최근 메타버스는 소통과 게임의 영역을 넘어 일하는 공간으로 진화하고 있다. 메타버스에서 현실처럼 공존감을 느끼며, 원활하게 소통하고 자료 공유를 할 수 있는 협업 플랫폼이 늘어나고 시각화, 인공지능 기술이 함께 발전하고 있기 때문이다. 이에 메타버스에서 시공간의 제약을 극복하며, 유연하게 근무할 수 있는 여건이 조성되면서, 메타버스가 일하는 공간으로 주목받고 있다.

2021년 12월 빌게이츠는 "향후 3년 이내 대부분의 회사 회의는 메타버스에서 이루어지게 될 것이다."라고 언급하였다. 메타버스 시대에는 가상공간에서 생활하는 비중이 늘어나게 될 것이다. 유니티(Unity) CEO 존 리치텔로는 "지금까지 만들어진 디지털 콘텐츠의 3~4% 정도가 3D로 제작되었고 이 비중이 나중에는 50%에 달할 것"이라고 언급한 바 있다. 이 가상공간은 과거 우리가 알고 있던 수준을 넘어서는 놀랍고, 지능화된 공간으로 진화하고 있다. 게임을 넘어 우리의 일상, 일하는 공간으로 변모하고 있다. 실제 메타버스를 활용한 다양한 근무형태가 등장하며 일하는 방식의 변화가 시작되고 있다.

메타버스로 출근하는 사람들

프롭테크 기업 '직방'의 직원 350명은 2021년 2월부터 모든 직원이 메타버스로 출근하고 있다. 과거에는 강남역에 있는 오프라인 빌딩으로 출근하다가 이제는 자체 개발한 메타버스 오피스 소마(Soma)에서 일하고 있다. 직원들은 PC로 자신의 아바타를 설정하고 소마에 로그인하여 업무를 수행한다. 가능한 현실과 유사한 공존감을 느낄 수 있도록 가상건물 로비도 있고 엘리베이터를 타고 업무 층에 내리면 회사 동료들을 아바타로 만날 수 있다. 아바타 가까이 가면 동료의 얼굴이 보이면서 이야기할 수 있고 멀어지면 얼굴이 사라지고 소리도 멀어진다. 메타버스 근무로 직원들의 출퇴근 시간이 감소하였고, 어디서든 근무할 수 있어 제주도에서 한 달 살기를 하면서 일하는 직원도 있다. 직방에 입사하기 위한 면접도 가상 오피스에서 이루어지고, 공간의 제약이 없어짐에 따라 글로벌 인재 채용도 가능하다. 또한 1인용 가상 업무공간도 만들어 필요에 따라 집중하여 일할 수 있도록 하였고 영어와 스페인어, 중국어, 프랑스어 등 12개 언어를 지원하고 있다. 2022년 상반기 기준, 직방이 만든 메타버스 건물에는 직방과 아워홈 등 20개 기업이 입주해 있으며 매일 2,000여 명이 메타버스로 출근하고 있다.

게임 기업 '컴투스'는 2,500명의 직원이 일할 가상공간인 컴투버스(Com2Verse) 오피스 월드를 공개했는데 컴투버스로 출근한 신입사원의 하루를 따라가며, 실제 직장생활이 이루어지는 업무모습과 업무환경을 선보였다. 출퇴근, 스케줄 관리, 규모별 회의, 프레젠테이션 등 기본 근무 지원은 물론, 근거리 화상대화 기능 등으로 물리적 거리에 구애받지 않는 메타버스 업무환경을 구성하였다. 컴투버스는 다양한 산업군의 기업들과 함께 이용자들에게 필요한 서비스를 제공할 계획이다. 컴투버스는 2023년 1분기 컴투스 그룹과 파트너 사업자가 이용할 수 있는 오피스와 컨벤션 센터 등을 구축하고, 하나금융그룹, SK네트웍스, KT, 교원그룹, 교보문고, 한미헬스케어, 닥터나우, 푸드테크 등 다양한 기업과 2023년 3분기까지 B2C 서비스를 개발하고 2024년 1분기부터 일반 사용자 대상으로 서비스를 제공할 계획이다.

2009년에 설립되었으며 2018년에 나스닥에 상장한 글로벌 기업 이엑스피 리얼티(eXp Realty)는 20개국이 넘는 국가에서 7만 명이 넘는 직원이 코로나19 팬데믹 이전부터 가상 오피스 이엑스피 월드(eXp World)에서 근무하고 있다. 직원들은 이엑스피 월드를 다운로드 받아 PC로 접속해서 일하고 고객들도 만나며, 메타버스 사무실에서 아바타로 모여서 회의하고, 캠퍼스를 걷거나 자유공간에서 휴식을 취하기도 한다. 이엑스피 리얼티는 2022년 글래스도어(Glassdoor)에서 발표한 가장 일하기 좋은 100대 기업에서 4위를 차지하였다.

워케이션의 부상과 메타버스

코로나19 장기화로 가상근무 시간이 늘어나고, 다양한 메타버스 업무 플랫폼이 등장하고 고도화되면서 워케이션(Workcation) 업무 형태가 주목받고 있다. 워케이션이란 일(Work)과 휴가(Vacation)의 합성어로 오랜 기간 휴가지에 머무르며 일하는 형태를 의미한다. 국내 주요 대기업과 스타트업도 워케이션에 주목하고 도입 중이다.

CJ ENM은 코로나19의 장기화로 일상화된 비대면 근무 환경을 활용하기 위해 제주도에 거점 오피스를 운영하는 워케이션을 추진하고 있다.[42] 제주도 거점 오피스에서 직원들은 본인이 기존에 하던 업무를 한 달간 장소만 바꾸어 그대로 수행하며, 제주점에서 근무하는 직원들에게는 숙박비, 교통비 명목의 지원금 월 200만 원이 지급되며, 근무시간 외에는 자유로운 여가생활이 가능하다. 한화생명은 2021년 7월부터 리모트 워크플레이스(Remote Workplace)를 도입하여 직원들이 새로운 장소에서 일하면서 창의적인 아이디어를 도출할 수 있도록 지원하고 있다. 강원도 양양의 호텔에서 바다를 보며 일할 수 있도록 업무 환경을 조성하고, 일과 후에 요가, 명상 등의 다양한 프로그램 참여를 지원한다. 토스는 2021년 11월, 경상남도 남해군과 협업해서 유휴 공간 한 곳을 숙소 겸 사무실로 활용하고 있다.

에어비앤비 CEO는 코로나 이후 원하는 곳 어디서든 일할 수 있는 워케이션 시대가 열릴 것으로 전망했다. 코로나 이후 수많은 기업이 영구 재택근무를 채택하고, 근무 형태가 유연할수록 비용을 줄이며, 전 세계에서 다양한 재능을 가진 직원을 고용할 수 있게 되었다. 주 5일 출근을 할 필요가 없다면, 우리는 언제든 집을 떠나 어디서든 일할 수 있게 된다. 실제로 2022년 상반기 에어비앤비 예약의 45%는 일주일 이상, 20%는 한 달 이상의 장기 숙박이었다.

업무 생산성 제고, 인재 관리 목적으로 기업의 워케이션 도입이 증가하고 있다. 워케이션은 업무 생산성 향상, 기업 소속 의식 증대, 이탈 방지에도 영향을 미치는 것으로 조사되고 있다. 일본의 경우, 워케이션은 회사에 대한 애착과 소속 의식을 높이고, 워케이션을 실시할 때 업무성과는 20% 높아지고, 업무 스트레스는 37.3% 감소하였으며, 워케이션 종료 후에도 5일간 효과가 지속된 것으로 분석되었다.[43] 국내 설문의 경우에도, 직장인의 85.2%가 워케이션을 긍정적으로 평가하고 있으며, 좋은 복지로 인식하고, 업무에 도움이 된다고 응답하였으며, 직장인 10명 중 8명은 워케이션 도입 기업으로 이직할 의향이 있는 것으로 조사되었다. 워케이션을 위해서는 일하는 시간에 가상공간에 접속해야 하므로 메타버스 업무 플랫폼 활용 비중과 중요성은 더욱 증대할 전망이다.

진화하는 메타버스 업무환경

페이스북에서 사명을 바꾼 메타(Meta)는 가상세계 호라이즌 월드(Horizon Wolrld)를 선보였고 그 안에서 일하는 공간인 워크룸(Horizon Workroom)을 만들었다. VR HMD(Head Mount Display)인 메타 퀘스트를 사용하여 접속하면, 직원들은 각자 자신의 아바타로 가상회의실 테이블에 앉아 다른 참석자들과 소통할 수 있다. 발표도 하고 화이트보드를 사용할 수도 있다. 사용자가 움직이면 아바타도 동작을 따라하고, 공간 오디오 기술을 활용해 위치에 따라 소리가 다르게 들리기도 한다. 화면으로 실제 실물로 사람이 참여할 수도 있어서 다양하게 회의를 진행할 수 있다. 메타는 호라이즌 월드 웹 버전을 출시 예정이다. 이용자는 VR 기기뿐만 아니라 PC, 태블릿 등 다양한 기기를 통해 가상세계에 로그인하고 그 안에서 일할 수 있도록 지원할 계획이다. 메타의 직원 수는 2021년 3월 기준 60,654명이며, 이들은 전 세계 80개가 넘는 도시에서 근무 중이다. 메타는 2021년 6월에 코로나와 상관없이 직원들이 계속 재택근무 할 수 있는 영구 재택근무를 허용한다고 발표했다.

마이크로소프트는 2D 기반의 원격회의 도구 팀즈(Teams)를 3D 가상공간으로 진화시키고 있다. 메쉬 포 팀즈(Mesh for Teams)를 통해 PC 등 다양한 기기를 통해 가상공간에서 이용자들이 만나 협업할 수 있도록 한 것이다. 메쉬 포 팀즈에서는 실시간 번역 기능도 제공될 예정이다. 회의 시간에 한국어로 설명하면, 다양한 언어로 번역되어 이제 우리는 시간과 공간, 언어의 제약을 극복하며 가상공간에서 다양한 협업을 할 수 있게 될 것이다.

구글은 2022년 5월 증강현실(AR) 안경 시제품을 공개했다. 이번에 공개한 증강현실 안경은 실시간 번역 기능을 지원하는 것이 특징이다. 안경을 끼고 있으면 상대방의 말이 번역돼 눈앞에 보인다. 구글은 영어를 못하는 중국인 엄마와 중국어가 서툴고 영어가 편한 딸이 등장해 증강현실 안경을 착용하고 이야기를 나누는 장면을 선보였다.

메타버스 시대, 일하는 방식의 변화에 대비하자

메타버스가 일하는 방식을 바꾸고 있다. 비대면 상황에서 메타버스로 시공간의 제약을 극복하며 유연하게 근무할 수 있는 여건이 조성되면서 메타버스가 일하는 곳으로 주목받고 있는 것이다. 메타버스가 일하는 곳으로 진화하며 영구 재택, 워케이션 등 다양한 형태의 근무를 위한 필수요소로 자리매김하고 있다. 메타버스가 근로자와 기업, 지역에 새로운 가치를 제공하면서 일하는 방식의 혁신을 주도하고 있으며, 근로자 측면에서는 일과 가정의 양립, 출퇴근 시간 절약, 제3의 공간에서 업무 가능 등 긍정적 효과가 존재한다. 또한 기업은 임대비용 감소, 해외 우수인재 유치 등 장점이 존재하고 지역 측면에서는 어느 지역에서나 근무할 수 있어 인구 분산 효과가 발생하여 지역 균형발전 효과도 기대해 볼 수 있다.

기업은 메타버스를 활용한 다양한 근무 형태의 장점을 살리고, 문제점을 파악 및 보완하여 일하는 방식의 변화 방향을 모색할 필요가 있다. 메타버스에서 100% 일하는 방식부터, 부분적으로 다양한 제도와 함께 도입하는 방식까지 메타버스를 업무에 활용하는 범위는 매우 다양하다. 메타버스 근무의 단점에 대한 인식 및 보완도 필요하다. 메타버스를 활용한 영구 재택근무, 워케이션 등으로 기업은 임대료 감소, 글로벌 우수인재 유치 등 장점이 있으나, 근태관리 복잡성, 인사평가 곤란, 도입 비용, 보안 등 다양한 문제도 존재한다. 또한 업무에 묶여 있다는 압박감, 일에 대한 회피, 건강 문제 등에 대한 부작용도 함께 고려하여[44] 이를 반영한 목표관리와 건강관리 지원 방안을 고려할 필요가 있다.

산업과 기업의 특성, 메타버스에서 일하는 방식의 장단점을 고려하여 자사에 최적화된 메타버스 시대의 일하는 방식을 모색해야 한다. 정부도 워케이션 도입 기업 지원 등을 통해 지역을 활성화하는 방안을 검토해 볼 필요가 있다. 워케이션 확산은 관광·숙박 수요 증대 등 지역경제 활성화에 기여하고, 메타버스 출근으로 어느 지역에서도 근무할 수 있어 지역 인구감소 문제해결에도 긍정적인 영향을 미칠 것으로 사료된다. 메타버스 혁명이 시작되었고, 일터에도 변화의 바람이 불고 있다. 새로운 미래를 준비해야 할 시점이다.

4 DIGITAL POWER 2023

NFT의 현재와 미래가치

권세화 한국인터넷기업협회 정책실장

NFT의 혁신성, 희소성

블록체인 기술의 발달로 비트코인, 이더리움 등 다양한 종류의 가상자산과 탈중앙화 금융(Decentralized Finance)과 같은 새로운 금융서비스 형태가 출현하고 있다. 그 가운데 시장에서 가장 잠재적 가치를 지니고 있다고 평가받는 것이 바로 NFT(Non-Fungible Token, 대체불가능한 토큰)이다. 블록체인 기술을 활용해 디지털 콘텐츠에 고유한 값을 부여한 디지털 소유증명을 의미하는 것으로 해당 자산의 소유권(Ownership), 구매자 정보 등을 기록하고 그것이 원본임을 증명하는 부동산 거래에 있어서 등기부 등본과 같은 역할로 활용이 가능하다.

NFT가 시장에서 잠재적 가치를 지닌 것으로 평가되는 이유는 바로 '희소성'에 있다. 디지털 자산의 NFT를 생성하는 것을 민팅(Minting)이라고 하는데, 민팅이 이루어지면 링크 정보, 메타데이터, 민팅을 한 사람, 민팅 일시 등 다양한 내용이 NFT에 기록되고, 그 이후 거래가 발생하면 그 거래 정보도 NFT에 기록된다. 블록체인상에 기록된 정보는 위·변조가 불가능하므로 이들 정보는 매우 신뢰할 수 있다. NFT를 디지털 인증서라고 하는 이유가 바로 여기에 있다. 정확히 표현하자면 복제나 위조가 가능하지만 복제를 하더라도 원본과 품질 차이가 없는 특징을 지닌 디지털 콘텐츠임에도 불구하고, 원본을 구별할 수 있어 원본의 고유성이 내재돼 있고, 원본으로서의 희소성을 유지하고 지닐 수 있다는 특성 때문에 NFT는 '혁신'으로 받아들여진다.

'혁신성', '희소성'이라는 가치를 통해 NFT가 예술·콘텐츠·음악·게임 내 자산(In-Game Assets)의 실행과 소유가 진화하는 모습을 표현한 것으로 긍정적으로 평가받고 있는 반면, 저작권 및 상표권 분쟁에 대한 소식 또한 많이 들려오고 있다. 실제, 정상적으로 NFT 작품이 거래가 되었으나 NFT 작품에 있는 이미지의 저작권자와 NFT 발행자가 다르다는 사실이 밝혀진 사건이 발생했다. 그러나 거래소와 발행인 등 그 누구도 책임지지 않는 사례가 속속 등장하고 있다. 가짜 NFT, 저작권이 없는 NFT 발행, NFT의 구매가 저작권과는 별개로 소유권을 이전받았다는 의미지만 구매자, 참여자는 이러한 사실을 인지하지 못한 경우가 대부분이다.

현재 NFT는 대부분의 국가 금융당국의 규제대상에서 벗어나 있다. 더 정확히 표현하면 암호화폐와 함께 규제대상으로 논의가 진행되고 있으나 현재까지 명확한 법적 정의나 규제를 내리지는 않은 상황이다.

이러한 규제에서 벗어나 있다는 점을 악용한 사기도 상당히 많아 NFT 거래에 주의가 필요한 상황이다. NFT 거래에 있어서 NFT가 무엇인지, 거래 시 구매자가 인수받는 권리가 무엇인지, 저작권은 누구에게 있는지 등 NFT 자체에 대한 구매자의 정확한 이해와 주의가 선행되어야 할 것이다.

NFT의 글로벌 추세

이러한 몇몇 우려들이 있음에도 불구하고 글로벌 시장에서 NFT 거래는 계속 증가하는 추세다. NFT 및 디지털 자산 추적 서비스 DappRadar에 따르면 글로벌 NFT 거래 규모는 2021년 3분기에만 107억 달러를 기록하였다. 이는 전분기 대비 704%나 증가한 수치이며, 2021년 4분기 글로벌 NFT 거래 규모는 분기 거래액 사상 최대 수준인 119억 달러에 달했다.

또한 디지털 수집 관련 Chainalysis의 보고서를 인용한 Yahoo Finance 역시 2021년 NFT 시장이 270억 달러 규모로 성장했다고 보도했다. 디지털 자산 금융 전문 매체인 Cointelegraph 보고서에서 NFT 총 판매량을 카테고리에 따라 분류했는데, 수집품(Collectible)과 미술 작품(Art)이 전체 판매량의 91%를 차지하는 것으로 나타났다.

그밖에도 블록체인 게임 및 암호화폐 수집 시장 데이터베이스인 NonFungible.com에 따르면 2021년에 판매된 NFT의 총 개수는 약 1,450만 개에 달했으며, 이를 구입하기 위해 지출된 총 비용은 138억 달러 수준인 것으로 나타났다.

또한 해외의 경우 NFT 관련 금융 서비스로 NFT 커스터디 서비스, NFT 관련 투자 상품 개발, NFT 담보대출 등으로 다양하다. US뱅크, BNY Mellon 등 대형 은행은 디지털자산 커스터디 서비스에 NFT를 포함하고 있으며 Visa는 전 세계 가맹점 풀을 이용해 경쟁력 있는 지식재산권을 보유한 기업을 발굴하여 NFT 발행을 지원해 향후 Visa카드를 통해 NFT 구입을 가능토록 할 계획이다. 골드만삭스는 NFT, DeFi 등 블록체인 기술 관련 기업들에 대한 상장지수펀드를 준비 중이며

NFTfi는 대출 플랫폼으로 NFT를 담보로 가상자산을 빌릴 수 있으며 가치평가를 지원하고 있다.

국내 주요기업의 NFT에 대한 상황을 살펴보면, 카카오 자회사 그라운드X가 개발한 블록체인 플랫폼 클레이튼(Klaytn)을 기반으로 NFT 발행부터 거래, 소셜네트워크서비스 등 다양한 서비스를 제공하고 있다. 그라운드X는 2020년 6월 카카오톡으로 접속할 수 있는 가상자산 지갑 '클립'과 함께 '카카오 코인'으로 알려진 가상자산(코인) '클레이'를 공개한 데 이어 최근에는 수집품 목적으로 발행된 'NFT 아트' 사업에도 집중하고 있다.

네이버의 경우 2021년 6월, 자회사인 라인에서 블록체인 기반의 일본 내 NFT 거래 플랫폼 'NFT 마켓 β(베타)'를 선보인 데 이어 암호화폐 및 블록체인 자회사 라인 제네시스를 통해 지난 4월 일본에서 NFT 종합 마켓플레이스인 '라인 NFT(LINE NFT)'를 출시하기도 했다. 또한 라인의 글로벌 NFT 플랫폼 자회사 라인 넥스트는 글로벌 NFT 플랫폼 '도시(DOSI)'를 8월 초 개설했다.

NFT와 AML

이렇듯 NFT가 국내외 어디에서나 화두인 것이 사실이다. NFT를 이해하고 활용하기 위해 자금세탁방지(AML, Anti-Money Laundry)와 관련된 부분을 먼저 살펴볼 필요가 있다. NFT는 무한 복제가 가능한 디지털로 존재하지만, 희소성에 기반을 두고 경제적 가치를 부여받고 있다. NFT는 결국엔 디지털 동산(動産)으로 볼 수 있을 것이다. 쉽게 말해 NFT라는 물건이 거래되면서 가치를 평가받게 되었는데, 가치가 평가되었다는 뜻은 결국 경제사회에서 재화로서 사회적 인정과 지위를 득한 것이라 볼 수 있다. 그렇다면 경제사회 구성에 있어 가장 큰 리스크를 뽑자면 불확실성에 있다. 불투명한 자금에 활용되지 않도록 안전장치들을 꼼꼼히 갖추어 금융 소비자의 권리 및 국가의 경제구조 근간을 보호하려는 노력이 반드시 선행되어야 한다.

NFT는 그런 측면에서 자금세탁 활용 이슈가 있어 많은 국가에서 규제논의 시 자금세탁 방지에 초점을 맞추고 있는 상황이다. 국제자금세탁방지기구(FATF) 가상자산 규제 지침에서 NFT를 언급한 바 있으며, 미 재무부의 경우 "미술품 거래를 통한 자금세탁과 테러금융 촉진에 관한 연구(2022. 2.)" 보고서에서 NFT르 언급했다.

「(Study of the Facilitation of Money Laundering and Terror Finance Through the Trade in Works of Art」, Department of the Treasury, 2022.2.
- 제6장 "Emerging Digital Art Market"에서 NFT를 소개하며 "범죄자들이 불법자금을 NFT로 전자거래하여 자금을 세탁하는 데 사용될 수 있다."고 언급했다.

NFT가 정상적으로 거래되고, 투명하게 관리된다는 뜻은 실물경제에서 안정적인 자산으로 자리매김할 수 있다는 것을 의미한다. 따라서 AML 이슈는 정상적인 재화로서의 가치를 인정받는 첫 관문이라 볼 수 있다. AML 이슈를 인지한 상태에서 NFT를 이해할 때 두 번째로 살펴봐야 할 것은 메타버스, P2E 등과 같이 실제 사용 가능한지의 여부, 즉 그 가능성(Possibility)을 따져봐야 할 것이다.

NFT와 메타버스

메타버스에 존재하는 모든 자산을 NFT로 발행함으로써 거래·소유권 증명이 가능하고 가상경제와 현실을 연결하여 '완전한 가상경제'에 도달 가능하다는 기대도 고조되고 있다. 쉽게 말해 메타버스에서 물건을 살 때 지불수단, 물건 자체, 소유권 서류 등 다양하게 활용될 수 있다는 점이 높게 평가받는 이유다. 메타버스에서 다양한 경제주체들이 디지털 자산의 소유권을 증명하고 안전하게 거래하기 위해서는 NFT가 필수적이며, 나아가 메타버스 사용자가 NFT를 비롯한 디지털 자산을 통해 얻은 소득이 실물화폐로 환전이 가능해지면 실물경제와 가상경제의 융합 경제활동이 더욱 촉진될 것으로 보고 있다.

최근에는 기존의 가상자산 거래소, 블록체인 전문기업뿐만 아니라 빅테크 기업도 NFT 사업에 진출하며 영역을 확장 중에 있다. 특히 페이스북은 지난 2021년 10월, 사명을 메타(Meta)로 변경하며 메타버스 플랫폼을 구축하고 NFT를 이용하여 온라인 경제활동도 가능하도록 지원할 계획임을 발표했을 정도다.

또한 NFT 적용 필요성에 대한 인식과 함께 메타버스에서의 NFT 발행비율이 점차 많아지고 있다(2020년 기준, 메타버스(25%), 예술작품(24%), 게임(23%)). NFT는 메타버스에서 개인 신원을 증명하는 디지털 ID 역할도 수행한다. 사용자가 정의된 NFT 기반 아바타를 통해 메타버스에서 디지털 아바타의 신원을 증명할 수 있으며 블록체인에서 생성된 이 아바타는 어느 한 메타버스에서 다른 메타버스로 전송할 수도 있다.

모든 경제가 통화를 필요로 하듯 메타버스도 몰입형 가상 경제이기에 지불 수단이 필요하지만 가상세계에서의 활동과 상호작용은 모두 사용자의 아바타를 통해 이루어지기 때문에 달러, 원 등 기존 전통적인 지불수단인 현금으로는 가상세계 내에서 거래가 불가능했다. 하지만 가상화폐를 사용하면 모든 가상세계에서의 거래가 자연스럽게 이루어지며, 이를 뒷받침하는 블록체인 기술은 거래의 안전성과 신뢰성을 높이기 때문에 속도, 투명성, 보안이 기본이 되는 메타버스 세계에서 가상화폐는 이제 선택이 아닌 필수 요소가 되고 있다.

그럼에도 불구하고 혹시 가상공간인 메타버스에 대한 이해가 부족해 NFT의 가능성을 확신하지 못하겠다면, 영화 〈인셉션〉 또는 웹툰 〈달빛조각사〉를 살펴보길 것을 추천한다.

NFT와 P2E

영화 〈인셉션〉과 웹툰 〈달빛조각사〉의 가장 큰 차이점은 '게임'이냐 아니냐라는 점에 있다. 메타버스에 게임이라는 단어가 들어가는 순간, 대한민국에서 NFT는 게임산업법의 강력한 사행성 우려에 기반을 둔 규제에 부딪히게 된다.

우리나라에서는 NFT를 적용한 게임에 대해 등급분류심의를 제외하고 있다. 쉽게 말해 게임 출시가 불가하다. NFT가 게임 속 메타버스에서 활용되더라도 결국 NFT를 현금화하는 시도와 행위는 사행성을 조장한다는 이유로 등급분류 자체가 불가하다. 참고로 게임의 등급분류를 국가에서 법으로 강력하게 통제하는 나라는 사실상 우리나라밖에 없으며, 사행성 우려 대응 중심의 법규제는 게임산업의 확장 시도를 위축시키는 요인으로 지적되고 있다.

P2E(Pay to Earn), '즐기면서 돈을 번다'라는 이 명제는 국내 게임산업에서 사행성으로 취급받는 규제대상이다. 게임물관리위원회는 P2E 게임의 사행성 여부를 완전히 배제할 수 없다는 입장이다. 게임을 통해 얻은 아이템을 NFT를 매개로 현금화할 수 있다면 게임 이용의 결과물을 재산상 이익으로만 극대화하는 부작용이 발생한다는 것이다.

결국 NFT를 활용한 게임, P2E 관련 이슈에 있어서 한국은 해외시장에서 이미 뒤처지고 있다. P2E 게임은 글로벌 게임업계의 트렌드로 이미 해외에서는 경쟁적으로 출시 중이나, 국내에서는 P2E 게임을 서비스할 수 없어 국내 게임시장의 글로벌 경쟁력도 약화되고 있는 현실이다. 현재 우리 게임업계가 NFT를 활용한 게임을 만들 수 있는 방법에는 아이러니하게도 국내 출시를 하지 않은 것, 즉 글로벌 게임을 만들어 해외에만 배포하는 방법이 있다. 철저히 대한민국만 배제하는 게임을 만들어야 살아남는 이상한 상황에 놓여 있는 것이다.

물론 사행성 논란에서 P2E가 무조건적인 자유를 허용해달라고 할 수는 없을 것이다. 다만 NFT, 가상자산, 메타버스라는 디지털 변화 속에서 새로운 방향성들이 제시되어야 할 시기가 오고 있는 것은 사실이다. 한국은행의 CBDC 도입 연구, 금융위의 디지털자산 기본법 제정 검토, 금감원의 디지털자산 감독기구 검토 등 변화에 맞게 이용자, 소비자를 보호하고 산업계를 발전시키는 두 마리 토끼를 잡기 위해 정부 부처 간 다양한 활동이 진행되고 있다. 그러나 P2E 게임의 경우 사행성이라는 기존의 우려 속에서 한 걸음도 나가지 못한다면, 국내 게임 산업, 더 나아가 블록체인을 기반으로 한 NFT 그리고 NFT와 연관된 메타버스 산업으로 대표되는 융복합 경제의 미래 전망은 밝지 않을 것이다. 정부는 무조건적인 규제 일변도 정책방향을 고수하기 보다는 지금이라도 산업을 성장시킬 수 있는 방향을 연구하고 글로벌 트렌드에 뒤처지지 않도록 하는 제도적 정비를 고민해야 할 때이다.

해외 NFT 규제 동향

해외의 경우 NFT를 어떻게 규제하고 있는지 살펴보자. 세계 각국에서 가상자산과 관련해 규제를 도입하거나 도입을 준비 중이다. 다만 NFT의 경우 대부분의 국가에서 아직 법적, 규제적 접근을 신중히 검토하고 있는 중이다. 그 이유는 바로 앞서 언급한 AML, 증권성 판단 여부 이슈 때문이다.

비트코인, 이더리움, 그리고 많은 논란이 된 테라, 루나 사태까지 많은 가상자산의 탄생 배경에는 탈중앙화라는 이념적 가치가 존재한다. 그런 측면에서 각국은 AML 이슈를 민감하게 보고 있고 그에 대한 법적, 제도적 장치들을 가져야 한다고 생각하고 추진하고 있다.

또한 검토되는 부분은 파생성, 증권성 판단 여부이다. 유럽의 경우 유럽집행위원회에서 NFT가 한정적인 교환수단이며 쉽게 교환이 불가하다는 특성을 고려해 가상자산의 범위에서 NFT 제외하였으나, F-NFT의 경우 대체 가능하므로 이는 EU가상자산시장법안 MiCAR(Markets in Crypto-Assets Regulation)의 규제대상 또는 MiFID Ⅱ(EU 금융상품투자 지침 2)의 규제대상이 될 소지가 있다고 봤다.

영국 영업행위감독청(FCA)는 NFT에 대한 명확한 규제지침을 제시한 바는 없으나 토큰을 규제토큰(Regulated Tokens: Security and e-Money Tokens)과 비규제토큰(Unregulated Tokens)으로 구분하고 있으며, NFT는 규제토큰과 비규제토큰 사이에서 경계가 모호한 것으로 보고 있다.

미국의 경우 NFT과 관련하여 현재까지 직접적으로 규제하고 있는 상태는 아니지만 증권거래위원회(SEC)의 경우 NFT가 투자계약증권에 해당하는 경우에는 증권규제로 적용하고 있다. 쉽게 말해 유럽, 영국, 미국의 경우 NFT 자체에 대한 문제보단, 현재 시장에서 논란이 되는 증권성, NFT를 활용한 증권성 유무에 따른 규제를 하고 있다.

반면 일본의 경우 가상자산, NFT 등이 제도적인 정비를 일부 마친 상태로, NFT에 대한 규제는 자율규제 차원에서 이루어지고 있다. 일본 암호자산비즈니스협회의 NFT비즈니스 가이드라인을 제시하고, 블록체인컨텐츠협회에서 NFT를 이용한 사업·서비스를 함에 있어 그 대상이 되는 NFT가 법상의 규제대상이 되는지 개별적·구체적으로 검토가 필요함에 따라, 다음과 같은 가이드라인을 통해 NFT의 유형을 판단하고 규제대상인지의 여부를 살펴보고 있다.

NFT를 취급하는 사업자가 유의할 점

① 거래대상의 법적 성질: 법률상의 권리 그 자체 또는 해당 권리 등에 근거하여 이용할 수 있는 계약상의 지위인지
② 거래의 구체적인 내용: NFT의 구매자는 무엇을 할 수 있고, 무엇을 해서는 안 되는지, 유저가 알아야 중요 사항
③ 거래에 관한 규칙: NFT의 2차 거래, NFT 취득자에게의 조건승계, 무권한 발행 NFT나 권리침해에 대한 대응

국내법 현황

국내의 경우는 어떠한 상황일까? 21대 국회에서 가상자산 관련 법안이 26건, 메타버스 관련 법안이 7건 등 33건(2022년 6월 기준)의 관련법들이 발의되어 있다.

21대 국회 가상자산 관련 법안 발의 및 의견 제출 현황

연번	법안명	주요내용	발의자	제안일
1	전자금융거래법 일부개정법률안/2100590	- 가상통화의 정의규정 마련 - 가상통화취급업의 인가, 이용자 보호 의무와 금지행위 규정 등	박용진	2020.6.16.
2	특정 금융거래정보의 보고 및 이용 등에 관한 법률 일부개정법률안/2107702	- 가상자산사업자에게 시세조종행위 등 불공정거래행위 금지, 가상자산의 불법 유출 방지 의무 부과	이주환	2021.1.27.
3	가상자산업법안/2109935	- 가상자산업의 정의규정 마련, 가상자산사업자의 신고 등에 대한 규정 신설 - 가상자산사업자에게 이해상충의 관리의무 및 설명의무 부여 등	이용우	2021.5.7.
4	특정 금융거래정보의 보고 및 이용 등에 관한 법률 일부개정법률안/2110130	- 현행법의 가상자산과 가상자산사업자의 정의를 「가상자산업법안」의 규정과 일치 등	이용우	2021.5.14.
5	가상자산업 발전 및 이용자 보호에 관한 법률안/2110190	- 가상자산사업자의 등록 및 신고 등에 관한 사항 규정 등	김병욱	2021.5.18.
6	가상자산 거래에 관한 법률안/2110312	- 가상자산사업자의 구체적 인가요건 규정 - 무인가 영업행위 목적의 계좌 대여 알선 및 중개 행위 금지 등	양경숙	2021.5.21.
7	전자금융거래법 일부개정법률안/2110447	- 가상자산의 정의규정, 가상자산취급업의 등록 등에 대한 규정 신설 - 이용자 보호 의무 및 금지행위 규정 등	강민국	2021.5.28.

연번	법안명	주요내용	발의자	제안일
8	가상자산 거래 및 이용자 보호 등에 관한 법률안/2111459	- 가상자산 및 가상자산거래업의 정의 규정 마련 가상자산거래업자에게 예치금 신탁, 설명, 백서공시 의무 부여 등	권은희	2021.7.9.
9	자본시장과 금융투자업에 관한 법률 일부개정법률안/2111460	- 자본시장법상 집합투자기구가 가상자산에 투자가 가능하다는 것을 명확히 규정	권은희	2021.7.9.
10	디지털자산산업 육성과 이용자 보호에 관한 법률안/2111771	- 가상자산을 디지털자산으로 규정 - 디지털자산사업자의 미등록 영업행위 금지, 디지털자산에 대한 심사 규정 등	민형배	2021.7.27.
11	전자금융거래법 일부개정법률안/2111860	- 가상자산 및 가상자산사업, 가상자산사업자 및 가상자산이용자에 대한 정의규정 마련 - 가상자산이용자의 피해구제 및 보호 방안 등	배진교	2021.8.2.
12	특정 금융거래정보의 보고 및 이용 등에 관한 법률 일부개정법률안/2111912	- 가상자산사업자의 신고수리거부의 사유인 실명확인 가능한 입출금 계정 확보 요건 삭제 등	조명희	2021.8.4.
13	특정 금융거래정보의 보고 및 이용 등에 관한 법률 일부개정법률안/2111949	- 금융회사 등이 가상자산사업자에 대한 신고의무 이행 조건부 실명확인입출금계정을 개설할 수 있도록 규정 - 가상자산거래 전문은행 제도 도입 등	윤창현	2021.8.6.
14	특정 금융거래정보의 보고 및 이용 등에 관한 법률 일부개정법률안/2112119	- 가상자산 시장에서도 시세조종행위 금지 - 기존 가상자산사업자에 대한 신고유예기간 연장 등	이영	2021.8.19.
15	가상자산산업기본법안 /2113016	- 가상자산 산업에 대한 정의규정 마련 - 가상자산사업자의 인가, 불공정행위의 금지 규정 등	윤창현	2021.10.28.

연번	법안명	주요내용	발의자	제안일
16	전자금융거래법 일부개정법률안/2113071	- 가상자산의 정의 명확화 - 가상자산사업자의 의무 규정 등	정희용	2021.11.2.
17	가상자산산업 발전 및 이용자보호에 대한 기본법안/2113168	- 가상자산산업에 대한 정의 및 관련 규정 마련 - 이용자 보호 의무와 금지행위, 처벌조항 규정 등	김은혜	2021.11.8.
18	특정 금융거래정보의 보고 및 이용 등에 관한 법률 일부개정법률안/2113078	- 모든 가상자산사업자에게 투자자 보호 센터 설립 의무 부여 등	김홍걸	2021.11.2.
19	소득세법 일부개정법률안/2114492	- 가상자산소득 5천만 원 이하에 대해 비과세, 세율을 금융투자소득 과세와 동등하게 규정	윤후덕	2022.1.20.
20	소득세법 일부개정법률안/2114573	- 가상자산소득을 금융투자소득으로 분류하여 다른 금융상품의 소득과 합쳐 5천만 원까지 공제	노웅래	2022.1.26.
21	소득세법 일부개정법률안/2114962	- 가상자산소득에 대해 5천만 원을 기본공제 금액으로 하고, 과세표준이 3억 원 이하인 경우 100분의 20, 3억 원을 초과하는 경우 그 초과액에 대하여 100분의 25의 세율을 적용	조명희	2022.3.24.
22	소득세법 일부개정법률안/2115852	- 가상자산 소득 과세 시행일을 25년 1월 1일로 2년 유예	유경준	2022.6.9.
23	소득세법 일부개정법률안/2115876	- 가상자산소득 5천만 원 이하에 대해 비과세, 세율을 금융투자소득 과세와 동등하게 규정	김태년	2022.6.10.
24	유사수신행위법 일부개정법률안/2115902	- 예치한 가상자산의 전액 또는 이를 초과하는 가상자산을 지급할 것을 약정하고 금전 또는 가상자산을 받는 행위를 유사수신행위 중 하나로 규정하여 금지	이용우	2022.6.13.
25	소득세법 일부개정법률안/2115952	- 가상자산 소득 과세 시행일을 2025년 1월 1일로 2년 유예, 기본 공제금액 5천만 원으로 상향	정희용	2022.6.15.

연번	법안명	주요내용	발의자	제안일
26	유사수신행위법 일부개정법률안/2116104	- 가상자산을 조달하는 것을 업으로 하는 행위로서 가상자산을 이용하여 현행 유사수신행위에 준하는 행위를 하는 것도 유사수신행위에 포함시켜 처벌할 수 있도록 규정	양정숙	2022.6.23.

각 법안의 제안 이유와 내용을 들여다보면, 디지털자산에 대한 기본적인 정의부터 최근 논란이 된 루나 테라 사태를 막자는 취지로 발의된 법들이다. 또한 아직 미지의 영역인 메타버스라는 가상의 공간을 현실과 같이 정의하거나 법적으로 제재하는 법안들이 다수를 이루고 있다. 정확히 살펴보자면 NFT를 정의하거나 규제하는 내용이라기보다는 NFT가 실제 활용되거나 활용될 수 있는 메타버스, 가상자산, 디지털자산 등을 규율한 법들이다.

21대 국회 메타버스 관련 법안 발의 및 의견 제출 현황

연번	법안명	주요내용	발의자	제안일
1	메타버스산업 진흥법안/2114358	- 메타버스진흥기본계획 수립 및 메타버스산업진흥위원회 설치 규정 등	김영식	2022.1.11.
2	가상융합경제 발전 및 지원에 관한 법률안 /2114545	- 가상융합경제 정의 - 가상융합산업 기술개발 촉진 및 육성 발전에 관한 사항 규정 등	조승래	2022.1.25.
3	소득세법 일부개정법률안/2114784	- 정보통신망을 이용해 가상의 사업장을 운영하는 경우 사업자의 납세지를 별도 지정할 수 있도록 규정	유경준	2022.2.17.
4	성폭력범죄의 처벌 등에 관한 특례법 일부개정법률안/2115468	- 가상공간에서 아바타 등을 대상으로 이루어지는 성폭력에 대한 처벌 규정을 명시	민형배	2022.5.2.

연번	법안명	주요내용	발의자	제안일
5	부가가치세법 일부개정법률안/2116050	- 메타버스 사업자와 같이 정보통신망을 이용해 가상의 사업장을 운영하는 경우 사업자의 납세지를 별도 지정할 수 있도록 규정	유의동	2022.6.20.
6	메타버스콘텐츠진흥법안/2116158	- 메타버스 콘텐츠사업자에게 표준 계약서 사용 권고, 이용자에게 거부권, 설명요구권 부과 등 규정	김승수	2022.6.27.
7	정보통신망 이용촉진 및 정보보호 등에 관한 법률 일부개정법률안/2116686	- 가상공간에서 아바타를 이용해 성적 수치심이나 혐오감을 일으키는 행위, 스토킹 행위 금지	윤영덕	2022.7.27.

앞서 해외 사례에서 보았듯이 우리나라의 NFT 역시 증권성 판단 유무에 따라 자본시장법을 적용받을 수 있다. 파생형 금융상품으로서도 NFT가 다뤄지면서 예의주시하는 상황이다. 다만 수많은 법들이 나오고 있지만 아직까지 미지의 영역에 대한 선부른 규제가 되지 않도록 개별법들의 신중한 검토가 필요한 시점이다. 특히 미래 신산업의 발목을 잡지 않기 위해서는 무엇보다 기존의 규제틀을 벗어난 사고와 접근이 필요할 것이다.

결론 및 시사점

NFT는 현실과 가상의 세계에서 사용할 수 있는 재화의 역할을 할 수 있을 것이며, 지금도 그런 역할을 하고 있다. 미술계에서 더욱 알려지고 상용화된 NFT가 새로운 세상의 질서를 만들어 가는 중심축으로 자리매김할 것으로 보인다. 앞서 언급한 NFT의 특성인 희소성은 단순히 게임 아이템을 얻는 수준으로 취급할 것이 아니다. NFT는 현실과 가상공간을 이어주는 귀한 물건이자 담보물, 즉 경제적 가치성이 있는 물건으로 다뤄질 수 있다. 그리고 앞으로 NFT의 표준화가 이루어진다면 서로의 NFT가 각기 다른 영역에서 점차 넓어질 것으로 쉽게 예상할 수 있다.

NFT의 미래가 밝은 이유는 무엇보다 상용화에 있다. 많은 가상화폐들이 있지만 결국 중요한 것은 실물에서 화폐와 같이 사용할 수 있는지의 여부다. 이러한 점은 전문가들 사이에서도 항상 논란이 된다. 그러나 NFT의 경우그 논란을 피할 수 있는 가능성을 엿보았다고 할 수 있다.

또한 NFT는 확장성도 가지고 있다. NFT는 미술계에서 특히 많이 사용되고 있으나 스포츠계, 게임, 방송 등 다양한 분야에서 활용 가능하다. 가령 A게임의 NFT를 B게임으로 가져가 사용한다거나, 개별 NFT를 합쳐 새로운 NFT를 만드는 등의 다양한 확장성을 지니고 있다.

마지막으로 NFT는 인간 본연의 소유욕을 자극시킨다. 메타버스가 세상, 환경설정이라면 가상화폐는 지불수단이면서 언제나 사라질 수 있는 화폐인 반면, NFT는 나만이, 내가 가지고 싶은, 가질 수 있는 '유일무이한' 희소성을 지니고 있다는 점에서 큰 차이가 있다.

NFT가 가져올 또 하나의 세상, 미래가치는 경험한 듯 경험하지 않은 디지털, 가상, 그리고 현실에서 점차 변화되고 성장할 것이며 우리는 그 변화의 중심에서 새로운 미래를 만들고 준비해야 될 것이다.

DIGITAL POWER
2023

Part. 4

디지털 패러다임과 사회 변화

1 DIGITAL POWER 2023

공공 디지털 플랫폼 실효성 발휘의 조건

홍길표 백석대학교 교수

공공 디지털 플랫폼이 자생적 확장성을 가지려면

오늘날 우리가 살고 있는 경제의 특징을 다양한 측면에서 조망해 볼 수 있겠지만, 그중 가장 중요한 특징의 하나로 디지털 플랫폼이 지배력을 발휘하는 경제를 꼽아도 큰 무리는 없어 보인다. 그만큼 민간 부문을 중심으로 발전·확산하고 있는 디지털 플랫폼은, 경제활동은 물론 우리의 일상적인 삶에 지대한 영향력을 발휘할 만큼 그 활동의 영역과 지배력을 확장해 나가고 있다. 그렇다면 정부를 포함해 공공 부문이 운영하는 디지털 플랫폼, 즉 공공 디지털 플랫폼도 민간 기업이 주도적으로 운영 중인 디지털 플랫폼과 같이 확장·발전해 나갈 수 있을까?

이 시점에서 새롭게 출범한 윤석열 정부는 일반적인 디지털 정부를 넘어서 디지털 플랫폼 정부를 구현하겠다는 야심찬 계획을 발표하였다. 이에 따라 그간 정부 및 공공기관을 중심으로 운영하던 각종 공공 서비스 제공 정보시스템을 디지털 플랫폼으로 전환하려는 다양한 시도가 벌어질 것으로 예상되지만, 과연 민간과 같은 자생적 확장성을 지닌 디지털 플랫폼이 공공 부문에서도 제대로 만들어지고 또한 운영될 것인지에 대해서는 아직 의구심이 완전히 해소되지 못한 상태이다.

과연 양면 또는 다면 네트워크 효과를 기반으로 민간 부문에서 다양한 고객의 니즈를 충족시킴은 물론 시장지배력을 넓혀 나가고 있는 디지털 플랫폼의 개념 및 운영원리가 정부가 포함된 공공 부문에서 논의하는 공공 디지털 플랫폼에도 그대로 적용될 수 있을까? 더 나아가 민간 부문에서 빠르게 확산되고 있는 디지털 플랫폼 생태계 원리 및 그 확장성을 공공 부문에도 접목해 볼 수 있을까?

필자는 얼마 전 소프트웨어정책연구소에서 발간하는 『SW중심사회』(2022년 8월호)에서 '공공 디지털 플랫폼, 생태계적 관점의 적용과 확장 가능성'이라는 짧은 글을 통해 이 문제를 논의한 적이 있었다. 초기 단순한 전자정부(e-Gov) 서비스를 넘어서 발전하고 있는 원스톱서비스(다양한 행정서비스를 한 곳에서 처리해 제공) 모형이나, 정부 포털서비스(하나의 웹 사이트 또는 모바일 앱에 관련 업무기능을 집중해 필요한 정보 및 서비스를 제공) 모형들은 이미 디지털 플랫폼의 기술적 기본 요건을 갖추고 있다고 평가할 수 있다. 다만 외부 고객에게 서비스를 제공하는 공공 디지털 플랫폼의 상당수는 서비스 공급자가 정부 및 공공기관으로 한정되어 있으며, 사전에 정해진 서비스를 수혜자에게 전달하는 공급사슬 플랫폼 모형에 해당하는 경우가 많다.

우리들이 관심을 갖는 애플이나 우버, 한국의 카카오나 토스 등과 같은 개방형 디지털 플랫폼, 더 나아가 자생적 확장성을 지닌 디지털 플랫폼 생태계로 발전해 나가기 위해서는 제3개발자와 경계자원의 수직·수평형 서비스 통합과 외부 개방성 수준을 높이는 산업 플랫폼 모형으로 전환하는 것이 필요하다. 문제는 원론적 수준에서의 개선 방향성을 말하기는 쉽지만, 그것의 실현 가능성을 담보하기는 정말로 쉽지 않은 과제라는 점이다.

민간 대비 공공 디지털 플랫폼의 특성 및 장애요인

민간에서 적용되는 디지털 플랫폼의 운영원리가 기술적 측면에서 공공 디지털 플랫폼에 적용할 가능성은 높지만, 플랫폼의 운영과 관련된 핵심자원 및 이익의 통제 측면에서는 전혀 다른 거버넌스 원리가 적용되고 있다. 민간에 있어서는 핵심자원 및 이익에 대한 소유와 전유(Appropriation) 원칙이 적용되는 반면, 공공에 있어서는 공유와 개방 원칙이 적용된다. 양자의 차이는 플랫폼에의 자원투입 및 가치창출 방식, 사용자의 선택 및 사용대가 지불방식, 플랫폼을 통해 창출되는 잉여이익의 배분 문제 등에 적용된다. 무엇보다 플랫폼의 소유주(국가 또는 정부)를 대리하는 공무원(보다 넓게는 공직에 봉사하는 공직자)의 행위동기 및 행태가 민간의 사적 소유주와는 크게 다른 차이를 보인다. 즉 행정 책무성(Accountability)을 중시하는 공무원들은 과정상의 적법성 준수와 함께 결과상의 책임부담 원칙을 중시하기 때문에 제도나 시스템상으로는 공익을 최우선시 하지만 실제적인 행동은 보수적으로 나타나게 되는 한계를 극복해 나가야 한다.

한편 오늘날 주목받는 자생적 확장성을 지닌 디지털 플랫폼 생태계를 이해하기 위해서 다면플랫폼(Multi-Sided Platform) 자체의 기술적 시스템 속성과 함께 사회적 소유권 제도에 기반한 소유주 특성, 제3

개발자 참여 방식, 그리고 이들 간의 인터페이스 역할을 하는 경계(개방성의 정도)의 역할에 대한 연구가 필요하다. 앞서 언급한 '공공 디지털 플랫폼, 생태계적 관점의 적용과 확장 가능성'이라는 필자의 글에서는 디지털 플랫폼 생태계 관점에서 민간 부문과 공공 부문의 차이를 좀 더 자세하게 비교하고 있다. 그 차이는 다음 그림에서 압축적으로 살펴볼 수 있다.

생태계 관점에서의 민간과 공공 디지털 플랫폼 비교

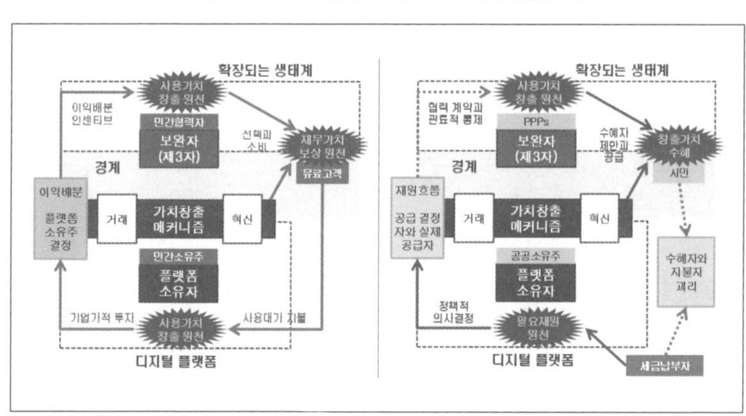

민간에서 작동되는 디지털 플랫폼은 소유와 전유의 원칙에 따른 핵심자원 및 이익 통제, 경계자원 관리 및 적정 이익 배분을 통한 생태계 외연의 확장, 그리고 생태계가 확장될수록 커지는 창출가치의 혜택을 누리는 사용자(주로 유료 고객층)의 사용대가 회수 등을 통해 디지털 플랫폼 그 자체의 규모는 물론 관련 생태계의 영역이 확장되는 강화루프를 지니고 있다.

이에 비해 공공 디지털 플랫폼에서는 생태계의 확장성 강화루프가 잘 작동하지 않는다. 앞의 그림을 통해 보듯이 민간에서는 잘 돌아가는 확장성 강화루프의 2군데가 단절되어 있기 때문이다. 그 하나는 공공 디지털 플랫폼 소유주(대리인으로서의 공무원)의 행위자 특성 및 거버넌스 특성이 다르기 때문이다. 이들은 통상 조달되는 재원의 범위 내에서 플랫폼을 구축·운영하려고 하며, 자신들의 책무성이 훼손되지 않는 방식으로 제3개발자 참여유인 및 경계자원을 관리하려는 속성을 지닌다. 여기에 공공 디지털 플랫폼의 수혜자와 플랫폼 재원(통상 세금)의 지불자 간 불일치 현상이 발생한다. 수혜자에게 돌아가는 가치가 커진다고 이것이 자동적으로 플랫폼 재원의 확대로 이어지지 않는다. 공공 디지털 플랫폼이 자생성을 기반으로 그 규모를 확대하고, 이를 통해 생태계의 외연을 확장하지 못하는 근본적 이유이다.

공공 디지털 플랫폼의 발전 및 실효성 발휘의 조건 탐색

오늘날 민간 디지털 플랫폼은 특정 산업영역의 시장지배는 물론 이질적인 산업 간 융합을 이끄는 거대한 힘으로 작동하고 있으며, 이 과정에서 이용자들에게는 한 곳에서 필요한 다양한 서비스를 편리하게 제공하며, 젊은 사업가들에게는 새로운 창업의 기회를 제공하는 디지털 플랫폼 생태계로 발전하고 있다. 정부 및 공공 부문에서 운영되는 공공 디지털 플랫폼도 플랫폼 그 자체의 경계를 넘어 자생적 확장성을 지닌 디지털 플랫폼 생태계로 확장해 나갈 수 있다면, 이를 이용하는 일반국민들의 편익은 상상을 할 수 없을 정도로 커질 수 있을 것이다. 새롭게 출범한 윤석열 정부가 원하는 디지털 플랫폼 정부 구상도 아마도 이러한 모습을 구현하고 싶을 것으로 보인다.

그러나 디지털 플랫폼, 더 나아가 디지털 플랫폼 생태계 관점에서 보여주는 민간 부문과 공공 부문의 차이는 이러한 발전전망이 결코 쉽지 않은 과제라는 점을 보여준다. 일각에서는 관료적 통제를 받는 공공 디지털 플랫폼이 지닌 한계를 극복하기 위해, 정보시스템 운용 아웃소싱을 넘어 플랫폼 운영권 자체를 민간에 위탁하면 잘 해결될 수 있지 않을까 하는 아이디어를 제안하기도 한다. 그러나 오늘날 민간 플랫폼 사업자의 독과점 시장지배 논란이 정치사회적으로 벌어지고 상황에서 공공 플랫폼의 운영권을 민간에 위탁하는 방안은 공공시스템 및 공공데이터의 보안문제와 함께 개인정보 보호문제, 사회문제 발생 시의 책임소재 문제 등과 같은 원치 않던 부작용을 더 많이 발생시킬 우려가 있다.

한편 민간 부문 제3자 연계서비스를 통한 공공 디지털 플랫폼의 확장 가능성을 모색해 볼 수 있다. 최근 '전자문서지갑'을 통해 토스, 카카오, 네이버 등이 행정안전부와 연계한 서비스를 제공하는 것을 계기로 이러한 방법이 관심을 끌고 있다. '전자문서지갑' 서비스는 민간 플랫폼 사업자들이 행정안전부와 연계해 주민등록증, 건강보험자격득실확인서 등 공공문서를 발급부터 열람, 제출까지 원스톱으로 이용할 수 있는 서비스다.

민간 부문 제3자 연계서비스를 통해 공공서비스를 일반국민들이 좀 더 쉽게 이용할 수 있게 해 준다면, 국민 관점에서는 이용편익이 늘어나는 것은 사실이다. 다만 이것은 공공 디지털 플랫폼 자체의 운영권을 민간에 위탁한 것이라기보다는, 공공서비스 전달경로의 하나로 민간 부문 디지털 플랫폼의 참여를 허용해 준 것으로 보아야 한다. 문제는 정부24 플랫폼을 통해 민간사업자 서비스를 함께 제공받는 것이 아니라, 실제로는 민간 플랫폼을 통해 공공서비스를 함께 제공받는 방식으로 운영되고 있다는 점이다. 이로 인해 정부24 플랫폼에 민간 사업자들이 제3자 애플리케이션으로 참여하고 있는 것인지, 아니면 민간 운영 플랫폼에 정부24의 일부 서비스가 제3자 애플리케이션으로 참여하고 있는 것인지는 아직 불분명한 상태이다.

따라서 공공 디지털 플랫폼의 소유 및 규칙 제정권을 공공이 가능한 보유하되, 제3자 연계를 통해 횡방향 네트워크 효과와 민간의 인센티브 기반 창의성을 적극 활용할 수 있는 새로운 길, 경계자원의 효과적 관리를 통해 생태계의 외연을 확장해 나가는 효과적인 방안을 찾아 나가야 한다. 본 챕터에서는 현 단계에서 구상 중인 몇 가지 실효성 확보 조건을 논의해 보고자 한다.

첫째, 공공 디지털 플랫폼이 활성화되기 위해서는 우선적으로 정부 및 공공 부문 내 서비스간 횡방향 네트워크 효과를 극대화할 수 있는 방안을 강구해야 한다. 즉 다른 부처나 공공기관에서 제공하는 다양한 공공서비스를 제3자 연계방식으로 통합해 제공하는 방식으로 상호 확장해 나가는 노력을 기울여야 한다. 이를 위해서는 공공 부문에 적합한 경계자원 관리방안을 마련해야 한다. 경계자원(Boundary Resource)이란 플랫폼에 참여하는 다양한 당사자 간 상호작용을 촉진하고 관계성을 구조화하는 각종 도구(Tools)와 규칙(Rules)을 지칭한다. 당초 플랫폼 소유주는 플랫폼 거버넌스를 규율하기 위한 방법으로 도구와 규칙을 제공하는데, 이것이 제3개발자 참여영역으로 확대되면서 경계자원 개념으로 발전한 것이다. 여기에는 API나 소프트웨어와 같은 기술적 경계자원 외에 개발자 간 상호작용을 촉진하는 사회적 경계자원이 포함된다.

어떤 의미에서는 정부 및 공공 부문 내 서비스 간 횡방향 네트워크 효과를 극대화할 수 있는 경계자원 관리방안 마련 그 자체는 난이도는 있지만 상대적으로 쉬운 과제일 수도 있다. 왜냐하면 횡방향 서비스 통합의 기초가 되는 공공데이터 연계-통합이라는 더 어려운 과제가 남아 있기 때문이다. 이번 챕터에서는 공공 디지털 플랫폼을 주제로 삼았기 때문에 공공데이터 연계-통합과 관련된 심각한 문제점을 상론하지는 않겠지만, 공공데이터 연계-통합을 위한 표준화 기반을 어느 정도 갖춘 미국에 비해 한국의 수준은 많이 부족한 것으로 보인다. 최근 이 분야에서 논의되는 데이터 결합서비스나 데이터레이크(Data Lake) 방법으로는 좀처럼 해결되기 어려운 공공데이터 표준화 문제의 근원적 해결, 상호연계에 따른 정확성과 책임성 소재 문제를 발생시킬 수 있는 공공데이터 품질 수준 제고 과제 등이 남아 있다.

둘째, 민간의 인센티브 기반 창의성을 적극 활용할 수 있는 새로운 길을 모색해야 한다. 정부 및 공공 부문 내 서비스 간 횡방향 네트워크 효과를 극대화하는 것도 중요하지만, 과감한 혁신을 통해 국민 편의성을 증대시키기 위해서는 민간 부문의 역동성(Dynamics)과 창의성을 적극 활용할 수 있어야 한다. 최근 정부24서비스의 이용 편의성, 코로나19 백신 관련 정보서비스 등을 획기적으로 개선한 것은 민간 부문의 역동성과 창의성이 발휘되었기 때문에 가능한 것이다.

문제는 이 분야에서 요구되는 정보시스템 개발 및 서비스 제공과 관련된 정부계약의 경직성 및 엄격성이 민간 부문의 역동성과 창의성 발휘를 제약하고 있다는 것이다. 이 점에서 완성할 목표 시스템을 미리 정해놓고 이를 순차적으로 개발해 나가는 기존의 워터폴(Waterfall) 개발계약 방식이 아닌 개발과정에서의 유연성을 어느 정도 허용하는 에자일(Agile) 개발계약 방식 채택과 같은 공공행정 혁신이 요청된다.

셋째, 공공 디지털 플랫폼이 추구해야 할 본연의 목표 가치를 훼손하지 않는 범위에서 경계자원의 효과적 관리를 통해 생태계의 외연을 확장해 나가는 효과적인 방안을 강구해야 한다. 이 점과 관련해서 필자의 저서 『플랫폼 시대의 공공혁신: 공동창조생태계가 답이다』에서 제기한 공동창조생태계(Co-Creating Ecosystem) 방법론을 일부 참조할 필요가 있다. 공동창조란 단순한 창조활동 및 그 결과에만 주목하는 것이 아니라 창조가 이루어지는 과정과 참가자, 그리고 결과로서 창출된 가치의 공유를 강조하는 개념이다. 여기에 생태계 내 순환 구조의 확립, 참여자 간 상호성의 강화와 참여자별 역량강화, 생태계 모든 참여자 간 공진성 등과 같은 핵심요건이 관철될 필요성이 있다는 점을 강조한 것이 바로 공동창조생태계 방법론이다. 닫힌 참여자와 제한된 투입자원, 일원화된 추구가치와 성과목표만을 갖고는 열린 생태계를 만드는 것이 불가능하다. 네덜란드 암스테르담의 스마트시티 플랫폼 사례를 통해 보듯 자생성을 갖고 그 외연이 확장되는 공공 디지털 플랫폼 생태계를 만들기 위해서는 민간기업은 물론 사회혁신 사업가와 일반국민들도 소비자를 넘어 공동 기획자이면서 가치 생산자로 참여할 수 있는 개방형 참여구조와 거버넌스를 구현하는 것이 긴요하다.

국민들이 사랑하고 공무원들이 자부심을 갖는 공공 디지털 플랫폼, 그리고 플랫폼 그 자체의 경계를 넘어 자생적 확장성을 지니며 발전해 나가는 디지털 플랫폼 생태계를 만들어 가는 일은 결코 쉽지는 않지만, 그렇다고 불가능한 목표로 보이지는 않는다. 다만 지금 현재 시점에서도 끊임없이 새롭게 변모하고 있는 디지털 플랫폼, 그리고 이를 기반으로 확장된 디지털 플랫폼 생태계의 개념과 원리들이 있다. 이에 대한 끊임없는 관심과 진지한 연구가 필요하다.

디지털 플랫폼 정부의 수요자 중심 UI/UX

최민영 성신여자대학교 교수

디지털 플랫폼 정부로의 변화 요구와 그 역할

2019년 세계경제포럼(WEF)이 밝힌 한국의 국가경쟁력 순위는 13위로 2017년 이후 점진적인 상승을 기록하고 있다. 제도와 노동시장, 금융시스템, 기술 등은 아직 낮은 경쟁력을 가진 개선 분야인 반면에 ICT 보급과 거시경제 안정성, 혁신역량은 높은 평가와 함께 우리나라의 국가경쟁력의 동력이 되고 있다. 이러한 측면에서 스위스 국제경영개발연구원(IMD)에서 발표하는 국가 디지털경쟁력 순위는 의미하는 바가 크다. 한국은 2019년 10위에서 2020년 2단계 상승한 8위를 기록하며 디지털 분야에서의 가능성을 보여주었다. 세부적으로는 디지털 우선 정부 1위, 플랫폼 정부 2위, 데이터 기반 정부 3위, 열린 정부 1위, 국민 주도형 정부 4위, 선제적 정부 12위로 평가되었으며, 정부24와 같은 디지털 기반 정부서비스의 강점과 성과를 보여주고 있다.

현재 디지털 플랫폼 정부의 혁신 측면에서는 우수한 기반을 확보하였음과 동시에, 선두주자로서의 지속적인 경쟁우위와 새로운 혁신을 만들어 내기 위해서는 매우 어려운 도전 과제가 주어지고 있음을 알 수 있다. 특히 국민들이 체감할 수 있는 문제해결 그리고 지속적이고 실질적인 가치 창출의 측면에서 변화의 모습이 요구되는 상황이다.

이를 위하여 기존의 디지털 정부가 아니라 플랫폼으로서의 정부 모습을 생각해 보아야 한다. 플랫폼에 대한 정의는 다양하다. 사전적으로 플랫폼은 '원래 기차나 전철에서 승객들이 타고 내리는 승강장'을 말하는데 오늘날에는 '다양한 종류의 시스템이나 서비스를 제공하기 위해 공통적이고 반복적으로 사용하는 기반 모듈, 어떤 서비스를 가능하게 하는 일종의 '토대'로 제품·서비스·자산·기술·노하우 등 모든 형태가 가능하다.'라고 정의되어 있다.

플랫폼은 기차역의 승강장이나 무대라는 뜻이지만 산업계에서는 기초가 되는 틀·규격·표준을 의미한다. 자동차에서는 주요 장비들이 장착된 기본 골격을, 컴퓨터에선 시스템의 기반이 되는 운영체제(OS)를 가리킨다. 최근 정보기술(IT) 업계에서는 서비스·콘텐츠·기기를 포괄하는 생태계라는 뜻으로 많이 쓰이지만, 그 구체적 용도는 매우 다양하다. 이런 것들을 국민이나 수요자 관점에서 본다면, 많은 사람들이 모여서 타고 내리는 승강장, 제품이나 서비스·자산·기술·노하우가 모이는 곳, 더 나아가서는 새로운 생태계, 비즈니스 그리고 놀이터로 요약해 볼 수 있으며 플랫폼은 결국 매개제와 촉매제로서의 역할을 이야기하고 있다.

특히 팀 오라일리(Tim O'Reilly)는 2010년에 발표한 "Government as Platform(플랫폼으로서의 정부)"에서 정부를 하나의 플랫폼으로 상정하여 그 위에서 개인, 기관, 회사가 운영되어야 한다고 주장했다. 정부는 시장 관리자나 사용자 커뮤니티를 활성화하는 서비스 제공자가 되어야 한다는 것이다. 그는 현재의 정부 모델은 국민들의 필요와 요구를 단순하게 나열하는 자판기 정부, 백화점식 정부의 역할에 그치고 있다고 비판하며, 플랫폼으로서의 정부는 국민의 커뮤니티를 활성화하고 참여토록 하는 촉진자로서의 역할을 해야 한다고 강조하고 있다.

이러한 측면에서 플랫폼으로서 사용자 중심의 정부라는 것은 다음 5가지로 요약될 수 있다. ① 국민들이 모이고 만나는 놀이터이다. ② 서비스의 제공자와 수요자가 모두 고객이다. ③ 연결과 거래가 이루어지는 양면시장이자 신뢰 중심의 비즈니스 장이다. ④ 네트워크 효과와 경쟁이 이루어지는 촉매제이다. ⑤ 조화로운 규칙과 참여와 분산, 협력, 보상, 변화가 이루어진다.

디지털 플랫폼 정보의 기술은 어떻게 변화할 것인가?

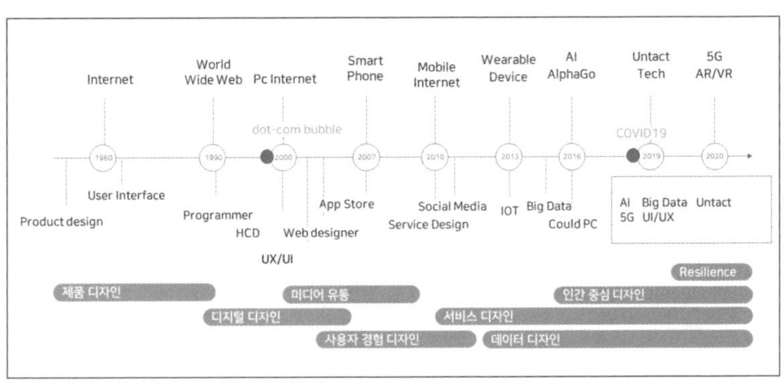

제2차 세계대전 이후 이루어진 정보화 물결과 기술의 변화가 점점 가속화되고 있다. 사용자를 중심으로 한 디자인과 UX·UI 역시 기술의 발전에 대응하여 변화하고 있으며, 2010년부터는 서비스 디자인, 인간 중심 디자인, 데이터 디자인, 그리고 코로나19 이후를 대비하는 탄

력 회복성(Resilience)을 중심으로 큰 패러다임의 변화를 보여준다. 이는 결국 사람들에게 기술의 의미는 새로운 경험가치를 창조해 내는 것으로 표출되고 있다. 한 분야나 한 기술의 영향력이 대두되기 보다는 모든 기술 산업과 일상 전반에 걸친 디지털화와 지능화가 가속화되고 있다는 점이 중요하며 이로 인해 기업뿐 아니라 정부와 일반 시민사회에도 많은 변화가 생길 것이다. 특히 이러한 변화에 대비하기 위해서는 새로운 혁신의 기회 확보를 위한 선도적인 기술력과 서비스의 경험가치를 향상 시키는 창조 능력이 요구되고 있다. 기술적 측면에서는 연결기술(통신) 및 양질의 데이터 확보를 위한 클라우드 및 보안기술 등의 기반 조성이 필요할 것이다. 반면 사용자 측면에서는 Digitalization, 즉 전 방위적 디지털 트랜스포메이션의 기술 적용뿐만 아니라 이를 통해 사람들에게 어떠한 똑똑한 경험을 줄 것인지가 무엇보다도 중요하다.

기술의 변화는 디지털 플랫폼 차원에서 다음 6가지의 변화를 예측하고 있다. ① 기업의 디지털 전환 및 강력한 플랫폼으로 전환, ② 정부의 디지털 및 클라우드 전환 가속화, ③ 제조, 소매, 유통업체 등 공급망 고객 중심의 가치창출 동인 전환 모색, ④ 재택근무(비대면 수업) 등 새로운 업무 공간과 근무 경험 변화 ⑤ 필수 요소: 다양성(Diversity)·형평성(Equity)·포용성(Inclusion), ⑥ 인공지능과 머신러닝 도입, 고급 데이터 수집/구조화, 클라우드 기반 데이터의 기술.

즉 디지털 트랜스포메이션의 가속화와 비대면(Ontact) 업무수행 방법과 공간에 종속되지 않고 생활할 수 있는 디지털 세상이 일상화되며, 나아가 물리적 공간에 대한 새로운 가치와 디지털과 대면 경험의 밀접한 연계가 이루어질 것이다. 이를 디지털 플랫폼 정부 차원에서 보자면 기술 발전을 수용해 국민에게 만족할 만한 경험을 제공하고, '인간'을 중심으로 '공간'과 '연결'에 관한 경험가치를 증대하며, 보안과 지속가능에 대한 고려가 필요하다는 것을 알 수 있다.

국민의 새로운 경험가치가 높아지도록 물리적-디지털적 총체적 경험(Total eXperience)을 배려한 멀티채널의 접근방식이 중요해질 것이다. 또한 이러한 변화를 수용하고 발전시키려 할 때 국민의 경험가치를 높일 수 있도록 하는 디자인 접근이 무엇보다도 중요하다. 이런 맥락하에 디지털 플랫폼 정부를 전략적으로 비저닝(Visioning)하는 것이 요구된다. 디지털 플랫폼 정부의 비전은 인간의 측면에서는 개인 맞춤화, 연결의 관점에서는 가족을 포함한 커뮤니티와 커뮤니케이션 방법의 다양함, 공간의 관점에서는 메타버스를 포함한 기존 공간의 확장, 그리고 이동의 관점에서는 커뮤니케이션 채널의 다양화와 더 나아가서는 공유와 협력의 다양화가 그 무엇보다 중요하다.

무엇을 보고 벤치마킹할 것인가?

디지털 플랫폼 정부의 혁신을 위한 두 번째 질문은 '우리가 이러한 것들을 따라잡기 위해서 무엇을 벤치마킹할 것인가?'이다. 디지털 정부에 있어서 대한민국은 최상위 수준이며, 동시에 벤치마킹의 대상을 찾는 것은 매우 어려운 일이다. 그렇다면 우리는 무엇을 보고 배워 나갈 수 있을 것인가? 결국 새로운 아이디어와 혁신 동기를 찾기 위해서는 디지털 정부서비스 분야가 아닌 작은 단위의 스마트시티 또는 혁신적 민간 서비스 분야처럼 조금 더 마이크로(Micro)한 단계에서 실질적인 맞춤형 서비스가 이루어지고 있는 서비스를 살펴볼 필요가 있다. 싱가포르, 헬싱키, 코펜하겐의 스마트시티 우수사례는 마이크로 차원에서 디지털 공공 서비스의 혁신적인 모습을 보여주고 있다.

싱가포르는 2020년도 스마트시티 인덱스(Index)의 1위를 차지하였으며, 총리 직속기구를 두고 정부 정책 주도로 거버넌스의 새로운 모습을 보여주고 있다. 건강, 의료, 생활환경, 교통 등 디지털 정부의 서비스를 중심으로 디지털 기술을 활용하여 궁극적으로 국민 삶의 질을 개선하는 솔루션 개발을 정책지원의 목표로 삼고 있다. 싱가포르는 '의미 있고 성취감을 느끼는 국민 모두의 삶'을 목표로 하여 체감하는 서비스와 시민 참여 실험실을 주된 모토로 담고 있다. 2020년까지 190억 싱가포르달러를 투자하여 국가운영 전반의 스마트화를 촉진하기 위한 플랫폼 구축과 서비스 개발 프로젝트를 추진하고 있다. 스마트 국가는 플랫폼 구축으로 도시 데이터 수집 및 활용도를 제고하고 시험 적용 단계에 있는 기술을 고도화하여 실제 서비스로 제공하는 데 주력하며, 디지털 기술을 활용하여 국민 삶의 질을 효과적으로 개선할 수 있는 5대 핵심 분야를 선정하고 솔루션 개발을 위한 정책지원을 하고 있다.

국가 주도의 운영이라는 측면에서 볼 때는 우리나라와 유사하지만 이러한 플랫폼이 실제로 이루어지는 환경들을 보면, 새로운 디지털 정보 혹은 실생활에서 기술과 솔루션을 결합시키는 측면과 참여적, 협력적 생활을 직접 할 수 있는 실험실을 만들어 내는 측면에서 차이점이 있으며 벤치마킹의 요소가 된다.

덴마크 코펜하겐과 핀란드 헬싱키는 시민과 시민 주도 사회혁신의 거버넌스적 특징을 가지고 있다. 사람 중심의 디자인을 기반으로 하여

정보거래의 데이터 플랫폼을 중심으로 한 기술거래, 시민의 의견과 참여를 진흥하는 리빙랩, 혁신시민클럽 등을 운영하며 서비스 혁신을 실험적 형태로 운영하고 있다. 서비스와 정책의 목표에서도 특징을 발견할 수 있는데, 시민과 디자인 주도적 사회혁신, 비영리 조직을 통한 민간 주도 분산형 거버넌스가 그 특징이다.

특히 헬싱키는 캐치프레이즈에서 이러한 차별점을 선명하게 보여주고 있다. '날마다 1시간의 시간을 시민들에게 돌려주자'와 같은 시민들이 체감하고 공감할 수 있는 구체적 목표 설정은 시민경험 측면에서 매우 중요하게 작용한다. 또한 시민의 정보가 모이는 데이터센터와 시민 참여 '혁신가클럽'은 서비스 초기에서부터 핵심적으로 운영되어 벤처기업과 중소기업의 각 서비스를 도시 기반과 연결해 볼 수 있는 기회가 되었다. 일반 시민의 40%가 정책의 수립, 추진, 운영, 유지에 이르기까지 직간접적으로 참여하고 개입하고 있다.

코펜하겐 역시 리빙랩이나 시민 참여형의 다양한 실험, 공공 혁신기관의 마인드랩, 시민의 아이디어와 기술 융합을 가능하게 하는 지원정책을 펼치고 있는데 이러한 부분들을 우리가 벤치마킹해야 하는 핵심 요소로 볼 수 있다. 혁신적인 스마트 플랫폼 정부 서비스를 구축하기 위해서는 민간의 참여가 그 무엇보다도 중요하다. 나아가서 데이터나 인프라를 확보하는 것, 또 가치를 만들어 내고 새로운 해결책을 만들을 수 있는 실험실의 역할이 매우 중요하다.

수요자 중심의 참여와 협력은 어떻게 해야 하는가?

서비스 수요자의 참여와 협력이 디지털 플랫폼 정부에서 가장 중요하다는 것은 알 수 있지만, 이러한 수요자 중심의 참여 협력을 이끌어내는 구체적인 방법을 찾아내고 실행하는 것은 매우 어려운 일이다. 국내에서 이루어지고 있는 국민 참여의 다양한 사례를 살펴보면, 아직 일상적인 문제의 간단한 제기나 의견표출 정도만이 광화문1번지 등의 플랫폼에서 이루어지는 수준이다. 이는 앞서 봤던 다양한 스마트시티와 민간 플랫폼 사례에 비추어 볼 때 초기 수준에 불과하다. 무엇이 플랫폼으로서 수요자 중심의 참여와 협력을 가능하게 할 것인가? 이는 플랫폼의 기술적인 접근이 아닌 참여-보상-협력의 플랫폼 구성에 대한 접근이 보다 중요함을 보여준다.

네덜란드 암스테르담에서 이루어지고 있는 스마트시티의 다양한 프로젝트는 6,000명의 시민과 민간 기업이 직접 참여할 수 있는 구조를 가지고 있다. 프랑스에서도 이러한 플랫폼의 개념을 단순히 디지털에서 머무르는 것이 아니라 시민과 전문가가 의견을 교환하는 논의의 장으로 여긴다. 보르도메트로폴2050(Bordeaux Métropole en 2050)에서는 인터넷 플랫폼을 통하여 가까운 연도의 미래를 특정해 미래 도시의 모습을 상상하고 있으며, 시민과 전문가의 의견을 교환하며 여러 주제에 관한 다양한 아이디어를 수집하는 광범위한 브레인스토밍을 추진하고 있다. 2050년 우리의 주거방식은? 이동수단은? 일하는 모습은? 의료문제는? 교육은? 음식문화는? 등의 다양한 주요 주제를 고민하고 보르도 도시계획정책을 수립해 나간다. 여러 가지 문제들을 함께 논의하는 논의의 장을 인터넷 플랫폼 내에 개설하고 의견을 교환함과 동시에 새로운 비즈니스나 아이디어로 만들어 내는 것이 그 무엇보다도 중요할 것이다.

이러한 참여 플랫폼에서 정부와 전문가와 시민이 어떠한 과정으로 서로 협력하고 발전시키는가는 매우 중요하다. [그림 1]의 사례는 국민UX의 실험적 프로젝트에서 도출된 프로세스의 일부다. 혁신을 위한 서비스 디자인과 디자인 씽킹의 방법론을 활용하여 공감하기-계획하기-정의하기-아이디어 개발하기-실행하기의 단계를 가지고 있으며 국민들이 다양한 이슈를 제기하고 전문가, 정부, 공무원 등 여러 사람들이 함께 협력하는 전체적인 여정의 체계를 만들었다. 이러한 국민UX의 사례가 하나의 정답은 아니겠지만 디지털 플랫폼 정부 서비스를 구축하기 위해서는 각 이해관계자가 어떻게 참여하고 협력하며 보상이 이루어지는지를 전체 여정의 관점에서 계획하는 것이 무엇보다도 중요하다.

[그림 1] 수요자 중심의 국민UX프로젝트

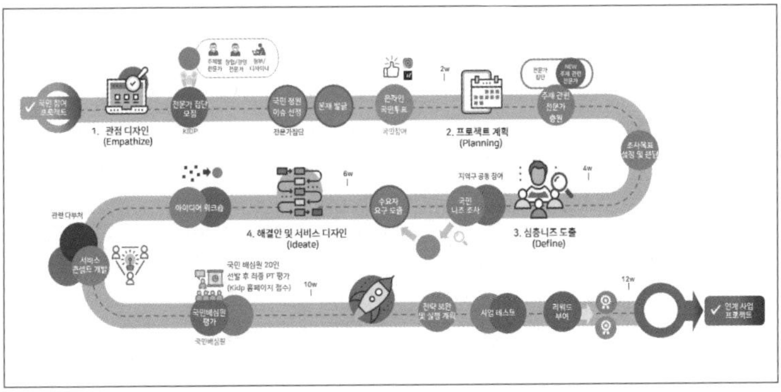

출처: 매니페스토 디자인랩·한국디자인진흥원(2019)

디지털 플랫폼 정부의 UI/UX 혁신은 어떻게 할 것인가?

마지막으로 디지털 플랫폼 정부에서 이러한 UI/UX 혁신 전략은 어떻게 할 것인가? 싱가포르 사례에서 볼 수 있듯이 새로운 디지털 서비스를 실제적으로 작동시키며, 이를 정책화하기 위해서는 국민에게 어떤 서비스를 제공할 것인가에 대해 서비스 청사진을 큰 맥락에서 만들어 내는 것이 가장 중요하다. 즉, 디지털 플랫폼 정부의 서비스 청사진과 국민의 경험여정을 선행적으로 설계하여야 한다. 이러한 설계에 있어 첫 번째 고려해야 할 전략요소는 바로 사람 중심성이다. 우리가 기술, 플랫폼을 이야기하다 보면 서비스의 최종 수혜자인 사람을 빠뜨리곤 한다. 이러한 사람 중심성은 행동의 인터넷, 총체적 경험전략의 UI/UX의 내용과 개인정보 보호, 모바일 우선주의의 기술적 내용으로 구분할 수 있다.

- 행동 인터넷(Internet of Behaviors): 사용자의 행동에 영향을 미치기 위해 데이터를 활용(IoB는 코로나19 모니터링 사례처럼 사람 동작을 바꾸기 위해 데이터를 사용하는 것)
- 총체적 경험 전략(Total Experience Strategy): 멀티경험을 고객, 직원 및 사용자 경험 분야와 연계시키는 전략(코로나19로 인해 비접촉식 인터페이스가 일상화되는 등 디지털 경험이 크게 변화했으며, Interaction의 원격화·가상화·분산화 현상이 가속화됨에 따라 조직들은 총체적 경험(TX)에 대한 대응 전략이 필요)
- 개인정보 보호 강화 컴퓨팅(Privacy-Enhancing Computation): 개인정보 보호나 보안을 유지하면서 데이터 처리·사용에 따른 평가(기밀성과 개인정보를 보호)
- 모바일 우선주의(Mobile First): 디지털 격차와 사회적 약자, 정보 약자에 대한 적극적인 문제해결, 인구구조의 변화와 사회 패러다임의 변화 수용성 증대

사람의 행동을 어떻게 데이터화하고, 총체적인 경험 전략을 어떻게 할 것인지, 이러한 정보에 있어서 취약 계층들을 어떻게 고려할 것인

지, 개인정보를 어떻게 강화할 것인지, 마지막으로 이러한 것들의 중심에는 모바일 우선주의가 서비스 설계의 지침이 될 것이다. [그림 2]의 사례에서처럼 국민들이 경험하는 서비스 전체의 여정을 설계하는 것이 반드시 선행되어야 한다.

[그림 2] 고객여정지도

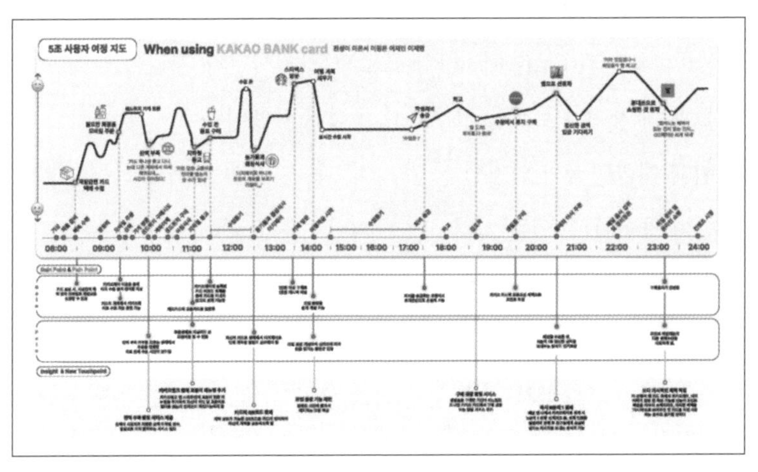

출처: 성신여자대학교 서비스디자인공학과 프로젝트 사례

두 번째 전략요소는 회복 탄력성의 제공(Resilient Delivery)이다. 특히 이러한 회복 탄력성에 있어서는 기술을 사람과 커뮤니케이션할 수 있는 것, 즉 보고 만질 수 있는 서비스의 시각화와 이를 포괄하는 표준 가이드라인의 개발이 중요하다. 또한 현 상황을 바탕으로 스스로 적응하고 근본적으로 재정비할 수 있는 서비스 시스템을 구축하고, 의사결정 방식을 재설계하는 것이 필요하다. 특히 거버넌스 및 국민 라이프 사이클을 관리하는 데이터 관리 체계를 구축하고 이를 자동화하는 초자동화(Hyper Automation)의 기술적 플랫폼 구축이 필요하다.

세 번째 전략요소는 결합을 통한 혁신(Combinatorial Innovation)

이다. 민간 서비스에서는 여러 기업의 능력을 결합하여 혁신적인 제품과 서비스를 만들어 내는 것과 다수의 기업이 하나의 기업처럼 활동하여 제품과 서비스를 공급하는 것을 혁신의 수단으로 활용하고 있다. 디지털 플랫폼의 정부서비스에서도 국민과 민간 기업들의 참여를 통해 참여, 놀이, 보상과 비즈니스가 이루어지는 플랫폼을 만드는 것이 사용자 경험 혁신 전략에서 제일 중요하다. 헬싱키에서 시도된 포룸비리움(Forum Virium Helsinki) 프로젝트는 시민과 기업이 놀이와 게임을 통해 참여자 보상을 이루는 대표적인 사례이다.

현재 대한민국의 디지털 정부 서비스는 민간의 협력과 참여 그리고 국민이 참여할 수 있는 거버넌스의 기반이 확보되어 있으며, 보조금24와 디지털 신분증, 꾸러미 서비스 등의 다양성을 가지고 있다. 특히 찾아가는 선제적 서비스와 원스톱 서비스로의 정책적인 방향성을 바탕으로 편리성을 확보하여, 복지 중심의 공공 서비스를 고도화하는 단계에 있다. 하지만 우리가 가지고 있는 디지털 정부 서비스가 플랫폼으로서 확장되기 위해서는 UX/UI 측면에서 혁신적 서비스 비즈니스가 연결되고 소통과 나눔의 네트워크, 놀이터로서의 역할을 고려하여야 한다. 더 나아가서 기술적 지능화를 넘어 감동과 체감의 지능화 기술을 적용하는 표준과 가이드라인이 요구된다. 이는 획일화된 복지 서비스를 넘어서서 개인마다 맞춤형 서비스가 이루어질 수 있는 초개인화 맞춤형 서비스의 기반이 될 것이다.

마지막으로 이러한 서비스 플랫폼이 구축된다면 각 기관, 지자체들이 다양한 서비스를 올리고 경쟁 및 협력할 수 있는 구조가 필요하다. 시민들은 이러한 플랫폼 내에서 어떠한 지자체와 기관의 서비스가 더 좋은지 판단할 수 있고 각 기관과 지자체들은 경쟁하고 협력하게 될 것이다.

3 DIGITAL POWER 2023

디지털 플랫폼과 사회적 인프라 담론

김준연 소프트웨어정책연구소 책임연구원

이제 세상은 플랫폼의 소용돌이 속으로

디지털 혁명과 코로나19의 영향으로 우리 사회에서 덜 똑똑한 것들은 사라지고 있다. 금융이 대표적인데 은행 점포 수가 2017년 312개 감소한 이후 2020년 304개, 2021년 136개가 추가로 사라졌고 심지어 현금자동입출금기(ATM)도 최근 6개월간 약 6,000대가 사라졌다. 인터넷뱅킹 이용률이 74%, 창구 이용률이 3.9%인 상황에서 은행 점포는 풍전등화다. 사라질 운명에 직면하기는 제조업도 마찬가지다. 자율주행과 전기차로 전환되는 자동차 산업에서 기존 내연기관 부품기업 1,669곳 중 30%(약 500곳)는 문 닫을 위기에 처해 있다고 한다.[45] 데이터와 인공지능이 이 변혁을 촉발하는 핵심이다.

무엇보다 데이터의 경우, 기원전 3000년 전부터 약 5,000년 동안 인류가 생성한 데이터가 약 20엑사바이트(Exabyte)이고, 2000년대 초반부터 2021년 사이에 생산된 전 세계 데이터의 총량이 약 50제타바이트(Zettabyte)라는 것을 보면,[46] 최근 20여 년간 생산된 데이터가 5,000년간 생산된 데이터의 2,500배를 넘어선다. 다시 말해 현재 인류가 가진 데이터의 약 90%는 지난 10년간 생산된 셈인데 이것이 기존 산업의 생태계 재편을 가속화하고 있는 핵심 동력이다.[47]

앞으로 300억 개가 넘는 디바이스가 상호 연결되면, 2025년 즈음에 전 세계 데이터는 163제타바이트를 넘어설 것이라 전망하고 있다. 이렇게 세상이 디지털에 의해 재편되면서 주목받는 비즈니스 모델이 바로 플랫폼이다. 2021년 UNCTAD 디지털경제보고서에 따르면 100대 글로벌 플랫폼 기업 가운데 미국은 애플, 마이크로소프트, 아마존, 알파벳, 페이스북 등 41개 기업이 67%의 기업가치를 차지하고 있으며, 아시아는 텐센트, 알리바바, 삼성전자, 쿠팡, 카카오, 네이버 등 45개 기업이 29%의 기업가치를 차지하고 있다. 유럽은 SAP 등 12개 기업이 3%의 기업가치를, 아프리카는 프로수스 등 2개 사가 2%의 기업가치를 차지한다.

전통 경제에서도 선진국과 후발국 간의 격차가 컸는데, 플랫폼 경제에서의 격차는 더욱 커지는 양상이다. 이러한 격차를 유지하거나 혹은 극복하고자 독일(인더스트리 4.0), 프랑스(인두스트리 뒤 푸트르), 유럽연합(가이아X), 중국(중국제조 2025), 일본(이노베이션 25) 등 국가별로 사활을 걸고 대응하는 상황이다.[48] 흥미로운 사실은 기존의 대립이 선진국 대 후발국이었다면, 플랫폼 경제에서는 플랫폼 소유국과 플랫폼이 없는 국가, 혹은 글로벌 플랫폼 보유국과 덜 강한 플랫폼 보유국 간에 대립하는 양상도 전개된다는 것이다. 강한 플랫폼 국가인 미국이 덜 강한 중국에 대한 견제로서 중국 플랫폼인 틱톡과 위챗을 상무부 제재 리스트에 올리기도 했었다. 유럽은 이렇다 할 역내 플랫폼이 없어서 유럽 일반개인정보보호법(GDPR, General Data Protection

Regulation)과 같은 장치로 데이터의 역내 주권을 확보하려 하고 있으며, 미국 플랫폼의 독점을 견제하고자 최근에는 디지털서비스법, 디지털시장법을 유럽 의회에서 통과시키기도 했다.

바야흐로 이제는 플랫폼의 시대이다. 플랫폼 경쟁은 순수한 기업 간의 경쟁이거나 똘똘한 제품과 서비스 차원의 경쟁을 넘어간다. 플랫폼은 기본적으로 생태계 간의 경쟁을 촉발하고 플랫폼의 혁신을 통해 축적되는 데이터는 주권과 안보의 이슈로까지 확장된다. 만에 하나 플랫폼에 장애가 생기면 우리의 일상이 멈추는 사태도 발생한다. 2014년 과천 SDS데이터센터 화재, 2018년 KT 서울 아현지사 화재, 2022년 10월 SK데이터센터 화재와 카카오톡 먹통 사태같이 이미 사회의 대다수가 사용하는 인프라에서 문제가 발생해서 일상의 불편과 경제적 손실은 물론이고 국가 안보의 이슈라며 대책 마련에 목소리가 높아지는 상황이다. 우리는 지금 디지털 플랫폼이 창출하는 새로운 혁신의 소용돌이 한 가운데에 위치하고 있는 것이다.

디지털 혁신과 플랫폼의 작동원리

디지털 혁신에 대해 가장 보편적으로 소개된 것이 디지털 기술과 시장 특성에 기반한 혁신론일 것이다. OECD에 의하면 디지털 기술은 비체화성, 보완성, 누적성 그리고 짧은 기술 주기를 혁신의 특성으로 정의했는데,[49] 일례로 인공지능의 경우, 소프트웨어의 범주에 속하지만 인간의 사고 과정에서 발생하는 추론에 특히 강점이 있고, 중요 성질별로 그룹화하는 일반성(Generalization), 최적해(Optimal Solution)

는 아니지만 최적해와 근접한 결과를 단시간에 제공하는 휴리스틱 탐색(Heuristic)과 같은 혁신에 강점이 있다.

한편 디지털 플랫폼은 이러한 혁신 특성을 나타내는 디지털 기술을 활용한 비즈니스 모델과 전략의 총체로서 이종 산업과 영역 간에 비즈니스의 경계 파괴(Boundry Blurring), 양면시장(Two-Sided Market)과 승자독식구조(Winner Takes All) 등으로 시장에서의 위상을 표출한다. 디지털 비즈니스에서 종종 목격되는 특성으로 참여자 증가는 해당 플랫폼의 매력도 증가로 이어지고, 다시 참여자 증가로 연결되는 선순환 구조가 형성되며, 플랫폼의 시장 지배력과 영향력이 더욱 굳건해지면서 기존 사용자의 잠김(Lock-In) 현상이 나타난다. 따라서 플랫폼 비즈니스에서는 초기에 사용자를 임계점(Critical Mass)까지 확보하는 것이 지상과제이자 경쟁의 성패를 좌우한다. 일본의 전자상거래 플랫폼 기업인 라쿠텐(Rakuten)은 이러한 선순환 구조의 형성으로 인터넷 쇼핑몰에서 출발했지만 신용카드, 증권, 은행 등 금융·핀테크와 함께 여행 산업에까지 진출하며 업종을 넘는 경계 파괴형 혁신을 창출한 사례이다.

다만 플랫폼 비즈니스가 워낙 독점성이 강하다 보니 정부의 정책과 규제, 기술적 혹은 시장적 파트너, 사용자 그룹과 타 플랫폼과의 협업 등 다양한 사회적 주체들과의 상호작용에 따른 전략적 대응 혹은 성장의 구조적 제약도 받게 된다. 아마존의 사례가 대표적이다. 10년간의 제로 수익전략을 구사하며 전자상거래에서 클라우드 서비스까지 진출하고 있지만, 미국 연방정부 기관인 연방거래위원회(FTC) 리나 칸 위원장이 자신의 논문 "아마존의 반독점 역설(Amazon's Antitrust Paradox)"에서 지적했듯이 아마존은 더는 전통적 독점론에서 주장하는 "소비자에 대한 약탈적 가격"[50]을 통해 독점적 지위를 누리지 않으며, 소비자를 제외한 거의 모든 시장 참여자에게 부담을 안겨주며 오로지 성장을 추구하는 비즈니스 모델로서 존재하기 때문에 규제해야 한다는 것이다. 현재 연방거래위원회는 아마존의 클라우드 사업에 대한 독점 여부를 조사 중에 있다.

디지털 플랫폼은 플랫폼 참여자들에게 핵심 자원들을 제공하는 플랫폼 소유자(Platform Owner), 제품 혹은 서비스(Complements)를 플랫폼 생태계에 공급하는 '제3의 참여기업(The Third-Party Firms)' 혹은 보완적 참여자(Complementors), 수요자 측면에서의 '사용자(End-Users)' 혹은 '고객(Customers)'으로 구성된다.[51] 이 중 특히 보완적 참여자의 경우, 플랫폼에서 제공하는 자원과 인프라 구조를 활용해서 제품과 서비스를 제공하며 효익을 획득하는 참여자이다. 앱 스토어의 앱 개발사, 배달 대행 플랫폼과 같은 서비스 플랫폼에서 배달이라는 서비스를 제공하는 배달 업체들이 이에 해당된다.

이들 주요 행위자 간의 상호작용은 플랫폼 소유자의 운영역량에 따라 영향을 받는데, 크게 4가지로 구분된다. 첫째, 플랫폼 운영자가 참여자 혁신을 유발(Affordance)하도록 지원하는 역량, 둘째, 보완적 참여자가 새로운 혁신을 창출하는 역량(Generativity), 셋째, 참여자가 플랫폼 생태계를 더욱 풍부하게 보완하는 서비스 모듈(Super-Modularity), 넷째, 플랫폼 생태계가 범위와 규모의 경제(Economy of Scale and Scope)를 달성해 가는 부분이다.

먼저 플랫폼 운영자가 참여자 혁신을 유발(Affordance)하도록 지원하는 역량[52]이란 기존 유사 기술에 비해, 참여하는 제3의 혁신 주체가 질적으로 더 쉽게 또는 가능하게 혁신을 만들도록 유도하는 역량과 전략이다.[53] 전통적 산업에서는 기업이 상품과 서비스의 생산 주체이자 지식과 정보의 소유자였으나 디지털 플랫폼의 혁신 생태계에서는 다양한 보완자, 즉 제3자에 의한 혁신 유발과 혁신의 생성이 중요하다.

이는 유연성(Generating Flexibility),[54] 매치메이킹(Match-Making),[55] 확장범위(Extending Reach),[56] 거래관리(Managing Transactions),[57] 신뢰(Trust Building),[58] 집단성 장려(Facilitating Collectivity)[59] 등으로 분류되는 전략이자 역량이다.[60]

2010년 4,700명에서 2015년 1,700만 명으로 이용자 규모를 353배로 폭발적으로 성장시킨 에어비앤비가 대표적인데, 이용자 증가에 대응하는 비용, 즉 한계비용이 제로이며, 숙박시설도 추가로 건설해야 할 필요가 없다.

다만 에어비앤비는 숙소를 제공하는 집주인에게 숙소의 이용자를 매칭해 주고, 데이터 등 디지털 자산에 대해 플랫폼 소유자가 독점하지 않도록 하고, 플랫폼에 참가하는 보완자와 사용자 간에 가치교환이 활발하게 발생하도록 거래관리의 다양한 기능과 서비스를 제공하며 신뢰를 형성하는 것이 중요한 전략이 된 것이다. 그리고 우버가 제공하는 운전자의 위치, 최종 목적지, 운전자 혹은 승객의 평점 등 또한 이러한 혁신의 유발성에 해당될 것이다.

혁신의 유발에 대한 성과는 매출액 혹은 수익 규모와 같은 직접적 경영성과 이외에도 사용자 기반의 규모와 범위, 아이디어의 상업화 정도, Open API, SDK Kit와 같이 혁신적 상호작용을 촉발시키는 산출물의 규모와 속도 등 다양하게 측정될 수 있다.[61]

기존의 산업 생태계가 기업이라는 혁신 주체를 중심으로 선형적인 가치사슬을 상정하고 있다면, 디지털 플랫폼에 의해서 복잡한 네트워크 형태의 가치사슬로 전환되며,[62] 보완자와 사용자들이 플랫폼 생태계로부터 새로운 기술과 서비스 창출 방식, 혁신에 대한 탐색의 노하우 등을 제공받으면서 창업과 상업화의 성공 경로를 다양화, 효율화시키고 있다.[63]

한편 플랫폼 참여자가 더 높은 수준의 혁신을 창출하는 역량이 바로 혁신의 생성성(Generativity)이다. 다양한 작업에 필요한 기술의 활용 능력, 다양한 작업에 대한 적응성, 숙달 용이성 및 접근성의 함수, 다시 말해 대규모의 다양한 대중을 주도해서 혁신적 변화를 일으키는 능력이다. 이러한 능력은 아래와 같은 다섯 가지 특징을 기반으로 발현된다(Zittrain, 2006).

첫째, 활용성(Leverage)이다. 플랫폼을 사용하여 행위자의 성과를 향상시키는 기술 능력을 의미한다. 일례로 기존 종이 지도에 비해 디지털 지도가 제공되면 교통상황, 길 찾기 등 더 많은 파생적 혁신이 창출된다는 것이다.

둘째, 융통성(Adaptability) 혹은 개작 가능성이다. 종이가 본래 글 쓰는 용도로 사용되지만, 물건을 포장하는 데에도 사용할 수 있는 것처럼 플랫폼은 기술의 다양한 추가적 용도를 발견하고 활용하도록 한다.

셋째, 숙달의 용이성(Easy to Mastery)이다. 플랫폼에서 제공하는 경계자원 또는 서비스들이 사용자로 하여금 쉽게 사용되어야 혁신 창출에 유리하다. 유튜브의 가장 중요한 업무는 다양한 크리에이터가 쉽게 동영상을 편집하고 업로드할 수 있게 지원하는 것이다. 이제 경쟁은 유튜브가 제공하는 동영상의 품질보다 유튜브가 제공하는 툴의 이용 편의성에 의해 좌우된다는 의미이기도 하다.

넷째, 접근성(Accessibility)의 보장이 중요하다. 기술과 지식에 대한 접근성은 초기 사용에 대한 장벽 또는 일반 사용자가 얼마나 쉽게 사용할 수 있는지를 의미한다. 일례로 종이비행기를 만들기는 쉽지만 비행기를 조종하는 것은 자동차를 운전하는 것보다도 접근의 난이도가 높아서 일반 대중에 의한 혁신을 기대하기란 불가능하다.

마지막으로 전파 가능성(Transferability)이다. 기술 사용자 간에 기술의 변화가 쉽게 이전되는 것을 의미하는데 예를 들어 기터브 플랫폼에서 공유되는 오픈소스 소프트웨어가 상용 소프트웨어 제품보다 공유하고 이전할 수 있는 가능성이 더 높아 혁신 창출에 유리하다는 것이다.

최근 우리 사회가 코로나19를 겪으면서 비대면 디지털 사회로의 전환이 가속화된 측면이 있고, 그간 공공이 담당하던 국민건강, 주거, 의료, 안전, 교통, 노동, 교육 등 분야에서 플랫폼 운영자의 혁신유발성(Affordance), 참여자의 혁신생성성(Generativity), 그리고 서비스 모듈성(Super-Modularity)의 특성을 가지는 디지털 플랫폼의 작동원리가 더 깊숙이 우리 사회에 안착하게 되고, 많은 참여자로 하여금 더 풍부한 서비스를 창출하도록 기능하게 되면서 플랫폼의 사회적 인프라 이슈가 새롭게 주목받고 있는 것이다.

디지털 플랫폼 생태계의 혁신 주체 간 상호작용

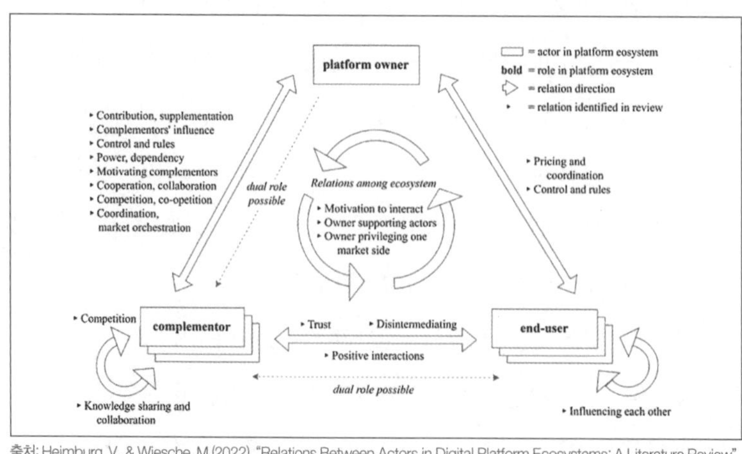

출처: Heimburg, V., & Wiesche, M.(2022), "Relations Between Actors in Digital Platform Ecosystems: A Literature Review"

사회적 인프라로서의 디지털 플랫폼

공룡 플랫폼이 된 카카오, 네이버, 쿠팡뿐만 아니라 플랫폼은 온라인 쇼핑, 배달, 마트, 교통, 부동산, 모바일, 소셜미디어, 앱 스토어, 검색엔진, OTT서비스까지 일상의 모든 부분에서 생겨나고 있고, 이제 플랫폼이 없는 삶을 상상하기 어려워졌다. 이렇게 플랫폼이 공공 혹은 공익 서비스로서 사회적 영향력을 점차 확대해 나가고 있는 상황을 고려할 때 사회적 인프라로서 플랫폼(Platform as infrastructure)을 선순환적 혁신 생태계로 유도하는 것이 중요하다. 우리 사회는 코로나19를 겪으면서 카카오와 네이버의 ID가 디지털 신분증 혹은 백신접종 확인증 등으로 기능했음을 경험했고 쿠팡과 마켓컬리와 같은 온라인배달 플랫폼은 비대면 상황에서 필수 불가결한 공익 서비스로서의 역할이 상당했다는 것을 이미 확인한 바 있다.

한편, 최근 온라인 배송시장의 확대와 더불어 코로나19 확산 이후 비대면 산업의 활성화로 기존의 중소상인, 자영업자들이 주로 진출해 있던 오프라인 매장의 몰락은 더욱 가속화될 것으로 전망되는 상황에서 네이버는 '프로젝트 꽃'이라는 사업으로 5년 만에 국내 소상공인들과 160만 창작자 커뮤니티를 확보하고 45만 개의 스마트스토어를 확보하면서 국내 소상공인들의 새로운 온라인 비즈니스 인프라로 기능하고 있다. 소상공인들은 자신들의 제품과 서비스를 상품으로 구성해 독립 스토어를 운영할 수 있도록 '스마트스토어'를 지원받는다. 게다가 네이버의 플랫폼은 사업 전략 수립에 도움을 주는 데이터 분석 툴인 '비즈어드바이저' 결제와 회원 가입부터 배송 추적, 포인트 적립까지 총체적인 주문 관리를 지원하는 '페이 시스템', 인공지능 기반의 고객

만족 대응 도구인 '챗봇', 코로나19의 한계를 극복해 낸 '라이브커머스' 등을 제공하면서 참여자들의 혁신 유발을 극대화하고 있다. 네이버가 제공하는 소상공인의 창업과 성장의 인프라를 사회적 상생 인프라로서 인정할 수 있다면 법인세 감면, R&D지원 등 정책적 인센티브를 부여하고 장려하는 파격도 생각해 볼 수 있을 것이다.

과거의 경험에 의하면 플랫폼이 독점화될수록 플랫폼-소비자, 플랫폼-플랫폼, 플랫폼-전통 산업 사이에 갈등이 나타날 수 있다. 이미 덩치를 키운 플랫폼은 소비자와 플랫폼 이용자를 종속시켜 이용료, 수수료를 인상해도 손을 쓸 수 없게 된다는 것도 우리는 경험으로 잘 알고 있다. 일례로 '배달의민족'과 '요기요'의 12~15%를 넘는 수수료, 데이터 독점, 배달 라이더에 대한 처우, 소비자 비용부담 등이 사회문제로 두드러지면서 2020년 3월 군산시의 '배달의명수'라는 공공 배달앱을 시작으로 20여 개의 공공 배달앱이 전국 지자체에서 우후죽순으로 운영되고 있는 상황은 자칫 민간 vs 공공의 대결구도가 설정된다는 측면에서 썩 바람직해 보이지 않는다.[64]

민관이 경쟁하기보다 보완적 관계를 형성한 사례가 소액송금 플랫폼인 토스의 주민센터 서비스이다. 정부의 API 공개로 자사의 플랫폼에서 주민등록등본 등 총 61종의 증명서를 발급할 수 있고, 통신비와 아파트 관리비 등 생활요금도 결제가 가능하다. 정부24의 서비스를 기반으로 운영되지만, 공공 서비스에서 경험하기 어려운 직관적 UX·UI 구현으로 디지털 기기 사용에 익숙하지 않은 고령층의 만족도가 높아 디지털 격차 해소에 긍정적이라는 평이 있다.

한편 민간 플랫폼의 사회적 인프라화에서 빼놓을 수 없는 덕목이 안전성과 보안성이다. 일종의 국가기간통신망의 위상을 보이는 플랫폼 서비스 불통의 영향력은 이번 10월 16일 SK데이터센터 화재로 인한 카카오 서비스 '먹통 사태'를 통해 전 국민이 엄청난 불편을 체감한 상황이고 대통령까지 국가 기간시설의 준하는 기능을 수행하기에 안보와 직결되는 사안이라고까지 했다. 사실 갑작스런 서비스 장애로 불편을 체감하며 놀랐지만, 200만 명가량 빠져나가 국민 플랫폼의 위상이 흔들릴 줄 알았던 카카오톡이 다음날 곧바로 원래 이용자 규모를 회복했다는 뉴스에 플랫폼의 사회적 위상이 생각보다 탄탄해서 또 한번 놀랐다.

디지털 플랫폼의 멈춤과 그 파장이 시사하는 바는 민간기업의 비즈니스 모델로 운영되지만 이미 사회적 인프라로서 기능한다면 정부의 개입이 어떠한 형태로도 요구될 것이다. 이왕 개입할 바에는 안전성, 공평성을 담보할 수 있도록 이참에 데이터센터를 방송통신시설처럼 국가재난관리시설로 지정하고, 서버 이중화 의무를 부과하며, 유사시에 대체할 서비스 마련과 일상의 불편과 국가 안보의 위협이 발생하지 않도록 플랫폼 인프라법과 같은 제도 기반을 만들자는 논의가 주목을 받고 있다. 또한 백지화되었던 온라인 플랫폼 중개거래의 공정화에 관한 법률안(일명 온플법)이 재부상하고 디지털 위기관리대응 전담조직을 신설하는 방안도 검토될 듯하다.

사회적 인프라로서 은행도 민간기업이지만 금융감독원의 관리를 받고 있으며, 통신사도 복수로 지정하는 이유가 공공재인 전파를 사용하기 때문이며 초기 투자비가 많이 들어 진입장벽이 되어 자연독점이 발생하기 때문이라는 것인데, 디지털 플랫폼도 공공재로 볼 수 있는 데이터를 사용하고 있으며, 초기 투자비가 높아 독점의 경향이 강하다는 측면에서 통신 인프라와 유사하다는 논리이다. 자칫 토종 디지털 플랫폼에 온갖 책임과 의무, 규제의 덫이 씌워질 태세이다. 우리 사회가 플랫폼 기반으로 전환되면서 어쩔 수 없이 거쳐야 할 논의라지만 법, 제도적 장치가 국내 토종 플랫폼에게만 적용되고 글로벌 플랫폼은 예외가 된다면, 안보 이슈에 대한 해결도 언 되고 또 다른 기울어진 운동장 규제가 되지는 않을까라는 우려의 목소리도 있다. 서비스 장애가 카카오톡이 아니고 유튜브였다면 과연 어땠을까?

사회적 인프라로서의 플랫폼 담론이 필요하지만, 국내기업에게만 적용되는 규제는 의미가 퇴색되어 정부 개입 모드에 대해서는 매우 신중해야 할 것이다. 국내 플랫폼은 수백억 원의 계약을 통해 콘텐츠를 유통하는 반면, 유튜브는 계약 없이도 일반 이용자들이 올리는 방송사 콘텐츠를 불법 유통하고 있으며, 저작권료를 지급하지 않은 콘텐츠도 무료로 제공하며 수익을 창출한다.

망사용료로 네이버, 카카오가 수백억 원씩 내고 KBS, MBC, SBS 등 지상파도 매년 각각 100억 원을 훌쩍 넘는 방송통신발전발기금을 내고 있지만, 국내 트래픽의 3분의 1을 차지하는 구글(27.1%)과 넷플릭스(7.2%)는 한 푼도 내지 않고 있다. 올해 국감에서도 지적되었듯이 구글 코리아는 매출 자체를 파악하기도 어려운 실정이다.

게다가 해외 플랫폼은 문제가 터져도 해결이 쉽지 않다. n번방이 개설된 텔레그램에 대해 디지털 성범죄물 유통방지 의무를 부과하고 조사하기 위해서는 해외 기관과의 국제공조가 필요한 상황이기 때문이다. 카톡 먹통에 불편이 발생했지만 전화와 문자가 가능했고, 라인과 텔레그램, 메타의 SNS, 택시호출앱 우티 등이 우리 일상의 지탱 플랫폼이 되었다.

앞서 언급한 정부24와 토스의 협업, 네이버와 소상공인의 인프라인

꽃 플랫폼은 디지털 플랫폼의 사회적 인프라 담론에서 정부의 개입과 규제보다 참여와 포용의 혁신적 선순환 가능성이 분명히 있다는 점을 우리 사회에 보여주고 있다. 다양한 참여자의 혁신을 유도하고 생성하는 것이 디지털 플랫폼의 기본적인 작동원리 중 하나이기 때문이다.

4 DIGITAL POWER 2023

디지털 국가의 초석, 디지털 안전

유재흥 소프트웨어정책연구소 선임연구원

생활 깊숙이 들어온 디지털

디지털은 우리 일상이 됐다. 스마트폰은 말할 것도 없고, 눈을 뜨고 있을 때는 물론, 눈을 감고 있는 순간까지 우리 삶은 디지털 기술 위에 놓여 있다. 어느 아침, 토스트는 맞춰진 시간에 따라 노릇하게 구워지고, 인덕션에서는 설정된 온도에 맞춰 계란프라이가 익어가며 전자레인지에서는 밀키트로 제작된 양송이수프가 데워진다. 3℃로 설정된 냉장고에서 사과 하나를 꺼내 입에 베어 물고, TV를 켠다. 셋톱박스가 켜지면서 TV에서는 깨끗한 디지털 영상이 나온다. 뉴스 속보를 확인한 후 유튜브를 켜 간밤에 보던 예능 프로그램을 재생시킨다. 스마트폰에 음성으로 오늘 날씨를 물으니 간간히 소나기가 내릴 것이라며 화면에 구름 지도를 보여준다. 출근하기 위해 스마트워치를 차고, 주차된 자동차의 문을 스마트키로 연다. 매일 가는 길이지만 평소처럼 내비게이션을 켜고, 라디오를 튼다. 회사에 도착해 엘리베이터 버튼을

누른다. 해당 층에 도달하자 엘리베이터 문이 열린다. 정문 출입구에서 네임택을 찾는데 보이지 않는다. 집에 두고 온 모양이다. 지문 인식기에 손가락을 가져다 대 문을 연다. 출입구에 설치된 열화상 카메라에 얼굴을 맞추어 '정상 온도'임을 확인하고 자리로 가 컴퓨터를 켠다. 하루의 시작이다.

고압 전류선을 타고 우리 컴퓨터까지 온 전기는 어떤 원자력 발전소에서 생산된 것일 수 있다. 또, 우리는 알게 모르게 무인 전철과 자동으로 운항하는 비행기를 타고 여행길에 오르고 있을 수 있다. 하루에도 몇 번씩 송금을 하고, 주식 거래를 하며, 가상화폐의 시세를 확인하고 매매한다. 많은 사람들이 월 구독료를 기꺼이 납입하며 음악을 듣고, 전자 도서를 읽으며, TV 콘텐츠를 사서 본다. 그리고 데이터를 저장할 클라우드 공간을 임대해 쓴다. 스마트폰으로 찍은 사진은 설정에 따라 구글 포토로, 아이클라우드로, 네이버 클라우드로 실시간 전송된다. 온라인 뱅킹, 온라인 쇼핑, 온라인 게임 등 이제는 온라인이란 말을 빼도 인터넷을 우선 생각하는 시대가 됐다.

디지털에 문제가 생기면 우리의 삶도 심각한 타격을 받는다. 2018년 11월 22일 오전 미국의 아마존 웹서비스(AWS)에 서버 장애가 발생했다. AWS 서비스를 받고 있는 국내 업체 쿠팡, KBS, 배달의 민족이 먹통이 되었다.[65] AWS는 2021년 12월에만 세 번의 장애를 일으켜 암호화폐 거래소 코인베이스, 에픽게임즈스토어, 동영상 스트리밍 훌루+, 기업용 메신저 슬랙 등이 피해를 입었다. 2022년 2월 6일 AWS 서버에 장애가 또 다시 발생했다. 배달의 민족, 요기요, 카카오게임즈의 오딘, 라스트 오리진, 에픽세븐 등이 마비되었다. 피해는 22분 남짓 이어졌다.

2021년 10월 4일 페이스북, 왓츠앱, 인스트그램이 거의 6시간 동안 다운되었다. 최고경영자인 마크 주커버그는 "혼란을 드려 죄송하다"며 직접 사과문을 올렸다. 일상적인 시스템 유지 보수 작업을 하면서 자사의 엔지니어가 의도치 않게 페이스북 데이터 센터와 인터넷의 연결을 끊는 명령을 내렸다고 밝혔다. 주커버그의 사과에는 82만 명이 넘는 사람들이 댓글을 달았다. 미국 경제지 '포브스'는 페이스북이 6시간 접속 중단으로 광고주가 이탈하며 약 6,600만 달러의 손실을 입었다 주장했다.

지난 2022년 7월 3일 일본의 3대 이동통신사 중 하나인 KDDI의 통신망에 장애가 발생했다. KDDI는 3,100만 명의 개인과 법인 고객까지 합하면 6,200만 명이 사용하는 서비스다. 장애는 86시간 이어졌다.[66] 휴대전화, 데이터 통신은 물론이고 KDDI 망을 사용하는 현금자동입출금기(ATM), 닛폰유빈(일본우편)의 화물정보 시스템에 문제가 생겨 우편배달이 지연되었다. 일본 기상청의 기온, 강수량의 관측 정보를 다루는 시스템에도 문제가 생겼다. 전국 1,300개 기상 관측소 중 200곳이 영향을 받았다. 나리타공항, 하네다공항에서는 직원들의 무선 장비가 먹통이 되어 업무에 차질을 빚었다. 도요타, 마쓰다, 스바루 등 자동차 업체의 '커넥티드 카' 시스템의 일부도 작동하지 않았다. KDDI는 약 3,915만 명이 장애로 인한 피해를 입은 것으로 추정했고 2022년 7월 2일 새벽에 발생한 설비 고장으로 VoLTE 교환기에 트래픽이 폭주하면서 서비스에 문제가 생겼다고 밝혔다. 다카하시 마코토 사장은 '고객에 큰 불편을 끼쳐 죄송하다'는 말밖에 할 수 없었다.

이보다 앞선 2021년 10월에는 일본 최대 통신사인 NTT도코모도 29시간 통신 장애를 겪었던 적이 있다. 이것은 KDDI 사고 발생 이전 사상 최대의 일본 통신망 장애 사건이었다. 가네코 야스이 일본 총무상도 7월 3일 오전 10시 긴급 기자회견을 열고 "국민 생활과 사회 경제의 중요한 인프라인 휴대전화 서비스 문제로 인해 많은 분이 장시간 이용 곤란을 겪고, 국민의 생명과 재산을 지키기 위한 소방·구급 등의 긴급 통보에 지장을 일으킨 사실을 심각하게 받아들이고 있다"며 사과했다. 일본에선 1시간 이상 장애로 3만 명 이상의 이용자에게 영향이 발생해 긴급 신고 등을 하지 못하는 경우 이동통신 사업자가 '중대사고'로 규정하고 총무성에 신고하도록 되어 있다.

2022년 7월 6일 독일 연방도로교통청(KBA)은 테슬라 모델Y, 모델3 차량의 리콜을 결정했다. 이유는 테슬라의 일부 차량에서 심각한 사고가 발생할 경우 긴급 구조대에 자동으로 연락되도록 설계된 '이콜(eCall)'이 고장을 일으켰고, 전 세계의 모델Y, 모델3 차량 약 5만 9,000여 대가 관련 영향을 받을 것으로 파악한 것이다.[67] 테슬라는 2022년 2월에도 미국 내 완전 자율주행(FSD) 베타 버전 탑재 테슬라 차량 5만 3,822대의 리콜 계획을 발표했다. FSD 소프트웨어가 정지 신호에서 완전히 멈추지 않고, 속도만 살짝 줄인 뒤 그대로 주행하는 '롤링 스톱(Rolling Stop)'을 허용했기 때문이다. 미국 도로교통안전국(NHTSA)에 따르면 리콜 대상은 2016~2022 판매된 모델S, 모델X, 2017~2022년에 생산된 모델3, 2020~2022년 생산된 모델Y가 그 대상이었다. 테슬라는 2021년 11월에 소프트웨어 결함으로 2017년부터 미국에 판매된 차량 가운데 1만 1,704대를 리콜 중인 것으로 나타났다. 차량에 탑재된 소프트웨어가 전방 충돌 경고를 제대로 작동시키지 못하고, 긴급 제동 장치가 갑자기 활성화되는 등 주행 시 문제가 발생할 수 있다는 점이 그 이유다.[68]

만약 우리나라에서 자율주행차가 문제를 일으키면 어떻게 될까? 대검찰청 자료에 따르면 2022년 1월부터 시행된 중대재해처벌법에 근거해 자율주행차 운행 중 소프트웨어 결함이나 오작동으로 교통사고 및 인명 피해가 발생할 경우 '중대 시민 재해'로 인정돼 제조회사 대표가 처벌을 받게 된다.[69]

디지털 위험원의 다양화

전통적인 소프트웨어 오류는 코딩의 잘못으로 인한 경우가 대다수였다. 소프트웨어 공학적 접근을 통해 설계, 개발, 테스트 과정에서 오류를 꼼꼼히 확인하고 점검하는 접근을 하고 있으나 아직 학술 영역 외 산업계의 적용은 활발하지 못하다. 일부 대기업과 SW 전문 기업을 중심으로 CMMI(Capability Maturity Model Integration), SP(Software Process), GS(Good Software)와 같은 소프트웨어 품질, 개발 프로세스 인증을 통해 안전성을 높이고자 하는 움직임은 있으나 대체로 규제 준수, 사업 낙찰을 위한 요건 확보, 사업자 선정 평가 시 가점 등의 혜택을 받기 위해 수행하는 경우가 대부분이다. 소프트웨어 오작동으로 인해 수백억, 수천억 원의 프로젝트가 먹통이 되거나 시스템 오류로 이어진 예들은 불행하게도 많이 찾아 볼 수 있다.

지난 2022년 8월 30일 발생한 이스트시큐리티의 보안 소프트웨어인 알약 오류 사태가 대표적이다. 1,600만 명의 이스트시큐리티의 공개용 보안 소프트웨어인 알약에는 랜섬웨어 탐지 기능을 강화한 업데이트가 실시됐다. 그 과정 중 일부 PC에서는 랜섬웨어 탐지 오류로 인한 화면 멈춤 오류가 발생했다. 오전 11시 30분 랜섬웨어 탐지 기능을 강화한 업데이트를 실시하고 오류 발견 후 오후 1시 30분경 즉각적으로 업데이트를 중지했으며 당일 오후 11시 30분 서비스 정상화를 이뤘다. 하지만 알약 오류로 인한 PC 먹통 사태의 여파로 무료 소프트웨어를 이용하던 자영업자, 프리랜서 등이 업무에 차질을 빚은 것으로 나타났으며 집단 소송 움직임도 일었다. 정상원 대표는 8월 31일 SNS를 통해 "알약이 국내 사용자분의 PC환경에 많은 영향을 줄 수 있기에 출시 전 안정성을 확인하는 자동화 빌드 및 테스트 출시 프로세스가 구축이 되어 있으나 이번 오류를 잡아내지 못하였습니다. 이번 일을 계기로 기존 테스트 프로세스를 전면적으로 재검토하여 더욱 안정적인 서비스를 제공할 수 있도록 만전을 가하겠습니다"라고 밝혔다. 이스트시큐리티는 사건이 발생하고 5일이 지난 9월 5일 재발 방지 방안을 발표했다.

알약 오류 사태 이후 이스트시큐리티가 발표한 재발 방지 방안
① 랜섬웨어 테스트 프로세스 강화 - 다양한 사용자 환경에서 충분한 검증이 될 수 있도록 랜섬웨어 탐지 기술 적용 전, 사전 검증 체계 ② 전략적 배포 프로세스 개선 - 다양한 조건별 배포 프로세스 정교화 - 배포의 전 과정을 상세하게 모니터링하고 통제할 수 있는 배포 시스템 고도화 ③ 오류 조기 발견/차단 시스템 고도화 - 랜섬웨어 탐지 오류를 포함한 오작동을 신속하게 인지하고 선제적 대응을 위한 통계적 모니터링 시스템 개선 - 수집된 오류의 범위와 수준에 따른 자동화된 차단 시스템 수립 ④ 실시간 대응 시스템 개선 - 랜섬웨어 차단 오류 방지를 위한 조기 발견/차단 시스템과 딥러닝 기반의 악성코드 위협 대응 - 솔루션 쓰렛 인사이드(Threat Inside) 연계, 최단 시간 내 정상 엔진 복구를 위한 대응 구조 강화

최근에는 인공지능, 블록체인, 메타버스 등 소프트웨어 기반의 다양한 신기술이 등장하면서 디지털 기술의 잠재적 위험원들도 다양화, 다변화되고 있다. 가령 욕설이나 왜곡된 정보로 학습된 인공지능 챗봇은 사람과의 대화에서도 편향되거나 문제의 소지가 있는 대답을 자동적으로 내놓을 수 있다. 이것은 물리적이거나 신체적 피해는 주지 못하지만 잘못된 규범, 사회적 인식을 심어줄 수 있으며 왜곡된 정보 제공으로 잠재적인 문제를 일으킬 소지가 다분하다. 여기에는 코딩의 오류, 보안 이슈, 통신망 장애 등과 같은 문제는 개입되지 않으나 인공지능에 어떠한 학습용 데이터를 사용했는지가 문제 된다. 인공지능 신뢰성 이슈는 기계학습이 핵심적인 소프트웨어 기술로 부상함에 따라 데이터의 품질, 편향성, 공정성 관리가 새로운 디지털 위험원 관리의 영역으로 고려되어야 함을 시사한다.

블록체인의 사건·사고도 끊이지 않고 있다.[70] 카카오 블록체인 자회사인 그라운드X가 개발한 퍼블릭 블록체인 플랫폼 클레이튼은 2021년 11월 13일 24시간 이상 작동이 멈췄다. 이 사고로 클레이튼에 기반한 대체불가토큰(NTF)의 거래가 불가능해졌고 클레이, 위믹스, 보라 등 클레이튼 기반 코인의 입출금이 중단되었다. 사고의 원인으로 메모리 공유 관련 버그가 지적되었다.[71]

블록체인 기반의 암호화폐, NFT에 대한 해킹도 문제다. 한 블록체인 관련 기업이 발간한 보고서에 따르면 2021년 디지털 자산 불법 거래 금액이 한화로 약 16조 8,000억에 이르며 이 숫자는 2020년 대비 79% 이상 증가한 것이다. 2022년 3월 29일에는 NFT 기반의 P2E(Play to Earn)의 대표적 사례인 액시 인피니티(Axie Infinity)에서 약 620억 달러 규모의 암호화폐가 유출되는 사건이 발생했다. 블록체인의 단점인 데이터 전송 속도, 수수료 등을 개선하기 위해 사용하는 사이드체인에서 보안 사고가 발생한 것이다.

2022년 1월에는 글로벌 NFT 거래소인 오픈시(OpenSea)에서도 버그를 악용해 2억짜리 NFT가 200만 원에 거래가 된 사고가 발생했다. 공격자들은 오프체인에 남아 있던 과거 등록된 저가의 NFT 가격을 불러와 블록체인 유효성 검증을 통과했고 온체인으로 전송했다. 블록체인에 기록된 데이터를 직접 위변조하는 것이 사실상 불가능하기 때문에 데이터를 전송하는 단계에서 공격이 이뤄지고 있다.[72]

최근 주목 받고 있는 메타버스 역시 디지털 안전 문제에서 자유롭지 않다. 오히려 현실과 가상을 넘나들며 다양한 정보 보안, 해킹, 디지털 오류의 위험에 노출되어 있다. 메타버스 기기, 네트워크 인프라에 대한 기존 사이버 보안의 위험을 그대로 내포한 채 신기술을 접목하면서 관련 기술 위험도 고스란히 동반하고 있다. 가령 메타버스의 가상공간은 빠르게 NFT 기반 토큰 이코노미를 수용하면서 블록체인, NFT의 잠재적 위험성에 노출되었으며 가상공간 속 인공지능 기술도 여전히 해결되지 않은 공정성, 신뢰성, 편향성 이슈를 가지고 있다. 나아가 가상공간이라는 새로운 사회적 환경에서 다양한 사회적 범죄가 발생한다. 사이버 공간에서의 디지털 캐릭터, 아바타에 대한 성범죄가 대표적이다. 아바타를 대상으로 성적 수치심을 일으키는 표현이나 스토킹, 음란행위 등에 대한 처벌 요구가 높아지고 있다.[73]

종합적인 국가 디지털 안전 정책 필요

디지털 기술은 점점 촘촘하게 우리 사회와 국가 저변에 확장되고 있다. 문제는 디지털 기술에서 발생하는 사소한 오류나 사고가 개인의 신체적, 정신적 피해는 물론 사회와 경제시스템에 큰 타격을 주는 재앙으로 비화될 수 있다는 점이다. 데이터 오류, 소프트웨어 품질, 안전한 개발, 사이버 공격과 위험으로부터 보호, 개인정보 유출, 네트워크 장애, 인공지능의 편향성과 공정성 이슈, 데이터센터 화재 등 각종 디지털 안전을 위협하는 요인으로부터 사전 예방, 신속 대응, 사후 조치의 유기적 연계가 필요하다.

한국의 개인정보 보호 수준은 유럽의 일반데이터보호규정(GDPR)에 준하는 인정을 받고 있다. 초기 인터넷의 성장 단계에서부터 오랜 시간 관리되고 발전된 결과라 할 수 있다. 인터넷을 통한 각종 해킹, 시스템 공격, 사용자 정보 유출, 피싱, 스미싱 등 사기성 정보를 통한 정보 탈취, 악성코드를 심어 시스템을 마비시키고 금전적 대가를 요구하는 랜섬웨어에 이르기까지 문제는 날로 커지고 있다. 특히 랜섬웨어가 심각한 문제로 부상하고 있다. 2021년 정보보호 실태에 따르면 기업 침해사고 중 47.7%가 랜섬웨어 공격으로 나타났다. 전 세계적으로도 2021년 기준 랜섬웨어 피해액이 6억 2,000만 달러를 넘어 2016년 대비 25배 이상 증가했다.[74] 해킹, 악성코드, 랜섬웨어, 디도스 공격 등 사이버 보안 이슈는 앞으로도 점차 다양화, 지능화될 것으로 예상된다.

한편 외부 공격에 무관하게 소프트웨어 자체적, 기능적 안전성과 오류의 최소화를 추구하는 SW품질 및 안전 확보도 중요한 분야로 떠오르고 있다. 소프트웨어 사고에서는 단순한 시스템 오류가 큰 피해로 이어진 경우가 많았음을 앞서 살펴봤다. 설계, 개발 단계에서의 다양한 시나리오를 가정한 안전 점검과 테스팅을 이룰 수 있는 개발 환경과 개발 문화의 정착이 요구된다. 우리 정부는 2020년 '소프트웨어 진흥법'을 개정하면서 소프트웨어 안전 확보를 법으로 규정하였으며 '소프트웨어 안전 확보를 위한 지침'을 고시로 제정해 소프트웨어 안전 확보를 법적 기반으로 마련해 두었다. 하지만 소프트웨어의 안전 개념, 안전 관리 소프트웨어의 대상 지정 등 세부적인 관리 계획 마련이 필요하다.

인공지능, 블록체인, 메타버스 등 신기술이 품고 있는 잠재적 기술 위험을 빠르게 인지하고 대처하는 것도 필요하다. 특히 인공지능의 신뢰성 문제는 앞으로 국가의 디지털 안전 확보에 필수적이다. 학습 데이터를 기반으로 의사결정의 자동화를 통해 다양한 언어적, 시각적, 지능적 판단을 하는 인공지능은 점차 우리 사회의 핵심 디지털 기술 기반으로 자리매김하고 있다. 최근 윤리적 인공지능, 신뢰할 만한 인공지능 구현을 위한 국내외 정책적 노력이 활발한 이유가 이러한 영향력에 대한 우려가 커지고 있음을 반증한다. 인공지능이 학습의 원천으로 삼고 있는 데이터의 무결성, 공정성에 대한 검증이 이뤄지고 블랙박스 영역으로 남아 있는 인공지능 모델에 대한 투명성, 설명가능성을 높이기 위한 기술적 노력들이 이뤄지고 있다. 나아가 인공지능의 오작동으로 인한 피해 발생 시 책임 소재를 명확히 하고자 하는 논의도 활발하다. 가령, 인간의 개입 없이 스스로 작동하는 자율주행차의 사고 발생 시, 사고 발생 원인을 소프트웨어의 오류나 결함에서 찾으려는 노력을 통해 피해 발생의 책임 소재를 좀 더 명확히 할 수 있다면 소비자의 걱정을 더욱 불식시켜 자율주행차의 확산을 좀 더 가속화시킬 수 있을 것이다.

또, 한 가지 살펴볼 것은 무료 소프트웨어의 피해보상 문제다. 통상 무료 소프트웨어 버전의 경우 이용약관에 면책 규정이 포함되어 있는 경우가 많아 이 경우에는 보상받기 어렵다. 또한 이용자가 피해 규모를 입증하기도 모호하고, 개발사의 과실과 고의로 인해 손해가 발생했음을 판단하는 것도 사실상 어렵다. 기업이 사과문을 게시, 긴급 수동 조치를 공지하고 재발 방지 대책을 내놓고, 사용자 불편을 해소하는 후속 조치도 적극적으로 한다면 재판에 참작이 될 것이다. 대부분의 플랫폼 서비스가 프리미엄(Freemium) 전략을 사용해 가입자 유치 후 유료 상품으로 전환시키는 전략을 택하고 있어 무료 서비스의 피해보상에 대한 고민도 필요하다. 페이스북, 구글 등 플랫폼의 접속 장애가 나더라도 현재로서는 무료이기 때문에 별도의 피해보상이 없다는 입장이다. 소프트웨어의 기업 전략이 무료 소프트웨어의 배포와 이를 통한 유료화 전환, 고객 락인(Lock-In)이기 때문에 무료 소프트웨어가 문제를 일으켰을 시 단순 민사상의 문제로만 치부하는 것이 공익에 부합하는지는 보다 면밀한 검토가 필요하다.

우리는 산업화 사회를 거치면서 각종 재난·재해를 경험하고 있다. 대규모 자연재해가 아니라면 대형 사고라 하더라도 피해는 국지적이었다. 하지만 촘촘하게 연결된 디지털 기술이 사회 기반으로 자리매김한 지금은 국지적 문제가 국가적 문제, 나아가 글로벌 문제로 걷잡을 수 없이 빠르게 커질 수 있다. 소위 디지털 블랙아웃 또는 디지털 팬데믹이 수시로 나타날 수 있음을 염두에 두어야 한다. 이를 위한 더욱 강력하고 촘촘한 국가적 차원의 디지털 안전 확보가 시급하다.

디지털 안전 확보를 위해 3단계 즉 예방, 신속한 조치, 사후 대응 단계에서 좀 더 철저한 관리 체계가 필요하다. 사전적으로 소프트웨어 개발 시 오류를 최소화하고 각종 사이버 공격으로부터 강건하며, 문제가 발생하더라도 회복력(Resilience)을 갖춘 시스템을 개발할 수 있는 기술적 노력이 필요하다. 이후 사고의 신속한 대응과 사건 발생 후 철저한 원인 조사를 통해 재발을 방지하는 법적 기반, 거버넌스 체계 마련이 시급하다. 특히 디지털 안전은 전 분야, 전 부처의 협력이 필요하다. 자율주행차, 의료기기, 원자력, 건축물, 금융 시스템, 교통, 물류, 상거래, 커뮤니케이션 등 어느 것 하나 소프트웨어로 작동하지 않는 영역이 없다. 소프트웨어 융합과 디지털 기술에 대한 의존도가 점차 높아지고 있다. 이에 따라 범부처 거버넌스 체계에서 전 산업 분야의 소프트웨어 기술 역량을 높이며, 사고 대응과 사후 원인 조사 및 조치가 이뤄지는 정책 마련이 필요하다. 안전한 디지털 세상, 나아가 디지털 선진국가의 도약은 촘촘한 디지털 안전에서 시작된다. 안전에는 경계가 없다!

5 DIGITAL POWER 2023

디지털 사회와 삶의 변화

김주희 국민대학교 혁신기업연구센터 연구본부장

디지털 사회로의 전환

한국에서 제작한 드라마 〈오징어 게임〉은 넷플릭스 방영 이후 전 세계적인 인기를 휩쓸며 미국 방송계 최고 권위라 일컫는 에미상 6개 부분에서 수상하는 기염을 토했다. 이 같은 오징어 게임의 인기와 성공 배경에는 작품성이라는 요소 이외에도 네트워크와 초연결이라는 디지털 사회의 속성도 강하게 자리 잡고 있다.

4차 산업 혁명 이후 가속화된 네트워크 중심의 디지털 사회는 상품과 서비스의 확산 속도를 높였을 뿐만 아니라 물리적·지역적 경계를 허무는 결과를 가져왔다. 시간과 공간의 제약을 받지 않고 전 세계 시청자에게 빠르게 다가갈 수 있는 환경이 조성되었기 때문에 오징어 게임은 단시간에 많은 시청자들에게 인기를 얻을 수 있었던 것이다. 또한 과거보다 시청자들이 상호작용을 할 수 있는 공간과 방법이 증가하면서 입소문을 타고 더 빠른 속도로 전 세계로 확산되었다. 〈왕좌의 게임〉이 10년간 쌓아 올린 최다 유튜브 조회수 기록(169억 뷰)을 오징어 게임이 두 달여 만에 따라잡을 수 있었던 배경 역시 이와 같은 맥락에서 이해할 수 있다.

이처럼 4차 산업혁명의 중심을 이루는 디지털 기술은 데이터와 네트워크 그리고 플랫폼이 경제와 사회를 이끄는 분기점을 만들어 냈다. 디지털 사회에서 인류가 경험한 변화의 폭은 지난 100년간 인류가 겪은 경험의 폭을 능가한다. 인류가 앞으로 겪을 변화의 속도 역시 가속화될 것이다.

특히 우리나라의 경우 1995년 막대한 예상을 투입하여 '초고속정보통신망 마스터플랜'에 따라 초고속인터넷망을 구축하였는데, 전국 수준으로 진행된 초고속정보통신망 사업은 디지털 사회로 이행하면서 디지털 경쟁력을 높이는 기회로 작용하였다. 2022년 IMD에서 발간한 글로벌 디지털 경쟁력 보고서에 따르면 한국은 63개국 가운데 8위를 기록했다([그림 1]). 인구 2,000만 명 이상 27개국 중에서는 미국에 이어 2위이다.

그렇다면 디지털 삶의 질이라는 측면에서 살펴보면 어떠할까? VPN 서비스 기업 Surfshark이 110개국의 디지털 삶의 질 지수(Digital Quality of Life Index)를 발표하였다. 인터넷과 전자통신 기술 및 제반 환경을 기준으로 조사한 결과에 따르면 한국의 디지털 삶의 질 지수는 2위인 것으로 나타났다([그림 2]). 우리나라가 디지털 경쟁력에 이어 디지털 삶의 질 또한 높은 순위를 차지하는 것은, 디지털 사회로 진입하기 시작한 시점에 형성된 디지털 인프라가 디지털 기술의 발전과 디지털 기술에의 접근성을 함께 향상시켰기 때문인 것으로 보인다.

[그림 1] The 2022 IMD 글로벌 디지털 경쟁력

		Score		
01	Denmark	100.00	↗	3
02	USA	99.81	↙	1
03	Sweden	99.81		-
04	Singapore	99.48	↗	1
05	Switzerland	98.23	↗	1
06	Netherlands	97.85	↗	1
07	Finland	96.60	↗	4
08	Korea Rep.	95.20	↗	4
09	Hong Kong SAR	94.36	↙	7
10	Canada	94.15	↗	3

출처: IMD Digital Ranking Report 2022

[그림 2] 디지털 삶의 질 지수 지표[75]

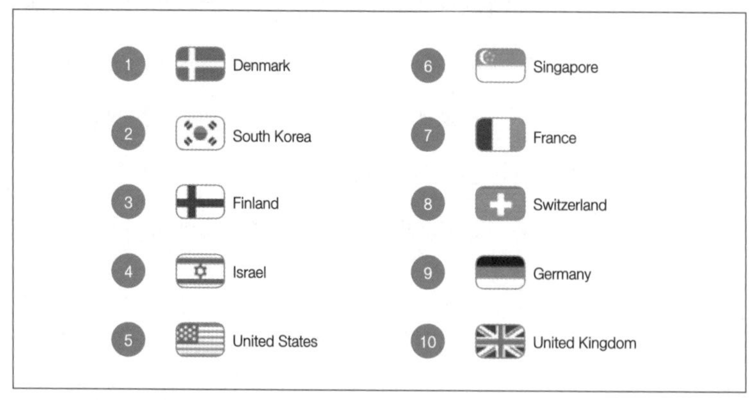

출처: Digital Quality of Life Index(2021)

데이터, 네트워크 그리고 초연결이 바꾼 현상들

디지털 기술이 일상을 지배하는 사회는 어떤 모습으로 바뀌었을까? '포노사피엔스(Phono Sapiens)'[76]로 표현되는, 스마트폰으로 일상을 시작하고 마무리하는 새로운 인류가 등장했다. 포노사피엔스는 업무,

교육, 쇼핑, 여가 등의 일상에서 필요한 모든 정보를 스마트폰에서 검색한다. 스마트폰은 이들 영역과 관계든 모든 산업과 서비스 분야에 대한 기업 혹은 주체들이 앱을 통해 정보와 서비스를 제공하고 있으며, 이를 통해 사회 전 분야가 연결되고 이용자가 남긴 데이터와 정보가 쌓인다. 인공지능 기반의 알고리즘은 이렇게 축적된 데이터를 가치 있는 정보로 추출하여 새로운 가치를 창출하는 역할을 담당한다. 이는 기업이 예전과 다른 방식으로 혁신을 만들어가는 과정을 통해 명확히 이해할 수 있다.

기업은 데이터를 기반으로 변화하는 고객 행동을 분석함으로써 가치를 창출하는 지점을 찾아내고, 고객이 원하는 서비스를 제공함으로써 비즈니스 혁신을 일으키려 노력한다. 이처럼 디지털 기술은 기업이 기술 발전을 통해 혁신을 창출하는 것이 아니라, 고객의 선택이 혁신이 되는 '고객 중심'의 시장 질서로 재편하고 있다. 고객 중심 사회로의 이행은 사회 전 분야의 소통 방식이 쌍방향 혹은 다방향으로 변화하고 있는 현상을 나타내는 하나의 예이다.

디지털 기술은 개인과 개인의 연결, 개인과 조직의 연결, 조직과 조직을 연결하였다. 엘리아와 동료들[77]은 디지털 사회에서는 정보와 지식 그리고 자본이 연결되며 이러한 연결이 새로운 가치를 만들어낸다고 설명한다. 구체적으로 디지털 기술은 사회 구성원들의 연결이 극대화되었을 때 소통하고 지식과 정보를 공유하고 축적하는 방식 또한 바꾸어 나갔다고 설명한다. 즉, 시공간에 제약을 받지 않는 자유로움이 더욱 다양하고 더욱 많은 참여자들을 소통의 공간으로 끌어들일 수 있게 하고, 소통방식 또한 자율적으로 발현된 메커니즘과 집합지성에 토대를 두고 이루어진다는 것이다. 결과적으로 디지털 사회는 이전보다 훨씬 많은 소통이 효율적으로 이루어지고 나아가 집단지성의 축적과 발전 속도 또한 빨라질 것이다.

집단지성과 디지털 기술의 접합은 이전에는 해결하기 어려웠던 사회 문제를 해결하는 데 도움이 되기도 한다. 동일본 대지진 발생 이후 지역 방사능 누출정보를 수집하고 공유하는 시스템을 구축한 세이프캐스트(Safe Cast)가 대표적인 예이다. 일본 정부는 동일본 대지진 발생으로 후쿠시마 원전 사고가 발생하여 방사능 유출 사건이 발생했음에도 한동안 유출된 방사능 측정치를 비공개해 왔다. 이에 미국에서 조이 이토, 피터 프랑켄 등과 같은 IT 전문가들이 이 문제를 해결하기 위해 힘을 합쳤다.

세이프캐스트는 구형 방사능 측정기를 작고 가볍게 개선하고 지역 사회에 보급해 지역별 방사능 누출정보를 수집하고 공유하기로 하였다. 방사능 측정기 제작을 위해 킥스타트에 크라우드펀딩을 진행하였는데, 일본 사회문제를 해결하기 위해 시작한 크라우드펀딩 프로젝트에 놀랍게도 전 세계인들이 적극적으로 참여하였다. 이로 인해 세이크캐스트는 방사능측정기를 일본 전역에 무료로 보급할 수 있었다. 특히 흥미로운 점은 킥스타터라는 크라우드펀딩 플랫폼이 디지털 공간에서 정보와 사람 그리고 자본을 모으는 메커니즘으로 작용하였다는 것이다. 세이프캐스트 프로젝트는 디지털 사회에서 전 세계의 집단지성과 사회문제 해결에 대한 의지와 관심이 어떻게 수렴할 수 있는지 그리고 기술이 합쳐져 사회문제를 해결하는 데 어떻게 도움이 되는지를 보여준 대표적인 사례라고 할 수 있다.

[그림 3] 디지털 사회의 인큐베이터 모델

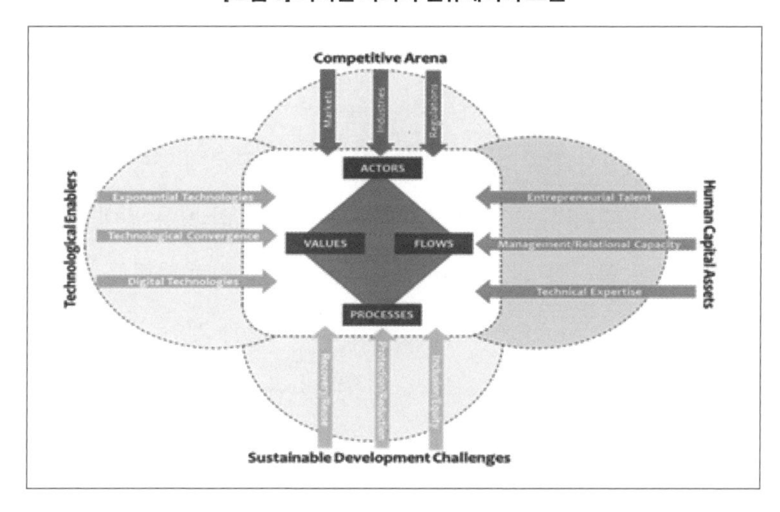

[그림 4] 세이프캐스트의 지역별 방사능 누출 수준 지도

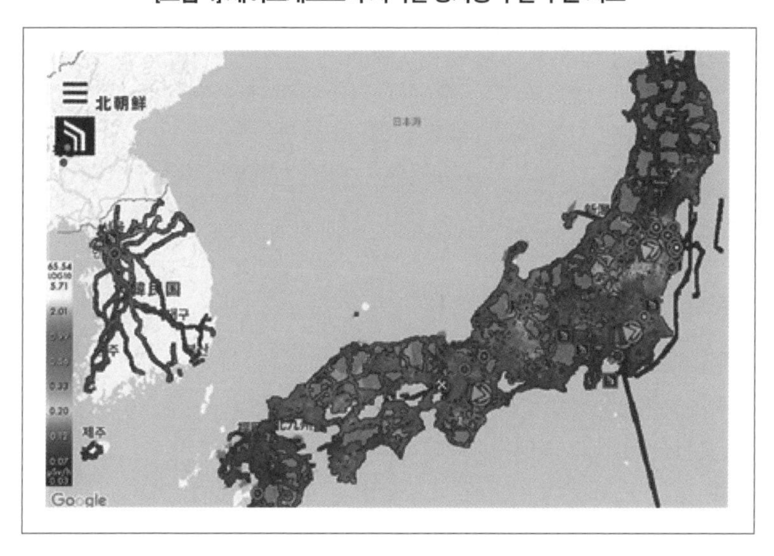

초연결의 디지털 사회, 유토피아 될까? 디스토피아 될까?

디지털 대륙은 이전까지 인류가 경험해 보지 못한 신대륙이다. 디지털 기술이 일상과 일자리, 산업, 경제와 같이 전 부문에 영향을 끼치고 변화를 만들 것이라는 사실은 명백하지만이 변화의 방향에 대해서는 여전히 많은 불확실성이 존재한다. 이에 따라 디지털 사회를 이끄는 속성이 네트워크와 연결이라는 요소가 상호작용과 개인의 역량을 극대화하고 개인 간, 개인과 조직 간, 조직과 조직 간의 상호 협력이 이루어지는 유토피아가 될 것인지 아니면 자본의 독점이 발생했듯이 기술의 독점과 이로 인한 격차와 부작용이 팽배하는 디스토피아로 향할지에 대해서는 명확한 답을 찾을 수 없다. 디지털 사회가 앞서 살펴본 세이프캐스트의 사례처럼 희망적인 메시지만을 주는 것은 아니기 때문이다.

먼저 디지털 기술의 발전 속도는 사람들이 적응하는 속도보다 훨씬 빠르게 진행되고 있고 이는 예상치 못한 부작용들을 낳기도 했다. 이로 인해 디지털 사회에서는 이해당사자 간 사회적 갈등이 새롭게 발생하거나 사회 구성원들의 가치관이 혼란되는 것과 같은 결과를 야기하기도 한다. 메타버스와 같은 가상세계 속에서도 현실세계에서 발생하는 범죄와 유사한 형태의 범죄가 발생하고 있는 현상이 그 예이다. 또한 디지털 사회에서 디지털 기술과 활용 방식에 대한 이해와 적응 속도는 세대에 따라 계층에 따라 다른 양상으로 나타나면서 정보 격차가 발생하고 있고, 이에 따라 일자리와 고용 등에서 그동안 존재해 왔던 불평등이 더욱 심화될 것이라는 우려를 낳기도 하였다.

디지털 사회는 우리에게 글로벌 강국으로 성장할 수 있는 많은 기회를 제공하고 있기도 하다. 이는 코로나19 사태에서도 분명하게 드러났다. 높은 디지털 경쟁력과 더불어 디지털을 통한 참여에 익숙한 우리나라의 경우, 코로나19가 주는 혼란을 최소화할 수 있었다는 평가가 지배적이었다. 반면 일본의 경우 코로나19 대응 과정에서 디지털 전환 지연으로 인해 효과적인 대응이 미흡했다는 비판이 지배적이었다. 2021년 5월 12일 「디지털 사회형성 기본법」, 「디지털청 설치법」, 「디지털 사회의 형성을 도모하기 위한 관계 법률의 정비에 관한 법률」과 같은 디지털 전환 촉진과 관련한 법률안이 일본 국회에서 통과한 것도 이와 무관하지 않은 것으로 보인다.

우리나라는 이미 우수한 수준의 디지털 인프라와 혁신 역량, 디지털 시민의식을 인정받고 있다. 하지만 앞으로 글로벌 경계가 약화되고 디지털 중심 글로벌 질서의 재편이 가속화되는 상황에서도 성공적으로 디지털 사회로 안착하기 위해서는 격차 해소와 속도 맞추기와 같은 정책적 지원이 병행될 필요성 또한 높아 보인다. 이를 위해서는 고령층과 같은 디지털 취약 계층을 적극적으로 포용하는 디지털 정책 수립과 미래 세대를 위한 디지털 교육에도 많은 관심을 기울여야 할 것이다.

6 DIGITAL POWER 2023

디지털 혁신과 데이터법

김현경 서울과학기술대학교 교수

데이터법의 의미와 범위

디지털 생태계에서 데이터가 차지하는 비중과 역할의 중요성에 대하여는 이미 많은 연구가 이루어진 바, 본 챕터에서는 그러한 원론적 논의는 생략하고 '데이터법'에 대한 논의에 집중하고자 한다. '데이터법'은 '데이터'를 규율하는 법을 총칭하여 '데이터법'으로 칭할 뿐, '민법'이나 '형법'처럼 단일법으로 규율되어 있는 것이 아니다. 데이터의 유형에 따라서 인간의 창작적 노력이 투입된 데이터를 지적재산(지식재산권법)으로, 정보주체를 식별하는 인격적 권리가 투영된 데이터를 개인정보(개인정보 보호법)로 보호한다. 또한 일정한 물적·인적 투자가 투입된 데이터베이스(저작권법)를 보호하기도 한다. 이처럼 법으로 보호가 규정된 데이터를 제외하면 원칙적으로 그 외 데이터의 이용은 자유다. 이러한 데이터법의 방향은 전 세계가 거의 유사하다. 다만 그 보호의 정도가 다를 뿐이다. 우리나라를 기준으로 데이터 유형에 따른 데이터법 현황은 다음 표와 같다.

데이터유형과 데이터법 개관[78]

데이터 유형	데이터법	핵심내용
지식재산	- 산업재산: 특허법(발명), 실용실안법(고안), 디자인보호법(디자인), 상표법(상표) - 저작권법(저작물)	- 보호 중심 - 주로 재산권적 보호(*저작권은 인격권도 보호) - 독점배타적 권리 부여
데이터베이스	- 저작권법 - 부정경쟁방지법	- 보호 중심 - 독점배타권 또는 금지청구권
개인정보	- 개인정보 보호법(개인정보) - 신용정보법(개인신용정보) - 위치정보법(개인위치정보)	- 보호 중심 - 인격권적 보호 - 정보주체의 자기결정권
공공데이터	- 공공데이터법(공공데이터)	- 활용 중심 - 공공데이터의 민간 활용 촉진
그 밖의 데이터	- 부정경쟁방지법(일정한 요건의 데이터, 영업비밀)	- 보호 중심 - 금지청구권

디지털 혁신 환경에서 활용 가치가 높은 데이터는 단연코 개인정보다. 또한 최근 인공지능의 학습용 데이터로 수많은 저작물이 이용되고 있는 바, 이러한 경우 저작권의 제한을 인정하는 입법이 국내외에서 추진되고 있다. 개인정보 역시 2020년 개정으로 가명처리를 통해 개인정보의 활용을 꾀할 수 있게 되었다. 데이터의 이동은 물리적 객체와는 달리 탈국경성을 속성으로 하는 바, 데이터와 관련된 입법은 대부분 국제적 통일성을 향하며 국제규범으로부터 긴밀한 영향을 받는다. 이하에서는 디지털 혁신에 대응하는 유럽과 우리의 데이터법 동향을 살펴보고 추후 입법과제를 전망해 본다.

유럽의 움직임: '보호'의 자물쇠를 열며

유럽은 지식재산, 개인정보, 데이터베이스 등에 대하여 강력한 보호 중심의 입법방식을 채택하였다. 특히 개인정보에 대하여는 유럽 일반 개인정보보호법(GDPR)[79]이라는 강력한 보호 중심의 규범을 통해 국제적 표준화를 꾀하고 있다. 뿐만 아니라 이미 25년 전인 1996년 데이터베이스에 대한 투자를 독려하여 데이터 시장을 개척하기 위해 창작적 요소가 없는, 즉 저작권으로 보호되지 않는 데이터베이스에 대한 독점배타적 권리를 인정하는 지침을 채택한 바 있다.[80] 그러나 오히려 이러한 권리를 부여하지 않은 미국의 데이터베이스 생산량이 유럽에 비해 상당하며, 특히 유럽에서도 이러한 보호 중심의 데이터베이스권 도입 전후의 관련 경제적 효과에 별반 탁월한 차이가 발견되지 않았다.

이러한 상황에서 EU는 4차 산업의 핵심 산업인 데이터 산업에서 EU의 주도권 확보를 위해 역내 데이터 단일시장을 형성하고, 합법적이고 원활한 데이터 공유 환경을 조성할 수 있도록 2020년 EU 데이터 전략(European Strategy for Data)을 수립하였다. 이 전략 실행을 위한 법안을 단계적으로 추진하는데, 첫 번째 단계로 추진된 것이 2021년 11월 발효된 데이터 거버넌스법(DGA, Data Governance Act)이다. 이 법은 EU 내 데이터 주권을 수립하고, 데이터가 자유롭고 안전하게 이동할 수 있도록 법적 프레임을 마련하는 것이다. 두 번째 단계로 2022년 2월 23일 발표된 데이터법(Data Act) 초안이다.[81] 이 법안은 거버넌스법의 법적 토대를 바탕으로 구체적인 데이터 접근 및 제공 주체와 공유 조건을 규정하고 있다.[82]

Data Act의 목표는 IoT 기기에서 생성되는 데이터에 대하여 기존 데이터 시장의 약자로 여겨지는 개인과 중소기업의 접근성을 강화해 공유를 활성화하는 것이다. Data Act은 누가 어떻게 데이터에 접근할 수 있는지와 어떻게 가치를 창출할지에 대한 조건을 규정하고 있다. 또한 데이터 공유의 안전성과 합법성을 확보하기 위해 보안 규정을 강조하고 있다. 즉 Data Act은 데이터 접근과 이동을 보장하기 위한 특단의 조치로 IoT 기기 사용자에게 데이터에 접근 및 제공할 수 있는 새로운 권리를 인정하고 있으며 그 권리실행을 위해 IoT 제조업자에 해당하는 데이터베이스 권리자에게 데이터 이동 의무를 부여하고 있다.

Data Act은 IoT 제품을 사용하고, 산업 데이터 생산에 기여하는 개인 사용자의 접근 권한을 강화하고 있다. 따라서 사용자는 자신이 생산에 기여한 데이터에 언제든지 접근할 수 있으며, IoT 제조업자로 하여금 사용자가 지정한 제3자에게 데이터를 전송하도록 요청할 수 있다. 여기서 제3자는 제품의 유지, 보수 및 컨설팅과 같은 애프터 마켓 서비스를 제공하는 업체를 말한다. 주로 중소기업 대상으로 하며 이미 시장에서 지배력을 행사하고 있는 게이트키퍼(Gatekeeper) 기업[83]은 이와 같은 무상 제공 대상에서 제외된다.

이러한 사용자의 데이터 접근 및 이동권은 IoT 제조업자 등의 데이터베이스권과 상충되기 때문에 Data Act은 기계 생성 데이터의 경우 앞선 데이터베이스 지침이 인정하는 데이터베이스권의 예외를 인정함으로서 자유로운 재사용을 허용하고 있다.[84] 이처럼 유럽은 데이터에 대한 보호 중심의 법체계를 고수하였으나, 그러한 시스템하에서 데이터 경제의 획기적 발전을 기대하기 어렵다는 것을 인식하고 적극적으로 데이터를 활용하기 위한 입법적 조치를 강구하고 있다.

우리의 대응: 데이터 입법의 홍수

2022년 기준, 데이터 관련법들은 앞에서 기술한 법률 외에도 과학기술정보통신부 소관의 데이터산업법[85]과 산업통상자원부 소관의 산업디지털 전환법[86] 특허청 소관의 부정경쟁방지법[87]이 입법되어 시행되고 있다. 데이터산업법과 산업디지털 전환법이 데이터와 관련된 산업의 진흥과 시책을 추진하는 것을 주된 목적으로 하는 것이라면, 부정경쟁방지법은 데이터에 대한 부정사용을 금지함으로써 데이터 관련 권익의 보장을 주된 내용으로 하는 것이다. 뿐만 아니라 중소기업 스마트제조혁신 지원에 관한 법률안,[88] 국가데이터위원회의 설치 및 운영에 관한 법률안,[89] 데이터재산권의 보호 등에 관한 법률안,[90] 문화데이터 조성 및 활용 촉진에 관한 법률안[91] 등이 국회에서 논의되고 있다.

다만 데이터산업법을 비롯한 산업디지털 전환법 등은 개인정보, 저작권, 공공데이터 등에 대하여는 기존의 개인정보 보호법, 저작권법 등이 적용되도록 규정하고 있는 바, 이러한 법들은 앞서 언급한 바와 같이 거의 대부분 유럽의 입법례를 따르고 있다. 데이터베이스에 대하여는 유럽의 1996년 지침을 그대로 벤치마킹하여 2003년 저작권법 개정을 통해 독점배타적 권리를 인정한 바 있으며,[92] 2020년 개인정보 보호법의 개정 역시 가명정보의 처리 등 유럽의 GDPR을 상당 부분 반영한 것으로 보인다.

실상 데이터 활용을 위한 다수의 입법을 각 부처가 경쟁적으로 추진하였지만 실제 산업계의 활용이 요구되는 개인정보, 저작물 등에 대하여는 여전히 강력한 보호 중심의 법체계를 유지하고 있는 것이다. 특히 데이터산업법과 산업디지털 전환법은 표준계약서, 사업자 규제, 데이터 품질관리, 데이터 플랫폼 등 상당한 시책이 양법에서 중복하여 중첩적으로 시행될 예정이라 오히려 수범자 혼란을 야기할 수 있다. 뿐만 아니라 산업디지털 전환법은 산업데이터에 대한 사용·수익할 '권리'를 인정하고 있는데(제9조 제1항부터 제3항) 이러한 권리가 새로운 독점 배타적 권리의 창설인지, 단순히 채권적 권리인지 불분명하므로 실제 법 집행 및 수범자 혼란이 우려된다. 또한 산업데이터가 저작권법상 데이터베이스에 해당될 경우 저작권법은 데이터베이스를 공동으로 제작한 경우 공동의 합의에 의해서만 사용할 수 있으나, 산업디지털 전환법은 각자 사용·수익할 권리를 인정한다고 하고 있으므로 양자의 충돌도 우려된다.

이처럼 데이터 입법의 홍수라 불릴 만큼 데이터 활용을 위한 다수의 입법을 추진 중이나, 정작 중요한 쟁점인 인공지능 학습용 데이터로써 저작물이나 개인정보의 활용, 공개된 개인정보의 활용, 데이터의 크롤링 등의 법적 해결에 있어서 여전히 미온적이다.

데이터법의 전망과 과제

우리가 주로 벤치마킹한 유럽은 데이터에 대한 강력한 보호 중심의 입법을 채택하였지만, 그 경제적 효과가 증명되지 못한 채 앞서 검토한 바와 같이 스스로 수정을 시도하고 있다. 오히려 이러한 보호를 취하지 않은 미국 등이 데이터 경제의 최강국이 되었다는 점을 볼 때 데이터 경제에 있어서 보호 중심의 입법은 한계를 지닌다고 볼 수 있다.

그럼에도 불구하고 각 국가별로 처한 상황과 고유한 여건은 다르겠지만 디지털 혁신을 추구함에 있어서 데이터의 활용을 위한 다음과 같은 과제는 반드시 해결되어야 한다는 데에는 공감할 것이다.

첫째, 인공지능 학습용 데이터의 증진이다. 인공지능 학습은 데이터 전처리(Pre-Processing)을 거친 데이터의 전부 또는 다수를 학습데이터로 입력하는 경우가 많으므로 데이터에 대한 적법한 이용 권한이 없다면 대규모의 저작권 침해가 발생할 수 있다. EU, 일본, 영국 등은 이를 위한 저작물의 데이터 처리 관련 면책요건을 입법하였고, 미국은 판례법에 근거한 공정이용 법리[93]에 따라 이를 허용하는 논의를 하고 있다. 우리나라도 2021년의 저작권법 전부 개정안[94]에서 TDM(Text and Data Mining)을 위한 예외를 규정하여 인공지능 알고리즘 학습을 위한 저작권 제한 규정을 마련하고자 하고 있다. 다만 해당 저작물에 적법하게 접근할 수 있는 경우에 한정하여 허용하고 있으므로 실무적으로 이루어지는 웹사이트 등에 대한 데이터 크롤링, 스크레이핑이 적법한지는 입법이 되더라도 여전히 문제될 수 있다.

둘째, 공공데이터의 적극적 개방과 활용이다. 우리나라는 「공공데이터의 제공 및 이용 활성화에 관한 법률」을 통해 공공데이터의 적극적 개방과 민간 활용을 추구해 왔다. 그러나 본 법의 적용대상에서 저작권법상의 데이터베이스는 제외하고 있다. 더욱이 데이터베이스권의 보호의 대상이 되는 데이터베이스 관련하여 법원은 로마켓(lawmarket.co.kr) 사건[95]에서 "사건검색 서비스를 제공하기 위하여 법원은 인적·물적으로 상당한 투자를 하여 소송사건 관련 정보 데이터베이스를 제작하였을 것이므로 법원은 그에 대하여 데이터베이스 제작자로서의 권리를 가지고 있다"고 하여 법원도 즉 공공도 데이터베이스권의 주체가 될 수 있음을 밝혔다. 즉 공공데이터베이스는 '자유이용'이 아니라 '보호'의 대상인 것이다. 저작권법상 데이터베이스 제작자의 권리제한(제94조)에서 공공저작물의 자유이용(제24조의2) 규정을 준용하고 있지 않으므로 엄격히 공공데이터베이스에 대하여 데이터베이스 제작자의 권리 제한이 인정되지 않는다고 볼 수 있다. 그러나 공공저작물과 마찬가지로 공공데이터베이스 역시 국민의 세금으로 제작되며 비배타성 등으로 특정인의 이용이 다른 이의 이용을 배제하지 않아 이용에 특혜의 문제가 발생하지 않는다. 그럼에도 불구하고 공공저작물과 달리 취급하는 것은 적절하지 않다. 또한 이미 「공공데이터의 제공 및 이용 활성화에 관한 법률」에서 공공기관이 보유·관리하는 공공데이터의 민간 제공을 원칙으로 규정하고 있는 바,[96] 추후 양법의 충돌 가능성도 고려할 필요가 있다.

셋째, 개인정보의 합리적 활용이다. 일정한 요건하에 공개된 개인정보의 활용을 허용하는 방안, 인공지능 학습용 데이터로 개인정보의 활용을 허용하는 방안 등이 모색될 필요가 있다. 개인정보를 보호하는 이유는 정보주체의 인격적 법익에 대한 침해를 막기 위함이다. 인공지능 학습용 데이터로 활용되는 경우 그 인격적 법익의 침해가능성이 상당히 낮고 이미 모두에게 공개된 개인정보의 경우도 그러하다. 마이데이터를 비롯 개인정보의 활용을 통한 정보주체의 수익추구 비즈니스도 제도화되고 있는 만큼 개인정보의 합리적 활용은 데이터법의 가장 큰 과제일 것이다.

1) 신원규 외 편저(2021), "G7 정상회의 이후 계속되는 미중 사이 줄다리기와 한국의 선택", 2022 한국경제 대전망, 21세기북스

2) WTO에서는 디지털 통상을 "디지털 기술 또는 전자적 수단에 의한 상품·서비스·데이터 등의 교역 및 이와 관련된 경제주체 간 초국경적 활동(생산, 유통, 마케팅, 판매 등) 전반"으로 정의하고 있다.

3) 신원규(2021), "디지털대전환과 글로벌 통상환경의 변화", 월간SW중심사회 통권87호, 소프트웨어정책연구소

4) 최근에 미국은 군주제나 권위주의 정부를 표방하는 OPEC+ 국가의 석유 감산 결정을 두고 경제 및 외교적 갈등을 겪었는데, 사우디아라비아나 러시아에게 드론을 지원한 이란과 같은 국가도 권위주의 국가에 해당될 수 있다.

5) Aylor et al.(2020), "Designing Resilience into Global Supply Chains. Boston Consulting Group"

6) Shin, W., & Lee, W.(2013), "Legality of R&D subsidies and its policy framework under the world trading system: The case of civil aircraft disputes", STI Policy Review, 4; 김준연, 박강민, 신원규(2022), "국제통상환경의 변화와 디지털 기술패권 경쟁", 소프트웨어정책연구소 연구보고서

7) 스탠포드 인간중심연구소(2021), "AI 인덱스 리포트 2021(AI Index Report 2021)"

8) McKinsey(2018), "Notes from the AI frontier: Applications and value of deep learning"

9) McKinsey(2020), "Global survey: The state of AI in 2020"

10) The Economist(2020), "Businesses are finding AI hard to adopt"

11) 구글의 엔지니어 블레이크 레모인(Blake Lemoine)은, 람다가 작동 중지를 사람의 죽음처럼 받아들인다고 주장했으며 이후 기밀 누설로 해고되었다.

12) Bloomberg(2022), "IBM Sells Some Watson Health Assets for More Than $1 Billion"

13) 이경아·김찬희·백정흠·심선진·안희경·이언·이선희(2019), "인공지능 왓슨과 다학제 진료의 치료방법 일치율 평가 및 의료진 만족도 조사", 보건의료기술평가, 7(2), pp.112-118

14) 아마존이 2012년에 인수한 키바시스템의 물류로봇. 키바시스템은 이후 아마존 로보틱스로 사명을 변경했으며 아마존 물류센터에는 20만 개의 키바 로봇이 일하고 있다(Washington Post, 20219).

15) 한국경제(2019.4.19.), "새벽배송 감탄은 끝났다, 검증의 시간"

16) Buxbaum(2019), "Amazon's Warehouse: The power of randomness"

17) O'Cornnor(2018.3.), "In Full Swing - Autodesk's generative tools shift Lightning Motorcycles into gear", TCT Magazine

18) 스티치 픽스는 미국 샌프란시스코에 본사를 두고 있으며, 2017년에 기업공개(IPO)를 했다. 2020년 기준 8천 명의 직원과 340만 명의 고객을 보유한 회사이다.

19) Lake, K.(2018), "Stitch Fix's CEO on Selling Personal Style to the Mass Market", Harvard Business Review, 96(3), pp.35-40

20) Haefner, N., Wincent, J., Parida, V., & Gassmann, O.(2021), "Artificial intelligence and innovation management: A review, framework, and research agenda", Technological Forecasting and Social Change, 162, 120392.

21) Samuel, J., Kashyap, R., Samuel, Y., & Pelaez, A.(2022), "Adaptive cognitive fit: Artificial intelligence augmented management of information facets and representations", International Journal of Information Management, 65, 102505.

22) 한겨레(2017.9.20.), "농심배 신민준 2연승 바람"

23) 중앙일보(2019.3.11.), "알파고 충격 3년, 프로 바둑계가 세졌다"

24) Jones, M. D., Hutcheson, S., & Camba, J. D.(2021), "Past, present, and future barriers to digital transformation in manufacturing: A review. Journal of Manufacturing Systems", 60, pp.936-948. https://doi.org/10.1016/j.jmsy.2021.03.006

25) Tony Saldanha(2019.7.23.), "Why Digital Transformations Fail: The Surprising Disciplines of How to Take Off and Stay Ahead", Berrett-Koehler Publishers

26) Patrick Forth(2022.2.16.), "Romain de Laubier, Saibal Chakraborty, Tauseef Charanya, and Matteo Magagnoli, The Rise of the Digital Incumbent", Boston Consulting Group. https://www.bcg.com/publications/2022/rise-of-digital-incumbents-building-digital-capabilities

27) 소프트웨어정책연구소(2022.6.), "2021년 SW융합 실태조사 결과보고서" https://stat.spri.kr/posts/view/23461?code=stat_sw_reports

28) 마셜 밴 앨스타인, 상지트 폴 초더리, 제프리 파커(2017), "플랫폼 레볼루션", 재인용; 이진휘(2019.5.27.), "오픈소스 동향과 시사점", 이슈리포트 2019-13, 정보통신산업진흥원.

29) Carmelo Cennamo(2020), "Competing in digital markets: A Platform-based perspective"

30) Mckinsey&Company(2019), "Global AI Survey: AI proves its worth, but few scale impact" 마케팅·판매는 고객 서비스 분석 고객 세분화, 채널 관리, 구매 가능성 예측, 마케팅 예산 분배 등을 포함하고, 제품 및 서비스 고도화는 제품 및 서비스 개발과 개발 사이클 최적화, 특징 최적화, 인공지능 기반의 고도화 및 새로운 제품 출시, 공급망 관리는 물류 네트워크 최적화, 판매와 부품 전망, 재고 최적화 등을, 서비스 운영은 콘택트 센터 자동화, 예측 가능한 서비스와 조정 등의 행위를 포함한다.

31) 구자현 외(2021), "메타버스 산업의 이해와 정책과제", KDI, p.24

32) 구자현 외(2021), "메타버스 산업의 이해와 정책과제", KDI, p.51

33) 구영덕(2021), "ASTI MARKET INSIGHT 2021", p.6 참고 재작성

34) https://baijiahao.baidu.com/s?id=1716677981053100000&wfr=spider&for=pc

35) https://www.yna.co.kr/view/AKR20220215084100009

36) https://www.statista.com/statistics/1287390/china-familiarity-with-metaverse/

37) https://www.ifs.or.kr/bbs/board.php?bo_table=News&wr_id=3978

38) https://zdnet.co.kr/view/?no=20220506082547

39) Statista Research Department,
https://www.statista.com/statistics/1290378/unites-states-adults-familiarity-with-the-metaverse/

40) https://www.statista.com/statistics/1303391/us-adults-potential-metaverse-issues/

41) 범부처(2022), "메타버스 신산업 선도전략"

42) CJ 블로그, ""재택근무, 제주도에서 해보라" 제주소재 거점오피스 CJ 제주점, 워케이션 혁신시도"

43) 중앙일보(2021.12.12.), "재택근무 지겹다고? 휴가지서 일하는 워케이션 어때요?"; NTT 경영연구소, JTB, 일본항공 워케이션 실험 효과

44) Dr. KDV Prasad et al(2020), "Organizational Climate, Opportunities, Challenges and Psychological Wellbeing of the Remote Working Employees during COVID-19 Pandemic: A General Linear Model Approach with Reference to Information Technology Industry in Hyderabad", International Journal of Advanced Research in Engineering and Technology, Volume 11 Issue 4, pp.372-389

45) 한국경제(2022.8.26.), "전기차 전환 못 따라가는 부품社…2030년까지 500곳 사라질 수도"

46) 메가바이트 = 106, 엑사바이트 = 1018, 제타바이트 = 1021

47) 동아일보(2022.8.24.), "우리에게 '데이터'는 어떤 의미인가"

48) 한국경제(2022.9.12.), ""中은 이미 한국을 따돌렸다"…DX 세계대전에 한국은 뭐하나"

49) 이를 좀 더 상술하자면, 소프트웨어는 코드가 알고리즘으로 내재되어 있으나 그 구조를 외부에서 파악하기 어렵기에 정보은닉에 유리한 비가시성(Invisibility)과 무형성(Intangible)이 있으며, 개발과정이 비정규적이며 비규칙적이라는 측면에서 복잡성(Complexity), 필요에 따라 수정이 가능한 변경성(Changeability)과 사용자의 요구와 환경변화에 적절하게 변형이 가능한 순응성(Comformity), 한계비용이 제로로 수렴한다는 측면에서 복제성(Duplicability) 그리고 제조와 조립이 아닌 개발로서 생산된다는 측면에서 개발성(Developed)의 특성들을 혁신의 특성으로 정리할 수 있다.

50) 『반독점 패러독스』의 저자인 로버트 보크는 독점기업을 우세한 시장지위를 이용해 경쟁을 억압하는 기업으로 여겨서는 안 된다고 했으며, 기업이 소비자에게 부과하는 가격을 부당하게 인상할 때 독점이 발생한다고 설명했는데, '지배적인 영향력을 가진 기업이라도 가격을 인상하지 않으면 독점이 아니다'라는 주장은 독점에 대한 미국 대법원 판결의 기초가 됐다.

51) Hein, A., Schreieck, M., Riasanow, T., Setzke, D. S., Wiesche, M., Böhm, M., & Krcmar, H.(2020), "Digital platform ecosystems. Electronic Markets", 30(1), pp.87-98

52) 기존 기술의 수준이나 혁신의 수준보다 더 효과적이며 영향력 있게 혁신을 유도하는 역량

53) Earl and Kimport(2011)

54) 리소스, 작업 또는 노동력을 주문형으로 신속하고 능동적으로 액세스를 제공하는 역량

55) 참가자는 자신의 필요 또는 제공할 수 있는 것에 따라 이합집산이 가능하도록 알고리즘 또는 디지털 기술 필터링, 평가 및 검색 등을 제공하며 프로세스를 최적화하는 역량

56) 참여자들이 더 많은 리소스, 더 다양한 종류의 리소스, 더 멀리 떨어진 리소스 및 이전에

액세스할 수 없거나 유휴 상태였던 리소스에 도달할 수 있도록 지원하는 역량

57) 거래, 대금결제 및 보유, 보안, 기록, 물류 등을 제공하거나 처리하는 중개역량

58) 생태계 내의 참가자 간 중개 및 중재의 전 과정에서 신뢰를 구축

59) 집단성의 장려를 통해 더 큰 사회적 자본으로 성장시키는 역량

60) Sutherland, W. Jarrahi, M.H.(2018), “The Sharing Economy andDigital Platforms: A Review and Research Agenda,” International Journal ofInformation Management, Volume 43, pp.328-341

61) 최근 Gawer와 Cusumano의 연구에서는 기술기반 플랫폼과 서비스기반 플랫폼에서의 참여자 간 상호작용의 행태, 보완자들이 얻을 수 있는 효익과 플랫폼 소유자들이 지향하는 플랫폼 전략의 유형도 각각 차이를 보일 수 있음을 지적한 바가 있는데, 기술과 시장의 특성은 산업별로 상이해서 플랫폼이 속한 산업의 특성이 플랫폼의 성격 규정은 물론이며 플랫폼 참여자들 간의 상호작용 패턴에도 영향을 주기에 이에 대한 추가 연구가 필요하다. 또한 디지털 플랫폼 생태계의 혁신 특성에서 혁신의 개방성(Openess)으로도 표현되는 보완자와 같은 제3자 혁신의 유발성과 생성성, 그리고 기능과 서비스의 모듈성 등과 같은 생소한 개념들은 기존의 산업과 기업의 혁신론에서 중요하게 다루지 않았던 특성이라서 사례와 실증 분석이 필요할 것으로 보인다. 이는 플랫폼 소유자가 보완자 그룹 간에 전개되는 일종의 가치창출과 상호작용의 거버넌스(Governance)에 대한 이슈이기도 하다. 그리고 최근 플랫폼의 생태계가 양면시장에서 다면시장으로의 융합형 진화를 가속화하고 있어 이질성 수준이 높은 보완자와 사용자 그룹의 등장에 따른 복합적이며 중첩적 거버넌스 간의 동태적인 운영 효율성 확보도 그간 다루어지지 않은 디지털 플랫폼 생태계 차원의 중요한 이슈가 될 것으로 보인다.

62) Van Alstyne, M. W., Parker, G. G., & Choudary, S. P.(2016), “Pipelines, platforms, and the new rules of strategy”, Harvard business review, 94(4), pp.54-62

63) Davidsson, P., Recker, J., & von Briel, F.(2020), “External enablement of new venture creation: A framework”, Academy of Management Perspectives, 34(3), pp.311-332

64) 전남 강진의 ‘강진배달’, 경기도의 ‘배달특급’, 인천 서구의 ‘배달서구’, 인천 연수구의 ‘배달e음’, 서울시의 ‘제로유니온’, 대구시의 ‘대구로’, 충청북도의 ‘먹깨비’, 강원도의 ‘일단시켜’, 부산 남구의 ‘어디GO’, 전남 여수의 ‘씽씽여수’, 충북 제천의 ‘배달모아’, 전북 남원의 ‘월매요’, 부산시의 ‘동백통’ 등

65) https://it.chosun.com/site/data/html_dir/2018/11/22/2018112201040.html

66) https://www.joongang.co.kr/article/25083967#home(2022.7.3.), https://www.techm.kr/news/articleView.html?idxno=99361

67) https://biz.chosun.com/international/international_general/2022/07/04/4DNKIUOQFRA3TIG47GODUZL4UY/

68) https://www.hankyung.com/international/article/202111022025Y

69) https://www.mk.co.kr/news/society/view/2022/03/192768/ (대검찰청 중대재해법 벌칙 해설서)

70) 아주경제(2022.1.25.), “NFT거래소 버그로 2억짜리 NFT가 200만원에 팔렸다” https://japan.ajunews.com/view/20220125080343716

71) ZDNET(2021.11.15.), "카카오 블록체인 '클레이튼' 먹통 사고" https://zdnet.co.kr/view/?no=20211115183224

72) 아주경제(2022.4.3.), "암호화폐 NFT 노리는 해킹 증가 블록체인은 안전할까?" https://www.ajunews.com/view/20220403073351876

73) 매일경제(2022.8.1.), "메타버스서 아바타 음란행위 스토킹 시 징역형" https://www.mk.co.kr/news/it/view/2022/08/675726/

74) 체이널리시스(2022.5.2.), "2022 가상자산 범죄 보고서" https://www.concert.or.kr/bbs/board.php?bo_table=newsletter&wr_id=498

75) https://statista-korea.com/%EC%84%B8%EA%B3%84-%EB%94%94%EC%A7%80%ED%84%B8-%EC%82%B6%EC%9D%98-%EC%A7%88-%EC%88%9C%EC%9C%84/

76) 이재열 외(2021), "플랫폼 사회가 온다", 한울

77) Elia, G., Margherita, A., Ciavolino, E., & Moustaghfir, K.(2021), "Digital society incubator: combining exponential technology and human potential to build resilient entrepreneurial ecosystems", Administrative Sciences, 11(3), p.96

78) 부정경쟁방지 및 영업비밀보호에 관한 법률(약칭: 부정경쟁방지법)

79) General Data Protection Regulation, 2018년 5월 25일부터 시행되고 있는 유럽연합(EU)의 일반 개인정보보호법으로 EU 내 사업장이 없더라도 EU를 대상으로 사업을 하는 경우 적용대상이 될 수 있다.

80) Directive 96/9/EC of the European Parliament and of the Council of 11 March 1996 on the legal protection of database.

81) 원 제목은 "데이터에 대한 공정한 접근 및 사용에 관한 통일된 규칙에 대한 규정(Regulation on harmonised rules on fair access to and use of data)"이다.

82) 마지막으로 EU는 산업별로 역내 공동 데이터 공간을 개발해 본격적으로 데이터 공유를 촉진할 계획이다. 현재 개발이 예정된 10개 핵심 분야는 건강, 농업, 제조, 에너지, 운송, 금융, 공공행정, 기술, 연구 데이터, 그린딜이며 이 중 가장 먼저 건강 분야의 공동 데이터 공간에 대한 입법이 준비 중이고, 곧 자동차에서 발생하는 산업 데이터의 공유 규칙을 다루는 운송 분야 데이터 공간도 발표될 예정이다.

83) EU의 디지털 시장법(DMA)에서는 게이트키퍼 기업을 연간 매출액 75억 유로 이상, 시가총액 750억 유로 이상, 월간 사용자 4,500만 명 이상, 연간 비즈니스 사용자 1만 명 이상인 플랫폼 서비스로 규정(EU 의회 DMA 합의 발표(3.24.))

84) https://www.euractiv.com/section/data-protection/news/leak-draft-impact-assessment-sheds-some-light-on-upcoming-data-act/ (2022.7.24. 최종 확인)

85) 데이터 산업진흥 및 이용촉진에 관한 기본법, 법률 제18475호, 2021년 10월 19일 제정, 2022년 4월 20일 시행

86) 산업 디지털 전환 촉진법, 법률 제18692호, 2022년 1월 4일 제정, 2022년 7월 7일 시행

87) 법률 제18548호, 2021년 12월 7일 일부개정, 2022년 4월 20일 시행

88) 송갑석 의원 대표발의, 2020.8.26. 제안, 의안번호 2103284

89) 박성중 의원 대표발의, 2021.4.13. 제안, 의안번호 2109446

90) 박성중 의원 대표발의, 2021.4.13. 제안, 의안번호 2109453

91) 도종환 의원 대표발의, 2021.11.23. 제안, 의안번호 2113494

92) '데이터베이스'는 소재를 체계적으로 배열 또는 구성한 편집물로서 개별적으로 그 소재에 접근하거나 그 소재를 검색할 수 있도록 한 것이고, '데이터베이스 제작자'는 데이터베이스의 제작 또는 그 소재의 갱신·검증 또는 보충에 인적 또는 물적으로 상당한 투자를 한 자이다 (저작권법 제2조).
데이터베이스 제작자는 자신의 데이터베이스의 전부 또는 상당한 부분을 복제·배포·방송 또는 전송할 권리를 가진다(저작권법 제93조 제1항).

93) Authors Guild v. Google 사건(Authors Guild v. Google Inc., 804 F.3d 202 (2d Cir. 2015)): 구글이 특정 검색 키워드가 텍스트에서 몇 번 발견되는지 등의 저작물 텍스트에 관한 '사실적인 정보(Factual Information)'를 공중에게 제공하기 위해 저작물을 복제한 것은 공정이용에 해당한다고 판시하여 저작권 침해를 부정하였다.
A.V. ex. rel. Vanderhye v. iParadigms 사건(A.V. ex rel. Vanderhye v. iParadigms, L.L.C.,562 F.3d 630 (4th Cir. 2009)): 양 저작물의 텍스트적 유사성을 비교하는 것은 저작물의 창작적인 요소와 관계가 없다는 이유를 들어 iParadigms가 표절탐지도구에 사용하기 위해 학생들의 논문을 복제한 행위는 공정이용에 해당한다고 하여 저작권 침해를 부정하였다.

94) 도종환 의원 대표발의, 저작권법 전부개정안, 2021.1.15. 의안번호 7440
제43조(정보분석을 위한 복제·전송) ① 컴퓨터를 이용한 자동화 분석기술을 통해 다수의 저작물을 포함한 대량의 정보를 분석(규칙, 구조, 경향, 상관관계 등의 정보를 추출하는 것)하여 추가적인 정보 또는 가치를 생성하기 위한 것으로 저작물에 표현된 사상이나 감정을 향유하지 아니하는 경우에는 필요한 한도 안에서 저작물을 복제·전송할 수 있다. 다만 해당 저작물에 적법하게 접근할 수 있는 경우에 한정한다.
② 제1항에 따라 만들어진 복제물은 정보분석을 위하여 필요한 한도에서 보관할 수 있다.

95) 서울고등법원 2008.4.16. 선고 2007나74937 판결 [정보게시금지등](원심:서울중앙지방법원 2007.7.6. 선고 2006가합22413 판결 [정보게시금지등] [각공2007.8.10.(48),1590]: 피고는 "lawmarket.co.kr"이라고 하는 인터넷 홈페이지 운영자로 법원의 사건검색 데이터베이스를 이용하여 원고들(변호사들)에 대한 정보를 모아서 검색 결과로써 제공하였다. 본 사안에서 자기정보통제권, 국민의 알권리의 대상, 개인정보 해당성 등 복합적 쟁점을 다루었으나, 본 챕터에서는 관련된 데이터베이스권에 대한 사안만 다룬다.

96) 제17조(제공대상 공공데이터의 범위) ① 공공기관의 장은 해당 공공기관이 보유·관리하는 공공데이터를 국민에게 제공하여야 한다. 다만 다음 각 호의 어느 하나에 해당하는 정보를 포함하고 있는 경우에는 그러하지 아니한다.
1. 「공공기관의 정보공개에 관한 법률」 제9조에 따른 비공개대상정보
2. 「저작권법」 및 그 밖의 다른 법령에서 보호하고 있는 제3자의 권리가 포함된 것으로 해당 법령에 따른 정당한 이용허락을 받지 아니한 정보